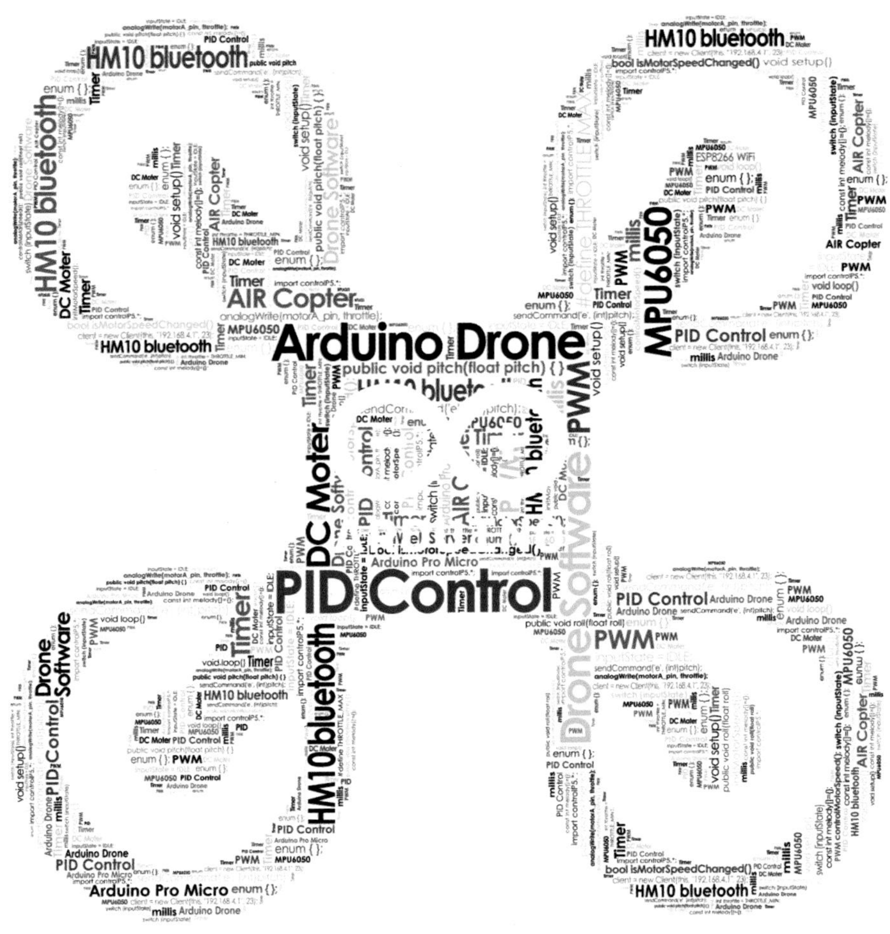

아두이노 드론 만들고 날리고 직접 코딩하기

앤써북
ANSWERBOOK

아두이노 드론 만들고 날리고 **직접 코딩**하기[전면 개정 4판]

100줄의 소스 코드로 구현해 보는 아두이노 드론

1판 1쇄 발행 • 2020년 3월 20일

1판 2쇄 발행 • 2021년 9월 30일

지은이 • 서민우

펴낸이 • 김병성

펴낸곳 • 앤써북

출판등록 • 제 382-2012-00007 호

주소 • 경기도 파주시 탄현면 방촌로 548

전화 • 070-8877-4177

FAX • 031-942-9852

정가 • 22,000원

ISBN • 979-11-85553-61-0 13000

도서문의 • 앤써북 http://answerbook.co.kr

앤써북은 독자 여러분의 의견에 항상 귀기울이고 있습니다.

[부품 사용 안내]
이 책은 다양한 전자 부품을 활용하여 예제를 실습할 수 있습니다. 단, 전자 부품을 잘못 사용할 경우 파손 외 2차적인 피해가 발생할 수 있으니, 실습 시 반드시 책에서 표시된 내용을 준수하여 사용해야 함을 고지합니다.

[개정판 안내]
이 책은 "아두이노 드론 만들고 직접 코딩하기(앤써북, 서민우 저)"와 "아두이노 드론 만들고 코딩하고 날리기 입문(앤써북, 서민우 외 6인 공저)" 책을 통합 개정한 책입니다.
또한, 기존의 "아두이노 드론 만들고 직접 코딩하기(앤써북, 서민우 저)"의 300줄 소스 코드를 100줄 정도로 줄여 이해하기 쉽게 완전 개정하였습니다.

드론은 4차 산업혁명 시대의 핵심 키워드 중 하나입니다. 과거에 드론은 전문적인 분야로 소수의 전문가만이 다룰 수 있던 영역이었습니다. 아두이노는 기술적으로 장벽이 많았던 드론을 일반 독자들도 비교적 쉽게 접근할 수 있게 해 주었습니다.

필자는 2014년 12월에 아두이노 드론 강의를 숭실대, 단국대, 성균관대를 시작으로 엔지니어, 전공자, 비전공자 등 다양한 사람들을 대상으로 교육을 해 왔습니다. 드론이 어려운 주제이기는 하나 코딩을 통해 드론을 공중에 날리는 순간 사람들은 순식간에 드론에 빠져듭니다. 드론을 날리는 순간 사람들은 아두이노를 배워야할 분명한 이유를 알게 됩니다.

독자 여러분은 이 책을 통해 드론을 목표로 아두이노의 여러 가지 기능을 공부하게 됩니다. 목표가 명확하기 때문에 그 과정이 지루하지 않을 것입니다. 이 책은 이전 책보다 더 간결하고 직관적입니다. 이 책에서는 100줄 정도의 코딩을 통해 드론을 날릴 수 있는 과정을 소개합니다.

이 책은 다음과 같이 구성되었습니다.

Chapter 01에서는 아두이노 드론에대해서 살펴보고, 드론으로 할 수 있는 일들, 드론 소프트웨어와 컨트롤러의 종류에 대해서 살펴봅니다. 또 아두이노 드론 개발을 위한 아두이노 소프트웨어를 설치하고, 드론을 조립해 봅니다.

Chapter 02에서는 아두이노 드론 개발을 위한 환경을 구성해 보고, 아두이노 드론의 부품들을 제어하기 위한 코딩을 해 봅니다. 문자열 입출력, LED 제어, 모터 제어, 통신 모듈을 이용한 통신을 수행해 봅니다. 또 균형계 모듈을 이용하여 좌우 기울기에 대한 각속도와 각도를 구하는 방법을 살펴봅니다.

Chapter 03에서는 드론이 좌우로 기울어진 각도에 따라 좌우 모터의 속도를 조절하여 드론의 균형을 잡는 방법을 살펴본 후, 실제 드론에 적용하여 드론을 날려 봅니다. 거기에 더해 드론의 회전 속도인 각속도를 적용하여 드론을 좀 더 안정적으로 날려 봅니다.

Chapter 04에서는 각도, 회전 속도를 이용하여 드론의 균형을 잡는 원리를 Pitch, Yaw에 적용한 후, 드론을 날려 봅니다. 또 드론 조종시 반응을 빨리 하도록 더딘 각도 보정을 수행해 봅니다.

드론은 코딩을 효율적으로 공부하기 위한 아주 좋은 목표입니다. 때론 어려운 내용이 있다 하더라도 목표가 분명하면 사람들은 도전합니다. 사람들의 이러한 모습을 전 교육을 통해 반복적으로 확인하고 있습니다. 독자 여러분은 드론을 목표로 코딩에 대에 깊이 있게 공부하는 자신을 발견할 것입니다. 이 책이 독자 여러분에게 도움이 되기를 바랍니다.

저자 서민우

■ 예제 소스 파일 다운로드 방법

이 책의 예제 소스 파일은 앤써북(http://answerbook.co.kr)의 [부록CD/도서자료/정오표] 게시판에서 "아두이노 드론 만들기" 게시글의 'Download' 버튼을 클릭하면 다운로드 받을 수 있습니다.

다운로드 받은 파일의 압축을 풀면 다음과 같이 'Source₩' 폴더 아래 각 Chapter 마다 해당 소스파일이 제공됩니다.

▪ Source₩Chapter 01 . . .

■ 프리마켓_삽니다/팝니다

책에서 필요한 부품, 자료, 제품, 서비스 등을 저렴하게 구입하고 알뜰하게 팔 수 있는 개인간 직거래 공간입니다.
앤써북 카페(http://www.answerbook.co.kr) 메인화면의 좌측 [팝니다/삽니다]-[팝니다] 게시판과 [팝니다/삽니다]-[삽니다] 게시판에서 도서와 관련된 보조 기구, 서비스 등을 자유롭게 사고 팔 수 있는 개인간 직거래 공간입니다.

- **팝니다** : 이 책에서 사용하는 전체 부품이나 Air Copter 아두이노 드론 키드를 누구나 자유롭게 팔 수 있는 개인간 직거래 공간입니다. 책을 모두 읽으신 후 불필요한 보조 기구(드론 키드) 등은 무료나눔이나 판매할 수 있는 공간입니다.

- **삽니다** : 이 책에서 사용하는 전체 부품이나 Air Copter 아두이노 드론 키드를 저렴하게 구입할 수 있는 개인간 직거래 공간입니다.

■ 이 책에서 사용하는 전체 부품들

책에서 사용하는 전체 부품 구성은 다음과 같습니다. 특히 "Air Copter 아두이노 드론 키트"에 대한 자세한 부품 구성 및 구입 방법은 "Chapter 01의 Lesson 09 아두이노 드론 조립하기"를 참조합니다.

Air Copter 아두이노 드론 키트

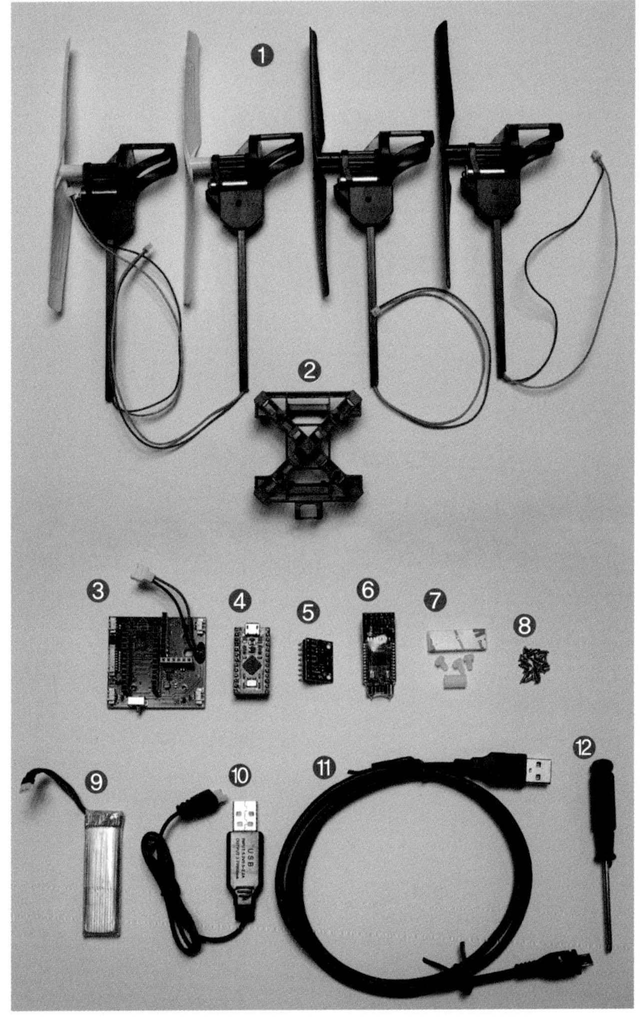

번호	이름	수량
❶	날개 지지대	4개
❷	드론 몸체	1개
❸	베이스보드	1개
❹	아두이노 프로 마이크로	1개
❺	MPU6050 6축 센서	1개
❻	HM-10 블루투스 통신 모듈	1개
❼	부직포/플라스틱 서포터/플라스틱 볼트	1개/1개/2개+@1개
❽	1.7x6 볼트, 1.4x4 볼트	4개+@1~2개
❾	3.7V/500mA 배터리	1개
❿	배터리 충전기	1개
⓫	USB A 미니 B 케이블	1개
⓬	드라이버	1개

CONTENTS

CHAPTER 01 아두이노 드론 준비하기

CHAPTER 02 아두이노 드론 살펴보기

CONTENTS

CONTENTS

CONTENTS

CONTENTS

ArduinodronE

이번 장은 아두이노 드론에 대해서 살펴보고, 드론으로 할 수 있는 일들, 드론 소프트웨어와 컨트롤러의 종류에 대해서 살펴봅니다. 다음으로 아두이노 드론 개발을 위한 아두이노 소프트웨어를 설치하고, 드론을 조립해 봅니다.

CHAPTER 01
아두이노 드론 준비하기

LESSON 01 아두이노 드론이란?
LESSON 02 아두이노 드론 어떤 것들이 있나요?
LESSON 03 드론으로 무엇을 할 수 있나요?
LESSON 04 어디서 날릴 수 있나요?
LESSON 05 드론 소프트웨어, 컨트롤러, 프레임
LESSON 06 아두이노 스케치 IDE 설치하기
LESSON 07 아두이노 IDE 이해하기
LESSON 08 아두이노 IDE 살펴보기
LESSON 09 아두이노 드론 조립하기

LESSON

01

아두이노 드론이란?

아두이노 드론이란 아두이노 호환 보드를 비행 컨트롤러(FC: Flight Controller)로 사용하여 만들어진 드론을 말합니다.

▲ 3DR DIY Quad Kit

이러한 아두이노 드론에는 아두이노 스케치가 올라갈 수 있습니다. 그러나 우리가 일반적으로 보는 간단한 형태의 아두이노 스케치는 아닙니다. 예를 들어, multiwii 기반의 아두이노 드론의 경우 펌웨어에 가까운 소스가 올라갑니다. 또한, ardupilot의 경우엔 객체 지향의 코드가 올라가며 소스의 양도 방대합니다.

LESSON

02

아두이노 드론 어떤 것들이 있나요?

아두이노 기반의 드론은 많은 DIY maker들에 의해 만들어집니다. 그 중 다음 두 사이트가 대표적입니다.

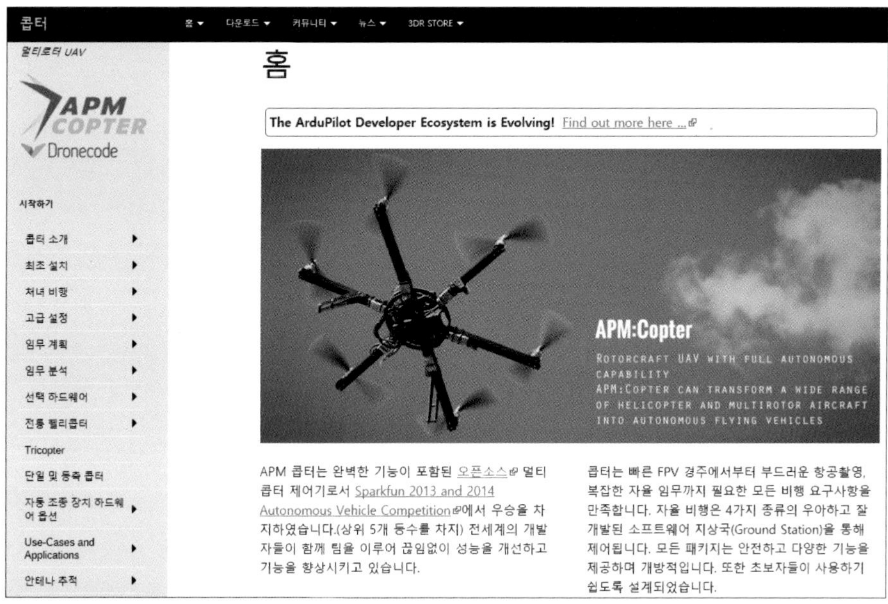

▲ 아두파일롯 사이트의 콥터 카테고리(http://copter.ardupilot.com/)

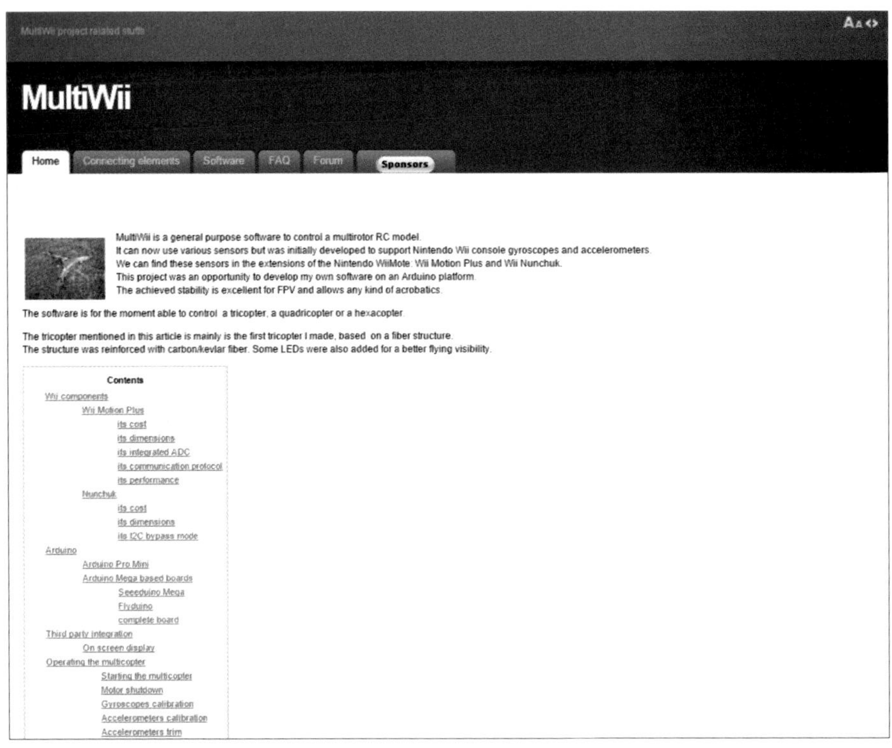

▲ 멀티위(http://www.multiwii.com/)

먼저 아두파일롯 사이트의 콥터 카테고리(http://copter.ardupilot.com/)를 살펴보겠습니다. 다음은 아두파일롯 사이트의 콥터 카테고리에서 볼 수 있는 Iris라는 드론입니다.

이 드론에는 다음과 같은 컨트롤러를 사용할 수 있습니다.

위 컨트롤러의 이름은 ArduPilot이며 다음과 같은 모양의 아두이노 호환 보드가 내부에 들어가 있습니다.

이 아두이노 호환 보드에는 아두이노 메가 2560에서 사용하는 칩과 동일한 칩을 사용합니다. 이번엔 멀티위 사이트(http://www.multiwii.com/)를 살펴보겠습니다. 이 사이트에는 아두이노에 업로드 할 수 있는 multiwii라는 소프트웨어를 공개하고 있습니다. multiwii는 몇 가지 RC 드론 모델을 제어할 수 있는 공개 소스입니다. 지금은 여러 가지 센서를 사용할 수 있지만 처음에는 닌텐도의 Wii 콘솔 자이로 가속도 센서를 이용하여 개발되었습니다.

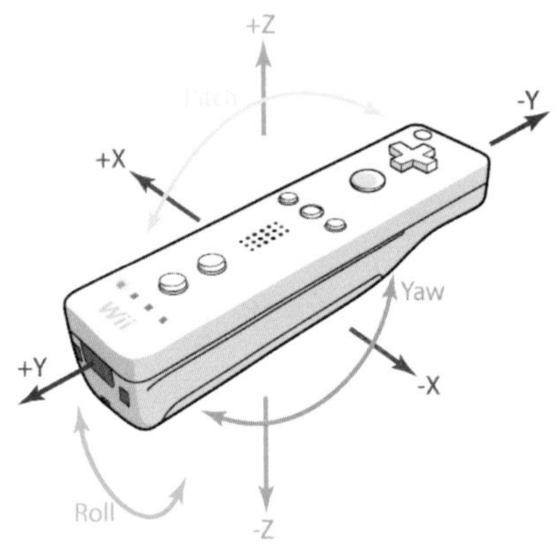

multiwii에서 사용하는 표준 FC(Flight Controller)는 CRIUS로 아두이노 우노에서 사용하는 컨트롤러가 올라가 있습니다.

이 책에서는 다음과 같은 아두이노 프로 마이크로(Pro Micro) 보드를 사용합니다.

LESSON

03

드론으로 무엇을 할 수 있나요?

드론으로 무엇을 할 수 있을까요? IT전문 웹 블로그 미디어 기즈모도 사이트(http://gizmodo.com/)에서 소개된 몇 가지 예를 살펴보겠습니다. 관련 내용은 다음 웹 페이지를 참조합니다.

- http://gizmodo.com/some-good-things-drones-can-actually-do-1475717696

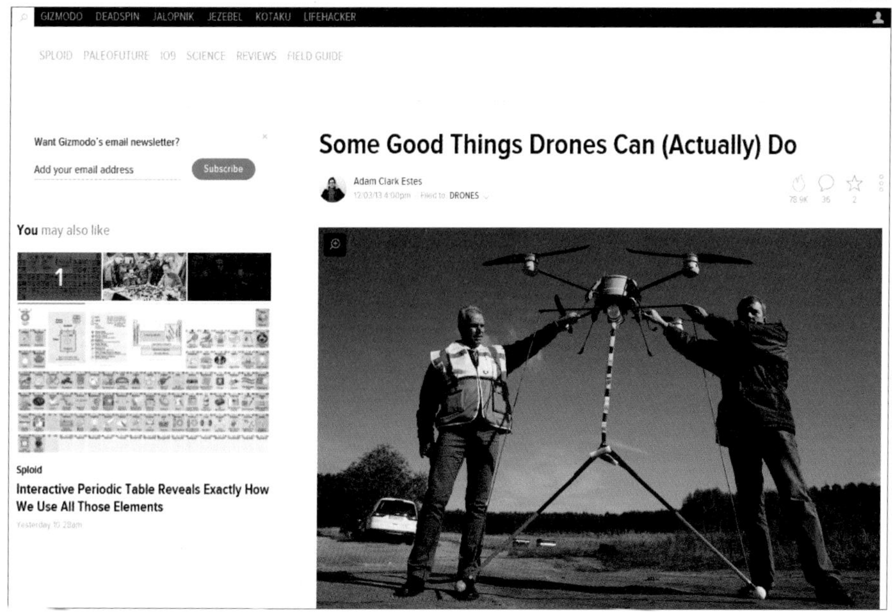

❶ 농업용으로 활용할 수 있다

공중에서 곡식들의 상태를 살펴 볼 수 있습니다. 또한 크기가 큰 드론을 이용해서 살충제를 뿌리는데 사용할 수도 있습니다.

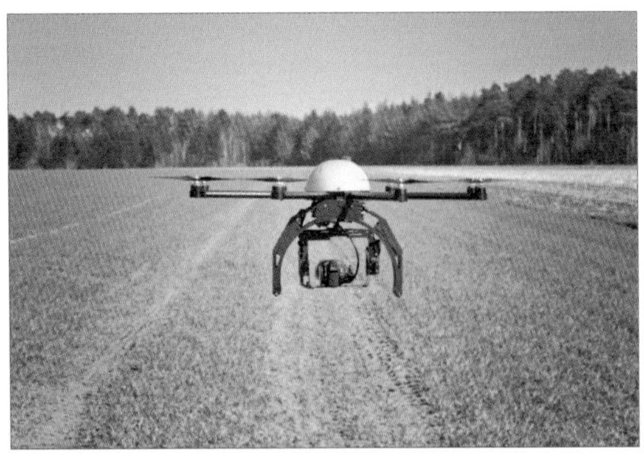

❷ 범죄 예방용으로 활용할 수 있다

범죄 예방이나 사건 해결을 위해 경찰들이 사용할 수 있습니다.

❸ 야생 동물을 살피는데 사용할 수 있다

야생 상태의 동물들을 근접해서 관찰하고 보살필 수 있습니다.

❹ 택배 업무에 사용할 수 있다

일정 규모 이상의 드론을 이용하여 고객에게 물건을 직접 배달하는 택배 업무에 활용할 수 있습니다. 실제로 아마존은 택배 서비스에 드론을 활용할 수 있는 서비스를 준비하고 있습니다.

❺ 약품 운반용 및 구호 활동용으로 사용할 수 있다

오지 등의 낙후된 지역에 의약품을 운반하거나 다양한 구호 활동에 활용할 수 있습니다.

❻ 응급처치가 필요한 곳이나 생명을 구하는 구조 활동용으로 사용할 수 있다

신속한 응급처치가 필요한 곳에서 의료 활동에 필요한 도구로 활용하거나 응급 구조용으로도 활용할 수 있습니다.

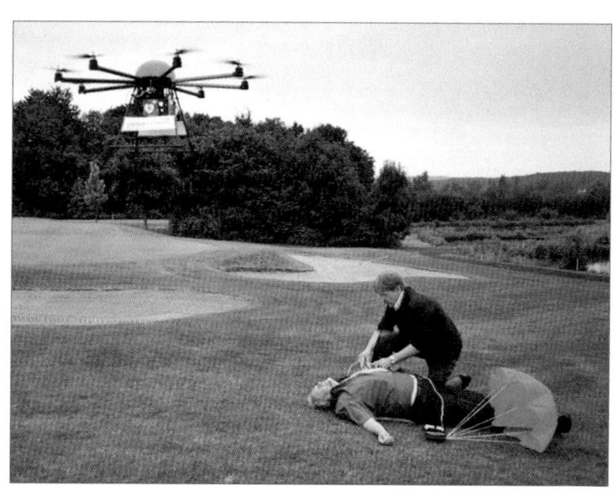

LESSON

04

어디서 날릴 수 있나요?

이 외에도 다양한 분야에서 드론을 활용할 수 있습니다.

우리나라에서는 드론을 지역의 제한을 받지 않고 자유롭게 날릴 수 없습니다. 드론은 지역에 따라 비행제한을 받습니다. 즉 드론을 비행할 수 없는 비행금지구역이 있습니다.

드론을 날리는 데는 항공법의 규제를 받기 때문입니다. 항공법이란 드론을 언제 날릴 수 있는지, 어디서 날릴 수 있는지, 어떤 용도로 날릴 수 있는지를 규정하는 법을 말합니다.

비행금지장소는 다음과 같습니다.

❶ 비행금지구역

❷ 비행장으로부터 반경 9.3km 이내인 곳

❸ 모든 지역에서 150m 이상의 고도

❹ 모든 지역에서 인구밀집지역 또는 사람들이 모여 있는 곳의 상공

다음은 항공법에 규정된 비행금지공역을 나타낸 지도입니다.

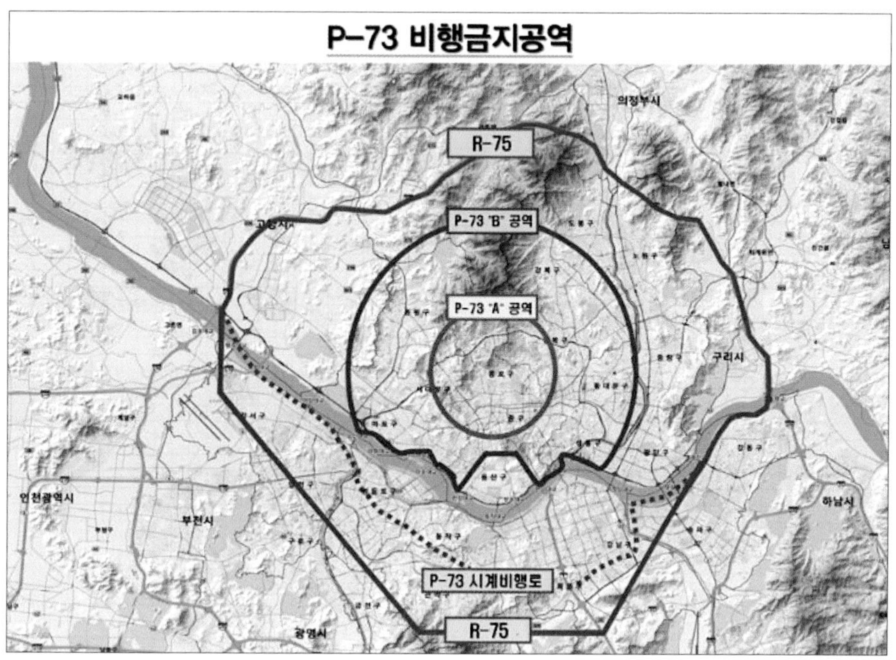

항공법에 규정된 비행 금지 구역은 다음과 같습니다.

❶ 서울시 대부분, 휴전선 인근, 기타 지정된 비행금지구역
❷ 전국 비행장(민간항공, 군 공항) 반경 9.3km 이내
❸ 모든 지역에서 150m 이상의 고도
❹ 모든 지역에서 인구밀집지역 또는 사람이 많이 모인 곳의 상공

비행금지구역과 비행제한구역에 대한 자세한 내용은 앤써북 카페(http://answerbook.co.kr)의 [책 소스/자료 받기]-[책 관련 자료실] 게시판에서 "드론 비행 전 확인해야할 것들" 1576번 게시물을 참조합니다.

LESSON

05

드론 소프트웨어, 컨트롤러, 프레임

DIY 드론의 핵심 구성 요소는 드론 소프트웨어(Dorne Software), 드론 컨트롤러(Flight Controller), 드론 프레임(Dorne Frame)입니다. DIY 드론을 이해하기 위해서 3가지 항목에 대해서 자세히 살펴보도록 합니다.

01 _ 대중적인 공개 드론 소프트웨어와 컨트롤러

드론 소프트웨어	아두이노 호환 컨트롤러	Cortex-M3 또는 M4 컨트롤러
ardupilot	APM2	Pixhawk
multiwii	Crius	Naze32

드론 소프트웨어와 드론 컨트롤러는 크게 두 가지 종류가 있습니다.

드론 소프트웨어는 크게 아두파일럿(ardupilot)와 멀티위(multiwii)로 구분할 수 있습니다. 각각의 드론 소프트웨어에 대해 드론 컨트롤러는 아두이노 호환 컨트롤러와 ARM 사의 Cortex-M3 또는 Cortex-M4 컨트롤러가 있습니다. Cortex-M3, Cortex-M4는 고성능 컨트롤러입니다.

Ardupilot

아두파일럿(ardupilot)은 공개 소프트웨어로 드론 외에도 비행기, RC카, 미션 플래너 용으로 사용할 수 있습니다. ardupilot은 리눅스 재단에서 설립한 드론 코드 프로젝트로도 통합됩니다. 필자는 리눅스 재단이 지원하는 드론 코드의 한 부분인 ardupilot이 드론 소프트웨어의 중심이 되지 않을까 생각합니다.

알아두기 ardupilot 소스

ardupilot 소스는 대략 70만 줄 정도로 아주 방대합니다. ardupilot 소스를 체계적으로 접근하고 싶다면 아두파일럿 개발자 사이트(http://dev.ardupilot.com/wiki/learning-the-ardupilot-codebase/)를 참조합니다.

ardupilot은 다양한 컨트롤러를 지원하지만 여기서는 대표적인 APM2.x와 Pixhawk 두 가지를 소개합니다.

❶ APM2.x

아두이노 호환 컨트롤러 기반의 APM2.x가 있습니다. APM2.x FC는 다음과 같습니다.

▲ APM2.x FC

APM2.x FC 내부에는 다음과 같은 아두이노 호환 보드가 들어가 있습니다. 아두이노 메가 2560에 해당하는 컨트롤러가 장착되어 있습니다.

❷ Pixhawk

Cortex-M4 기반의 Pixhawk가 있습니다. Pixhawk FC는 다음과 같습니다.

▲ Pixhawk FC

내부에는 다음과 같은 Cortex-M4 보드가 들어가 있습니다.

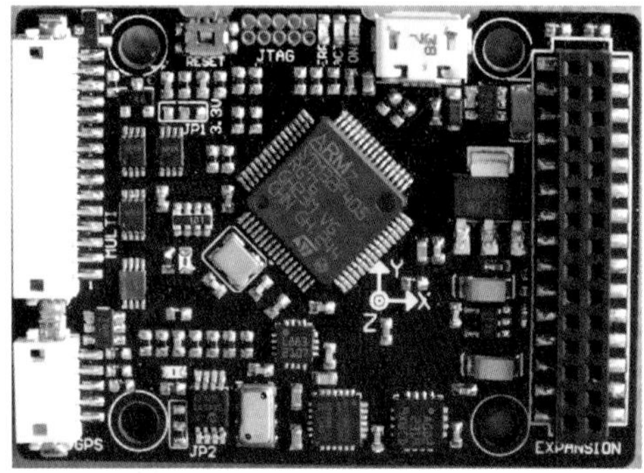

▲ Cortex-M4

Multiwii

멀티위(Multiwii)는 공개 소프트웨어로 Wii 모션 플러스 확장과 아두이노 프로 미니 보드를 기반으로 탄생되었습니다. 아주 간단하고 저렴하며 가장 작은 드론 컨트롤러(Flight controller)로 시작해서 현재는 GPS를 포함한 다양한 기능들을 포함하고 있습니다.

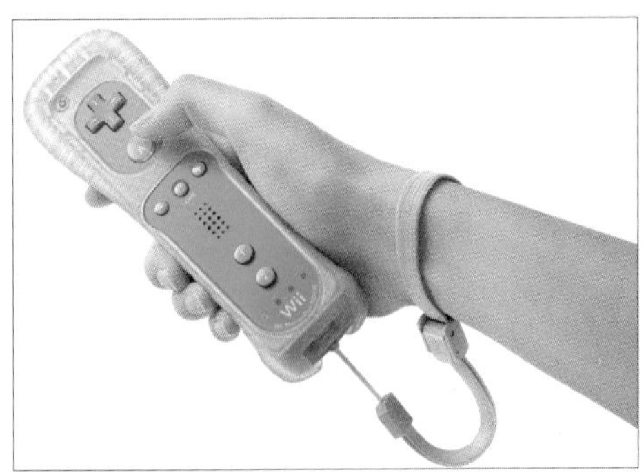

multiwii도 다양한 컨트롤러를 지원하지만 여기서는 가장 대표적인 crius와 naze32 두 가지를 소개합니다.

❶ crius

아두이노 호환 컨트롤러 기반의 crius se v2.5와 crius pro가 있습니다.
crius se v2.5는 아두이노 우노 호환 보드이며 다음과 같습니다.

▲ crius se

crius pro는 아두이노 메가 2560 호환 보드이녀, 다음과 같습니다.

▲ crius pro

❷ naze32

naze32는 Cortex-M3 기반의 보드이며, 아두이노용 multiwii 소스를 Cortex-M3용으로 포팅한 cleanflight 소스를 사용합니다. naze32는 다음과 같습니다.

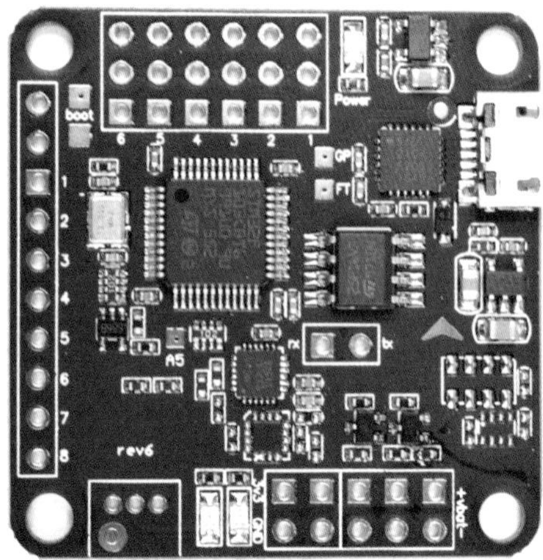

▲ naze32

02 _ 기타 공개 드론 소프트웨어와 컨트롤러

공개 드론 소프트웨어로는 아두파일럿(ardupilot)와 멀티위(multiwii) 이외 오픈파일럿(openpilot)도 있습니다. openpilot의 경우 CC3D라는 Cortex-M3 기반의 컨트롤러를 사용합니다.

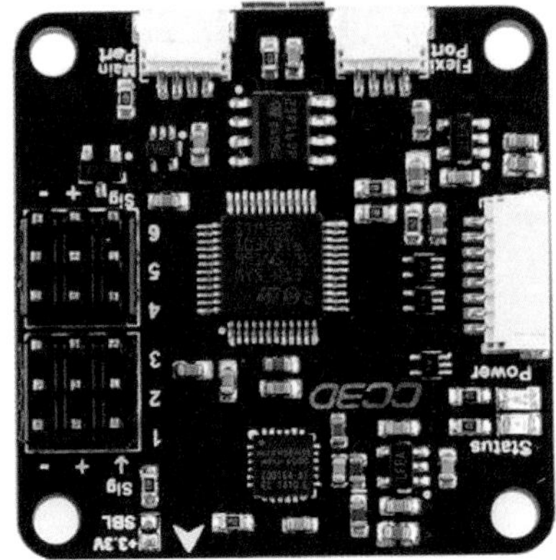

▲ CC3D 컨트롤러

공개 소프트웨어가 아닌 형태의 드론 컨트롤러도 있습니다. 대표적으로 KK 컨트롤러와 Naza가 있습니다.

KK 컨트롤러는 다음과 같으며, 아두이노 호환 보드입니다.

▲ KK 컨트롤러

다음은 DJI사의 Naza 컨트롤러입니다.

▲ Naza 컨트롤러

03 _ DIY 드론 제작하기

DIY 드론을 제작하려는 독자에게 몇 가지 방법을 제시해 보도록 하겠습니다. 드론은 다음과 같은 3가지 방법으로 구입 또는 직접 제작할 수 있습니다.

❶ 완제품 또는 완전 조립 키트로 제작하기
❷ 반 완제품 키트로 제작하기
❸ 3D 프린터 DIY로 제작하기

완제품 DIY 드론 만들기

처음 입문용으로는 완제품 또는 완전 조립 키트 방식의 간단하고 작은 드론으로 시작하는 것이 좋습니다. 다음은 3DR사의 Iris Quadcopter입니다. 3DR사는 ardupilot을 개발한 회사이기도 합니다.

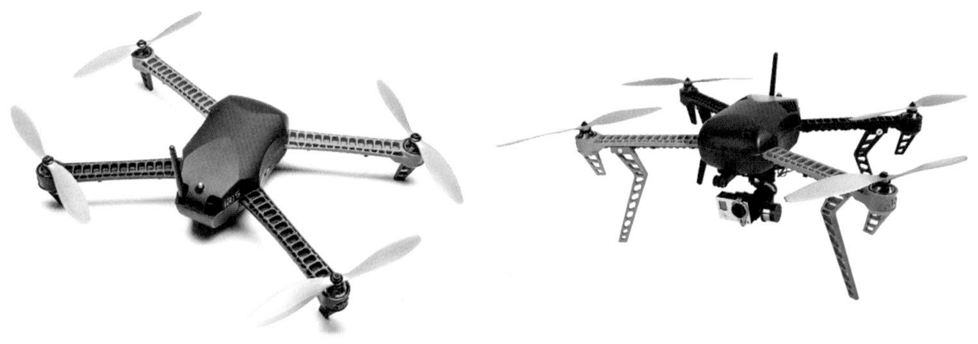

최신의 혁신적인 3DR Iris Quadcopter는 완제품으로서 최고급 Pixhawk 컨트롤러가 탑재되어 있습니다. Iris는 완전 자동 운항이 가능하며, RC 송수신기, 배터리, 텔레메트리가 모두 포함되어 있으며, 750 달러입니다. Iris는 구조적으로 튼튼하고 탄성이 있고, 동영상 촬영을 위한 GoPRO 또는 FPV(First Person View)를 지원하도록 설정되어 있습니다.

반 완제품으로 만들기

반 완제품으로는 DJI F450 FlameWheel 쿼드콥터 키트가 좋습니다. 이 키트는 프레임, 전기회로가 내장된 보드, 4개의 ESC(전자변속기) 및 모터, 8개의 프로펠러로 구성됩니다. 여기에

Pixhawk 컨트롤러와 배터리, 전파 송수신기를 별도로 구입해야 합니다. 키트에 포함된 부품은 모두 품질이 뛰어나며, 진품 DJI FlameWheel 프레임은 아주 튼튼합니다. 가격은 F450 키트는 $180, Pixhawk + GPS/Compass는 $280, 배터리 $35로 $495가 듭니다. 추가로 전파 송수신기가 필요합니다.

3D 프린터로 만들기

3D 프린터를 활용한 DIY 형태의 드론도 제작 가능합니다. 다음은 3D 프린터를 이용하여 몸체를 만든 후, 모터와 FC, 카메라 등을 장착하여 드론을 완성한 사진입니다.

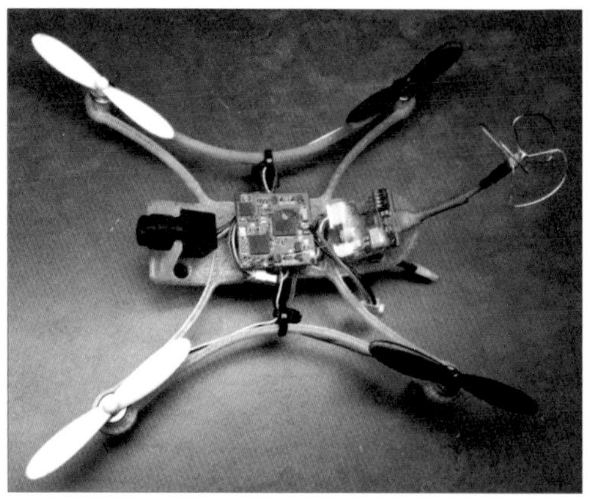

다음과 같은 3D 프린터 도면을 이용하여 출력할 수 있습니다.

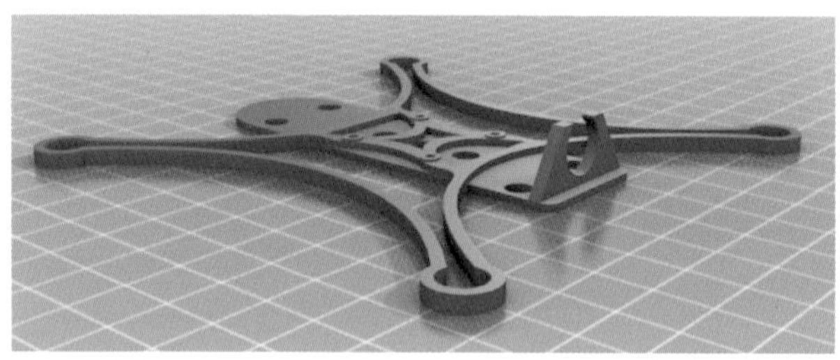

다음 사이트에서 다양한 드론의 몸체를 찾을 수 있습니다.

- http://www.thingiverse.com/

LESSON

06

아두이노 스케치 IDE 설치하기

이제 드론 소프트웨어를 구현하고, 컴파일하고, 업로드하기 위한 개발 환경을 위한 아두이노 스케치 IDE(Integrated development environment, 통합개발환경)를 설치하도록 합니다.

※ 통합개발환경(IDE)=스케치 작업 + 컴파일 + 업로드

다음과 같은 아두이노 소프트웨어를 설치해 봅니다.

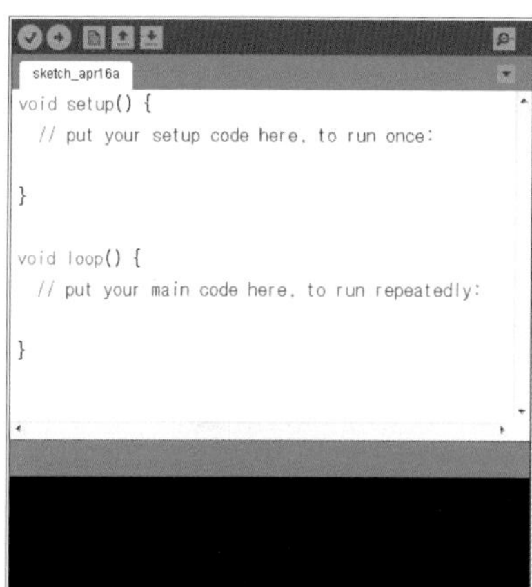

우리는 이 프로그램을 이용하여

❶ 아두이노 스케치를 작성하고,

❷ 작성한 스케치를 컴파일하고,

❸ 컴파일한 스케치를 아두이노 드론 보드상에 업로드하고,

❹ 시리얼 모니터를 통해 결과를 확인하게 됩니다.

01 아두이노 사이트(www.arduino.cc)에 접속합니다.

02 아두이노 사이트 메인화면 상단의 [Software] 메뉴를 클릭합니다.

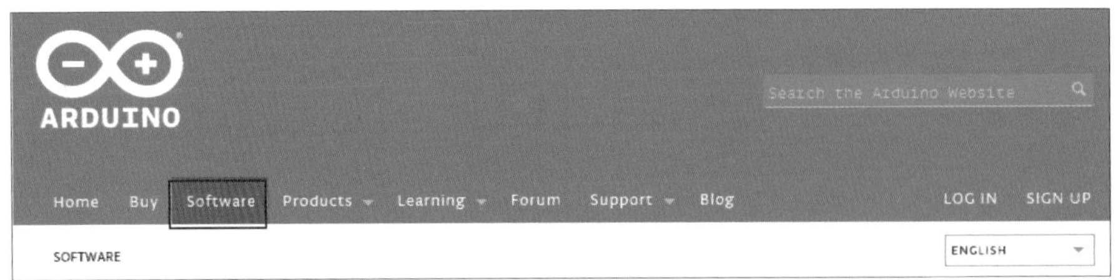

03 "Software" 페이지가 열립니다. 페이지를 아래로 조금 이동하여 "Download the Arduino IDE" 영역을 찾습니다. 아두이노 IDE는 Windows, Mac, Linux 등 다양한 운영체제 환경에서 사용이 가능합니다. 프로젝트를 시작하기 전에 앞서, 자신이 사용하는 시스템에서 사용하는 운영체제에 맞는 IDE를 설치해야 합니다. 필자는 윈도우 버전을 설치해보겠습니다. [Windows installer]을 클릭하면 다운로드가 시작됩니다.

(2020년 2월 기준 ARDUINO 1.8.11이 사용 됩니다).

맥 OS 사용자의 경우엔 다음을 선택합니다.

리눅스 OS 사용자의 경우엔 다음 중 하나를 선택합니다.

Linux 32 bits
Linux 64 bits

04 "Contribute to the Arduino Software" 페이지로 연결됩니다. 하단에 있는 [JUST DOWNLOAD] 버튼을 눌러 다운로드를 진행합니다.

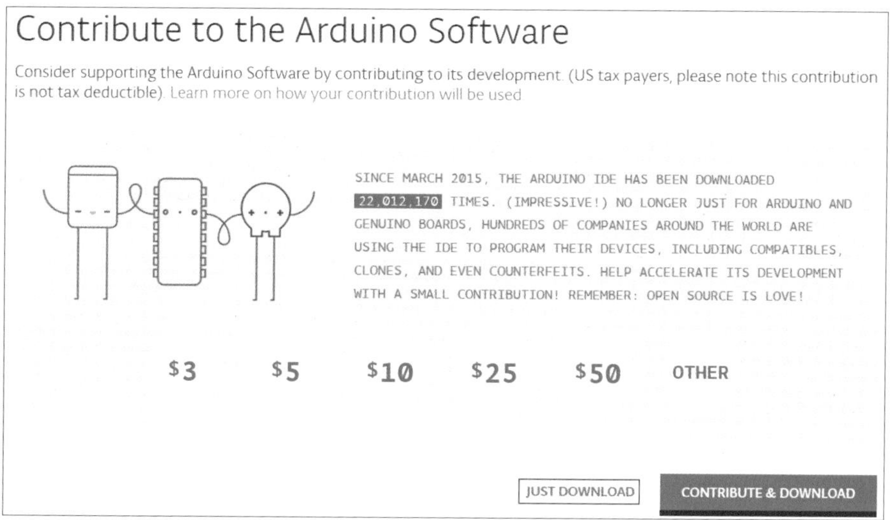

05 다운로드가 완료되면 마우스 클릭하여 설치 프로그램을 실행시킵니다.

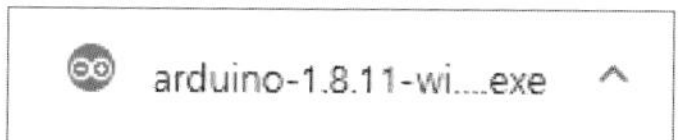

06 다음과 같이 [Arduino Setup: License Agreement] 창이 뜹니다. 사용 조건 동의에 대한 내용입니다. [I Agree] 버튼을 눌러 동의합니다.

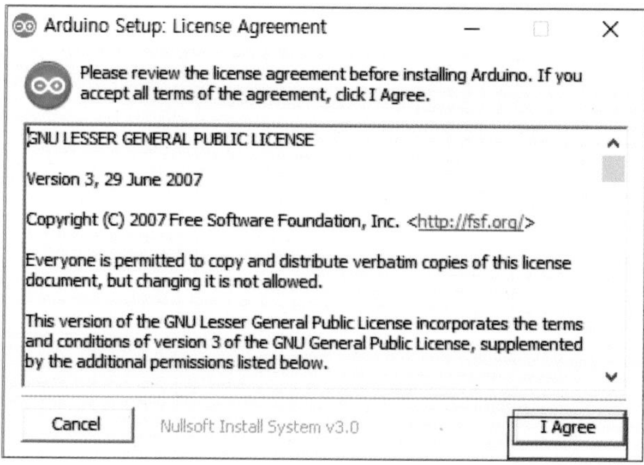

07 다음과 같이 [Arduino Setup: Installation Options] 창이 뜹니다. 설치 선택에 대한 내용입니다. 기본 상태로 둔 채 [Next] 버튼을 누릅니다.

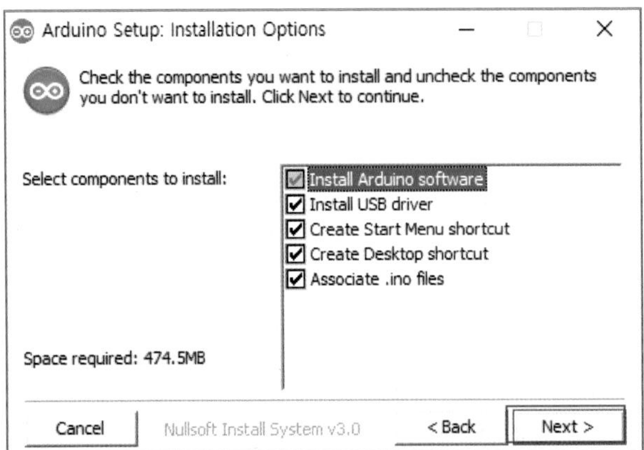

08 다음과 같이 [Arduino Setup: Installation Folder] 창이 뜹니다. 설치 폴더 선택 창입니다. 기본 상태로 둔 채 [Install] 버튼울 누릅니다.

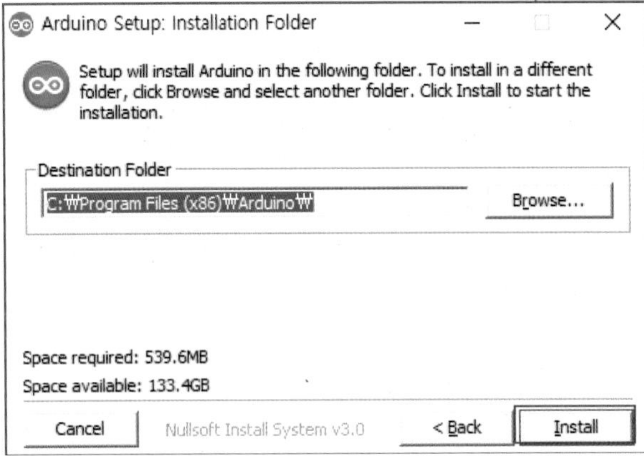

그러면 다음과 같이 설치가 진행됩니다.

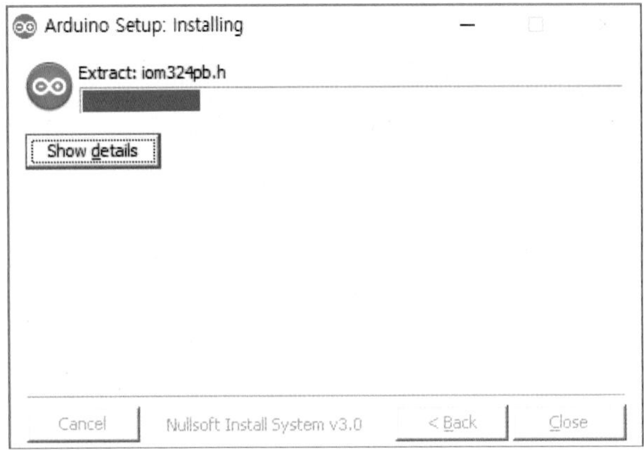

09 설치 마지막 단계에 다음과 같은 창이 하나 이상 뜹니다. 아두이노 보드에 접근하기 위해 필요한 드라이버 설치 창입니다. [설치(I)] 버튼을 눌러줍니다.

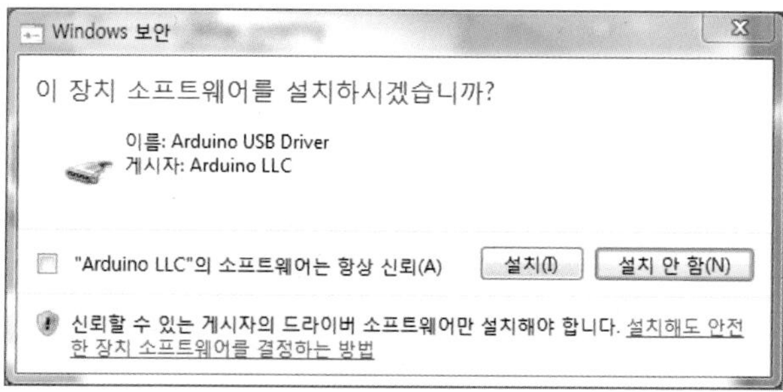

10 다음과 같이 [Arduino Setup: Completed] 창이 뜹니다. 설치 완료 창입니다. [Close] 버튼을 눌러 설치를 마칩니다.

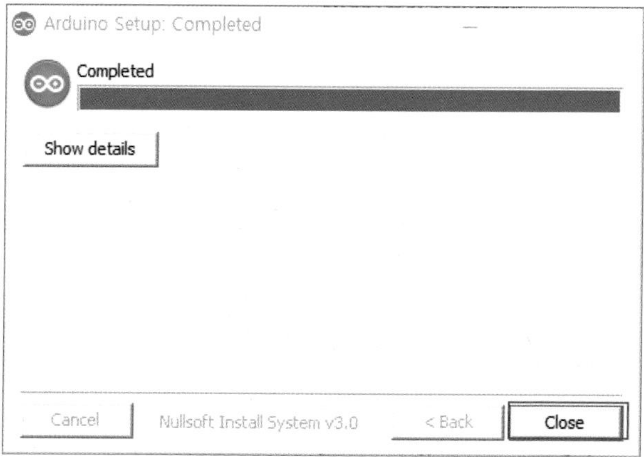

11 바탕 화면에 다음 아두이노 실행 아이콘이 만들어집니다. 아두이노 실행 아이콘을 눌러 아두이노 소프트웨어를 실행시킵니다.

12 처음엔 다음과 같은 보안 경고 창이 뜹니다. 아두이노 소프트웨어를 사용하기 위해 필요한 부분이기 때문에 [액세스 허용(A)] 버튼을 클릭합니다.

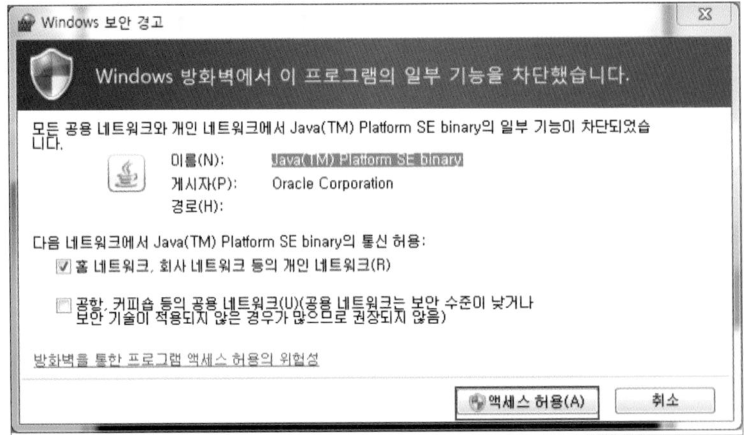

13 다음과 같은 아두이노 IDE가 실행되는 것을 볼 수 있습니다.

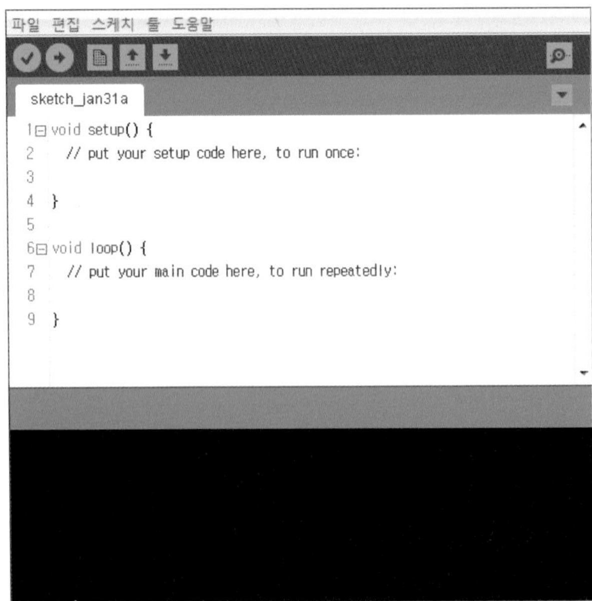

LESSON

07

아두이노 IDE 이해하기

아두이노 IDE의 메인 화면은 다음과 같이 구성되어 있습니다. 아두이노 IDE를 처음 실행하면 다음과 같은 코드가 뜨는 것을 볼 수 있습니다.

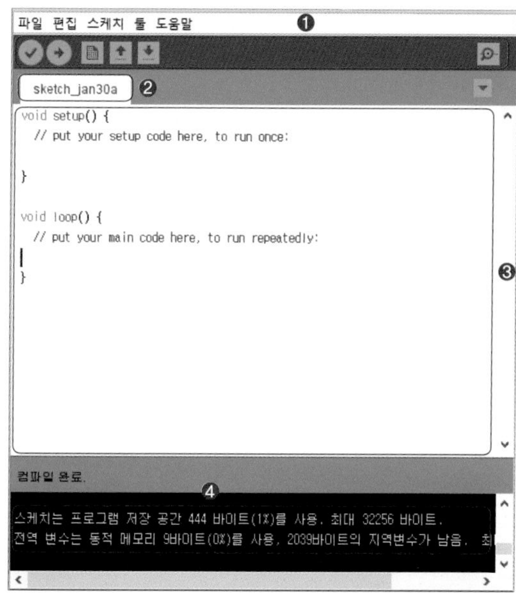

❶ 툴바 : 업로드 및 컴파일, 파일 저장과 관련된 메뉴들이 표시되어 있습니다.

- 컴파일 : 소스 코드가 제대로 만들었는지 확인할 수 있습니다. 만약 잘못 작성했다면 컴파일 오류가 발생하고, 정상적으로 작성했다면 컴파일 완료 메시지가 나타납니다.
- 업로드 : 컴파일(확인) 버튼을 클릭했을 때 컴파일 완료 메시지가 나타난 걸 확인했다면 업로드 버튼을 클릭하여 아두이노 보드에 업로드할 수 있습니다.
- 새파일 : 새 스케치 문서 탭이 만들어집니다.
- 열기 : 기존에 작성된 스케치 문서를 불러올 수 있습니다.
- 저장 : 현재 작업중인 스케치 문서를 저장합니다.
- 시리얼 모니터 : 아두이노 보드로부터 메시지를 확인하거나 아두이노 보드에게 메시지를 보낼 수 있습니다.

❷ 탭목록 : 여러개의 파일 탭을 열어서 작업이 가능합니다.

❸ 텍스트 에디터 : 프로그램 코드를 작성하는 부분입니다.

❹ 콘솔 : 컴파일 및 업로드 시 정상 및 에러 유무에 대해 표시되는 부분입니다.

▲ 컴파일이 정상적으로 완료되었을 때 메시지

▲ 업로드에 문제가 발생했을 때 메시지

LESSON

08

아두이노 IDE 살펴보기

아두이노 IDE를 처음 실행하면 다음과 같은 코드가 뜨는 것을 볼 수 있습니다. 아두이노에서 아래 문서 단위를 '스케치'라고 하며, 기본 파일명 앞에 "sketch_"가 붙는 것을 볼 수 있습니다.

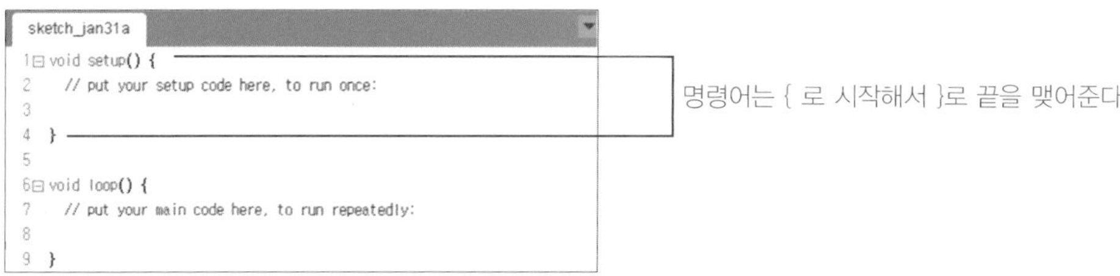

스케치는 크게 setup()과 loop() 두 개의 중요한 메서드로 구성됩니다. 메서드는 함수라고도 합니다.

1~4 : setup() 함수입니다. 아두이노가 동작을 시작할 때 필요한 작업을 작성하는 부분입니다. 핀 번호 등 실행 시 필요한 것들을 설정해 주는 영역입니다.

2 : // 프로그램에 대한 설명('주석'이라 표현)입니다.

6~9 : loop() 함수입니다. 아두이노가 setup 실행 후 계속해서 반복적으로 해야 할 작업들을 작성하는 부분입니다. 실제적으로 아두이노 보드가 수행해야 할 일들을 프로그래밍 해주는 영역입니다.

※ 스케치 순서는 일반적으로 프로그래밍 -> 컴파일 -> 업로딩 순서로 진행됩니다.

다음 그림은 스케치 프로그램의 라이프 사이클입니다.

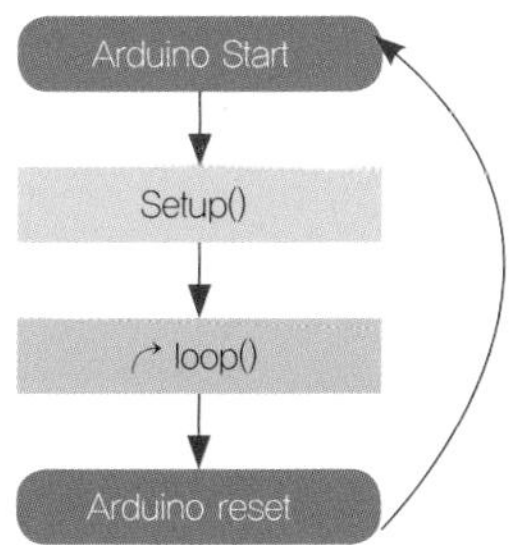

LESSON

09

아두이노 드론 조립하기

본 책에서는 AIR COPTER 아두이노 드론키트를 이용하여 실습을 수행합니다.

▲ AIR COPTER 아두이노 드론 키트(조립 완성 상태)

AIR COPTER 드론은 아래와 같은 아두이노 프로 마이크로를 이용하여 제어하며, 아두이노를 이용한 드론 소프트웨어 학습에 가장 적합한 드론이라고 할 수 있습니다.

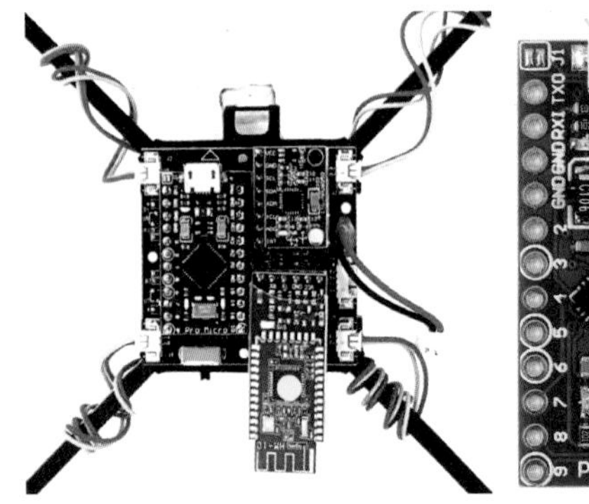

▲ 아두이노 프로 마이크로

01 _ 아두이노 드론 부품 살펴보기

본 책에서 다룰 아두이노 드론의 부품은 다음과 같습니다.

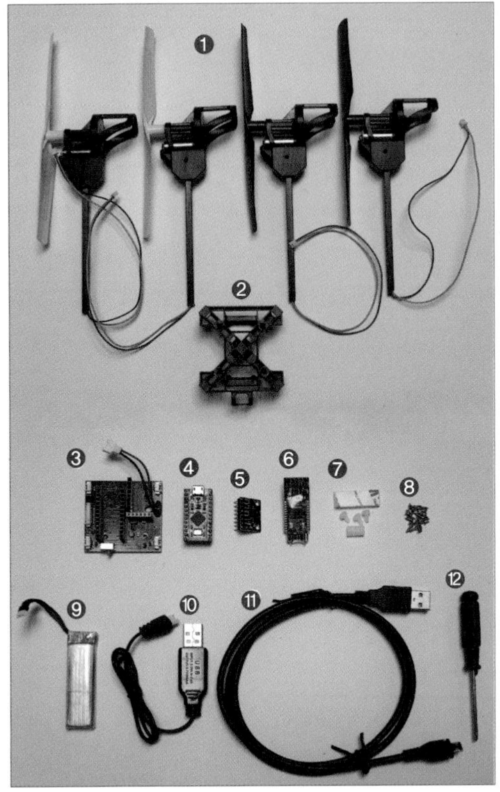

번호	이름	수량
❶	날개 지지대	4개
❷	드론 몸체	1개
❸	베이스보드	1개
❹	아두이노 프로 마이크로	1개
❺	MPU6050 6축 센서	1개
❻	HM-10 블루투스 통신 모듈	1개
❼	부직포/플라스틱 서포터/플라스틱 볼트	1개/1개/2개+@1개
❽	1.7x6 볼트, 1.4x4 볼트	4개+@1~2개
❾	3.7V/500mA 배터리	1개
❿	배터리 충전기	1개
⓫	USB A 미니 B 케이블	1개
⓬	드라이버	1개

AIR COPTER 드론 키트 구매처 안내

책에서 소개된 AIR COPTER 드론 키트는 다음 사이트에서 구입할 수 있습니다.

➡ 키트명 : AIR COPTER 아두이노 드론 키트(기어타입 기본 세트)

※ 통신모듈 미포함이며 'HM-10 블루투스 4.0 모듈'을 보유하고 있지 않은 독자는 옵션에서 선택하며 추가 구매합니다.

➡ 다두이노 사이트 : www.daduino.co.kr

02 _ GY-521 센서 고정용 지지대 조립하기

01 다음과 같이 베이스 보드, 플라스틱 서포터 1개, 플라스틱 볼트 2개를 준비합니다.

02 다음과 같이 베이스 보드 아래쪽에서 흰색 플라스틱 볼트를 끼워 넣습니다.

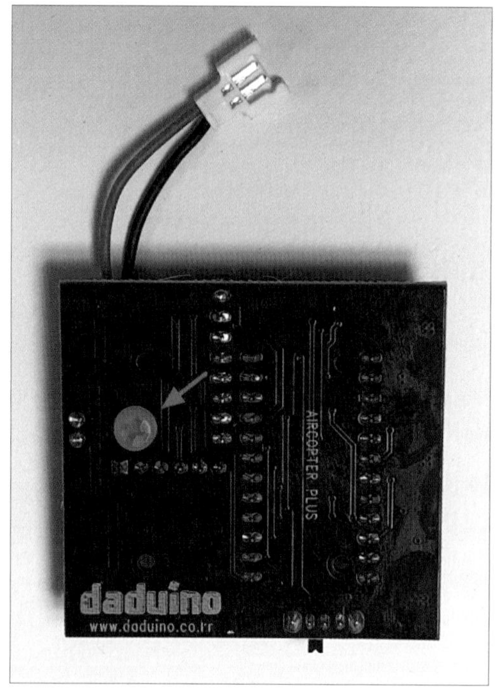

03 다음과 같이 흰색 플라스틱 볼트가 베이스 보드 위쪽으로 나온 것을 확인합니다.

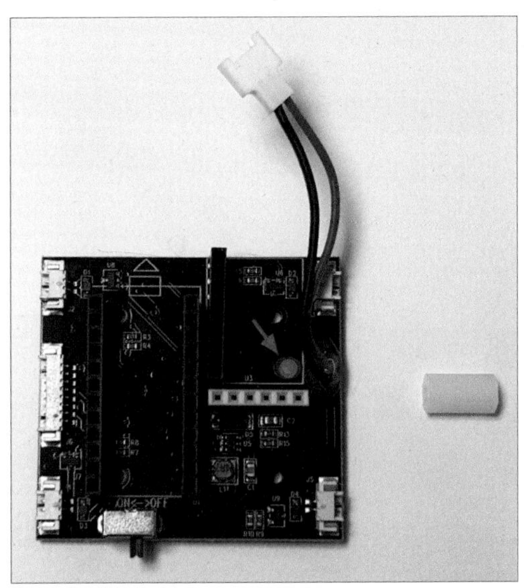

04 다음과 같이 흰색 서포터를 볼트와 결합합니다. 드라이버를 이용하여 적당히 조여줍니다.

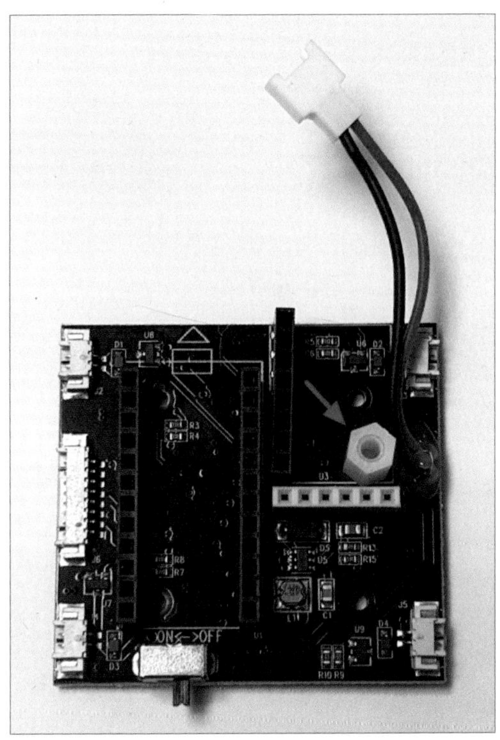

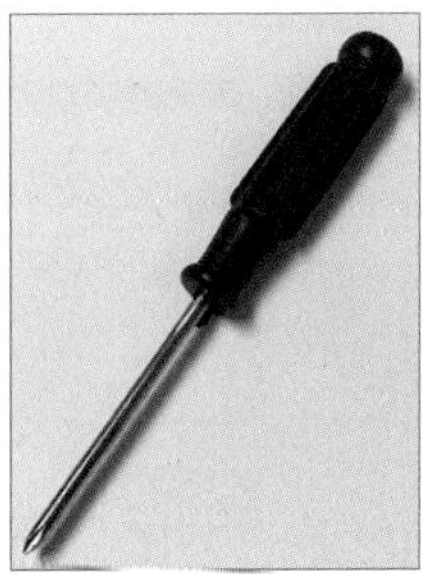

05 다음은 서포터 조립이 완료된 모습입니다. 나머지 플라스틱 볼트는 GY-521 센서 부착 후 사용합니다.

03 _ 베이스 보드와 드론 몸체 결합하기

01 다음과 같이 베이스 보드, 드론 몸체, 1.4x4mm 볼트(작은 볼트)를 준비합니다.

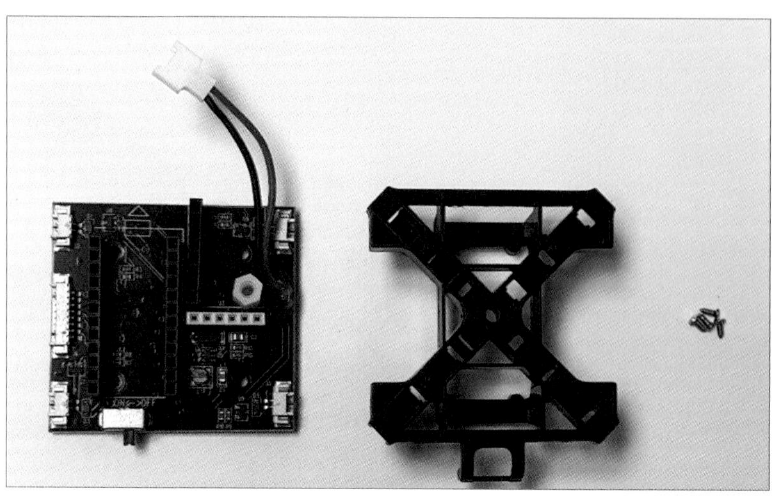

02 다음과 같이 베이스 보드를 드론 몸체와 맞춥니다.

03 드라이버를 이용하여 다음과 같이 4군데 볼트를 체결합니다. 베이스 보드가 드론 몸체에서 흔들리지 않도록 적당히 단단히 조립합니다.

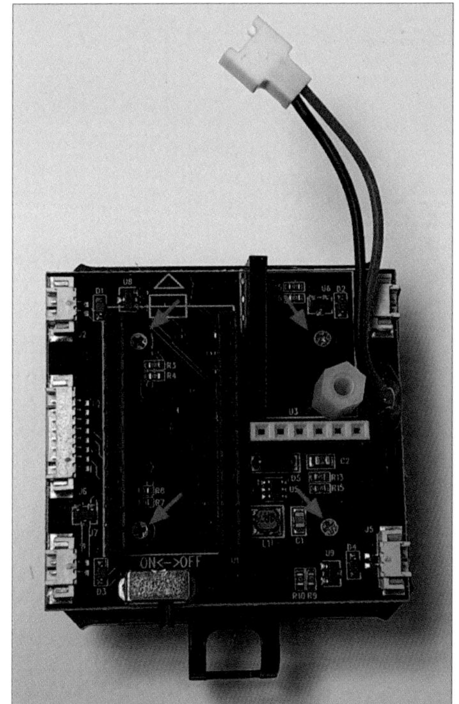

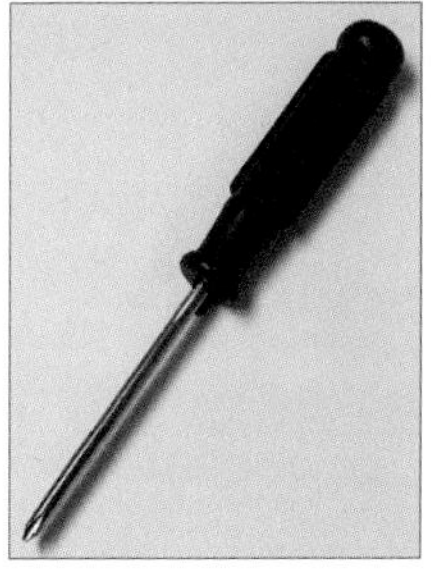

04 _ GY-521 센서 장착하기

01 다음과 같이 조립된 베이스 보드, GY-521 센서, 플라스틱 볼트 1개를 준비합니다.

02 다음과 같이 GY-521 센서를 장착합니다.

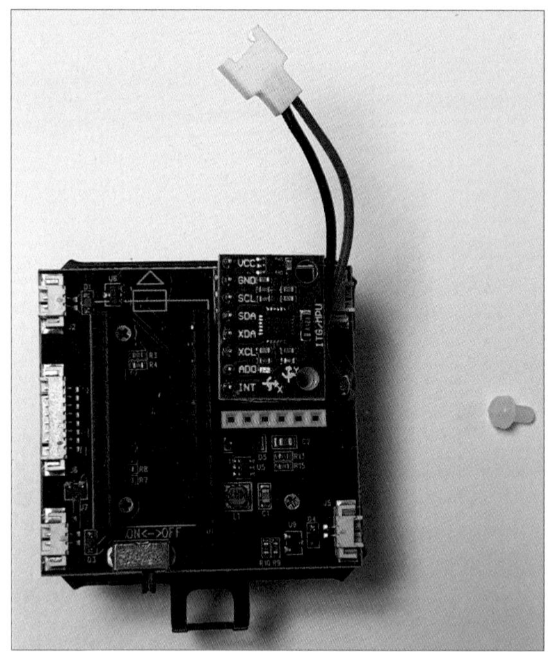

03 다음과 같이 흰색 플라스틱 볼트를 드라이버를 이용하여 장착합니다. 센서가 흔들리지 않도록 적당히 조여줍니다.

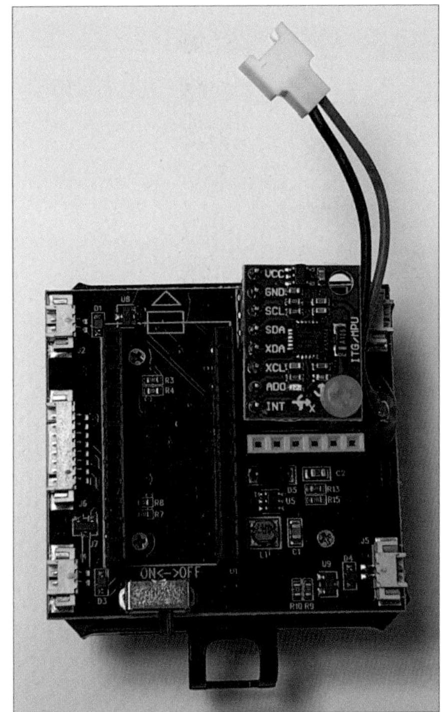

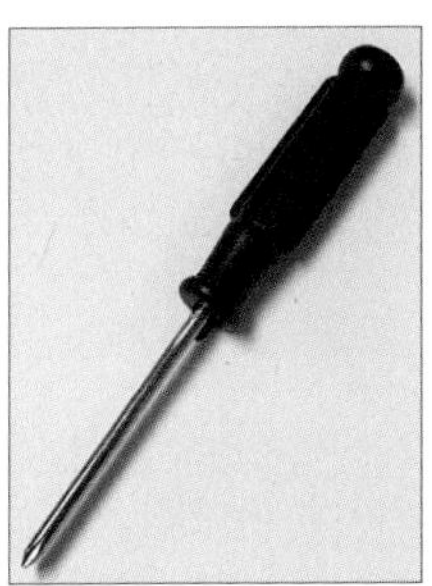

05 _ 아두이노, 블루투스 조립하기

01 다음과 같이 조립된 베이스 보드, 아두이노 프로 마이크로, HM-10 블루투스 모듈을 준비합니다.

02 다음과 같이 아두이노 프로 마이크로를 베이스 보드에 장착합니다.

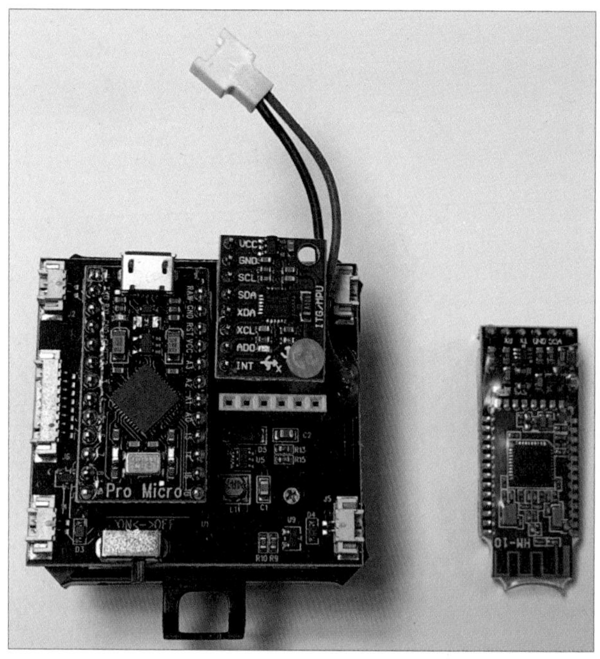

아두이노 프로 마이크로의 USB 단자가 드론의 정면을 향하도록 장착합니다. 베이스 보드는 삼각형 모양의 도형이 있는 부분이 앞이고 전원 스위치가 있는 부분이 뒤입니다. 아두이노 보드는 USB 단자가 앞을 향하게 합니다. 다음은 옆에서 본 모습입니다.

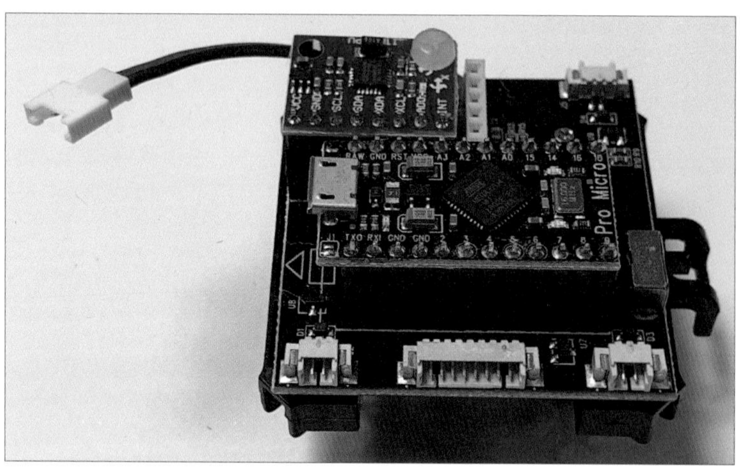

03 다음과 같이 블루투스 모듈을 노란색 커넥터에 연결합니다.

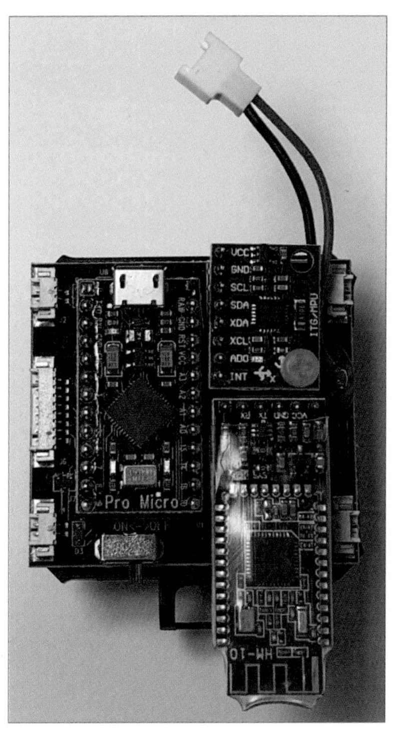

06 _ 드론 날개와 몸체 연결하기

01 다음과 같이 날개 지지대와 조립된 베이스 보드를 준비합니다. 화살표 부분에 A2라고 쓰인 흰색 날개 지지대를 준비합니다.

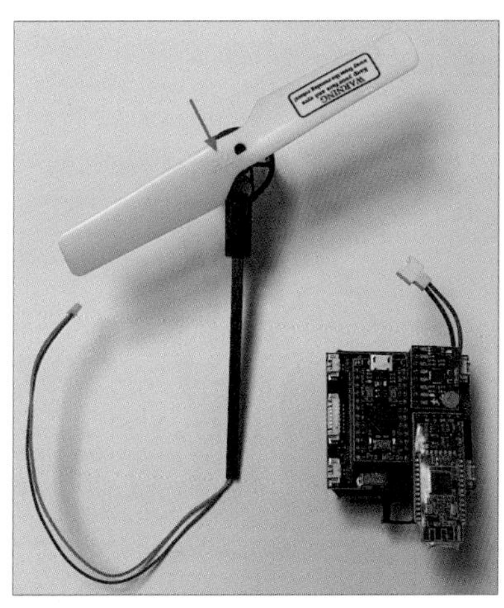

02 다음과 같이 전선을 잡습니다.

03 다음과 같이 흰색 A2 날개 지지대를 드론 몸체에 끼워 넣습니다.

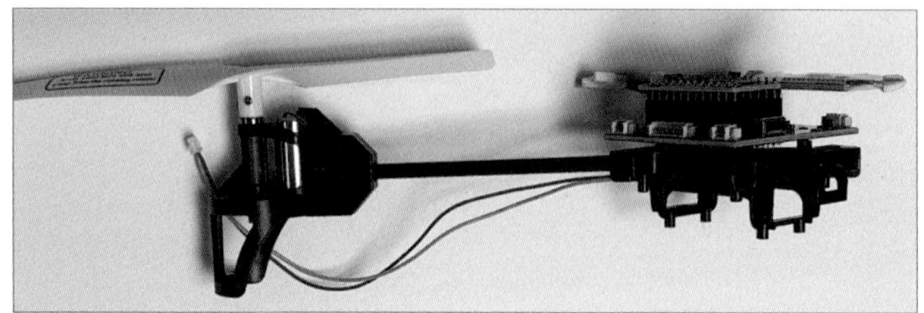

04 화살표 표시 부분까지 밀어 넣습니다.

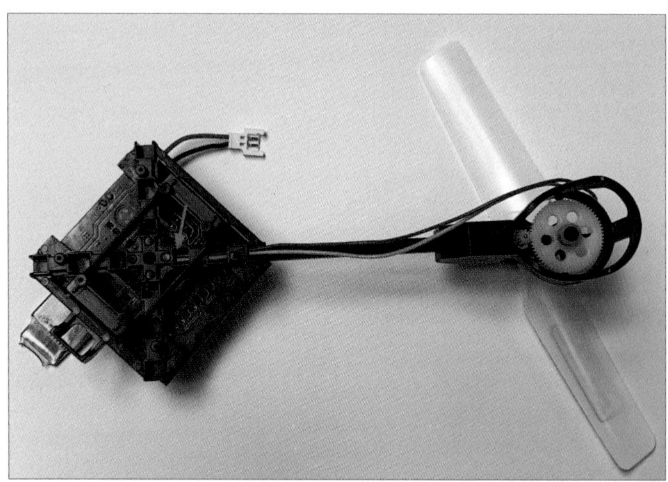

05 나머지 날개도 다음과 같이 조립합니다.

06 다음은 아래에서 본 모습입니다.

07 다음과 같이 전선을 지지대에 4~5회 감아준 후, 커넥터를 베이스 보드에 연결해 줍니다.

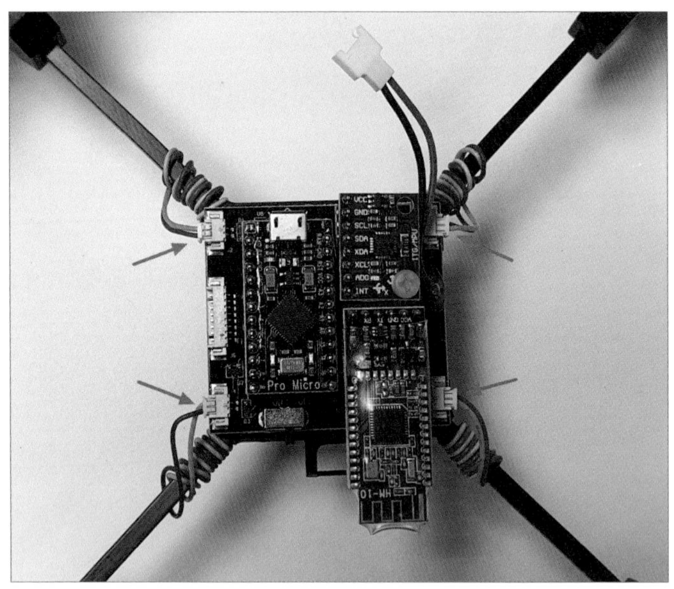

07 _ 드론 몸체와 배터리 연결하기

01 다음과 같이 배터리를 드론 몸체에 끼워 넣습니다.

02 다음과 같이 배터리 커넥터와 베이스 보드 커넥터를 연결합니다.

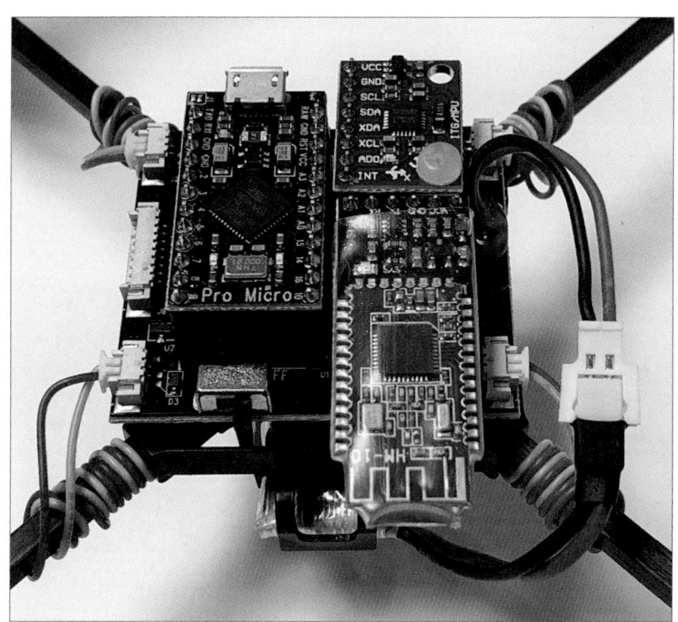

03 배터리 충전 시에는 다음과 같이 배터리 충전기에 배터리 커넥터를 연결한 후, 충전기를 USB 단자에 연결합니다. 완충시간은 약 70분입니다. 배터리 사용시간은 드론을 연속적으로 날릴 경우 5분 전후입니다.

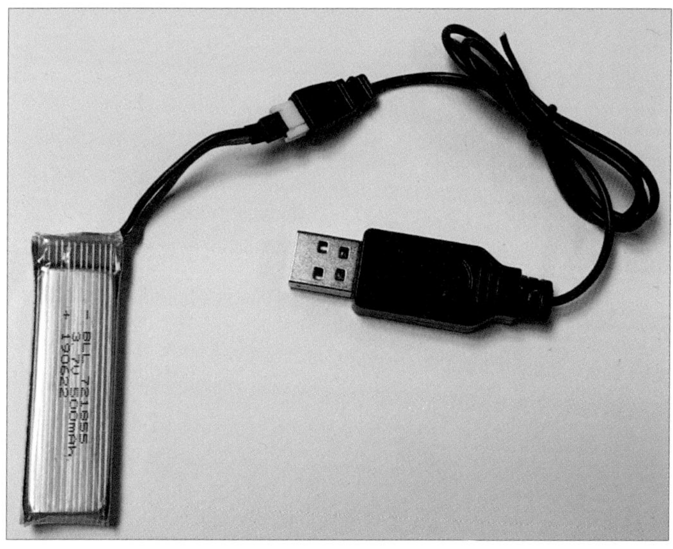

Arduinodrone

이번 장에서는 아두이노 드론 개발을 위한 환경을 구성해 보고, 아두이노 드론의 부품들을 제어하기 위한 코딩을 해 봅니다. 문자열 입출력, LED 제어, 모터 제어, 통신 모듈을 이용한 통신을 수행해 봅니다. 또 균형제 모듈을 이용하여 좌우 기울기에 대한 각속도와 각도를 구하는 방법을 살펴봅니다.

CHAPTER

02

아두이노 드론 살펴보기

LESSON

01

아두이노 드론 개발환경 구성하기

여기서는 아두이노 보드를 컴퓨터에 연결하는 방법, 아두이노 보드와 시리얼 포트를 선택하는 방법, 스케치를 작성하는 방법, 아두이노 오류 발생시 대처 방법을 살펴봅니다.

01 _ 아두이노 보드에 컴퓨터 연결하기

이제 아두이노 보드와 컴퓨터를 연결해 봅니다. 아두이노 보드의 USB는 다음과 같이 세 가지 기능을 제공합니다.

❶ 전원을 공급 받을 수 있고,
❷ 시리얼 포트를 통해 컴파일한 프로그램을 업로드할 수 있고,
❸ 시리얼 포트를 통해 디버깅 메시지를 볼 수 있습니다.

그래서 아두이노 보드는 USB 케이블 하나로 컴퓨터로 연결될 수 있으며, 간단한 인터페이스를 이용하여, 개발을 진행할 수 있습니다.

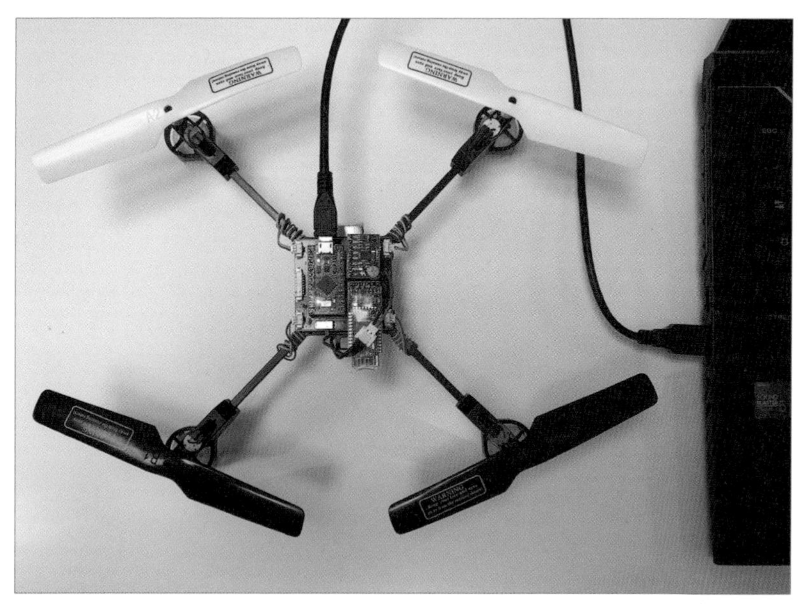

01 USB 케이블의 한쪽 끝(미니 B)을 드론의 아두이노 보드에 연결합니다.

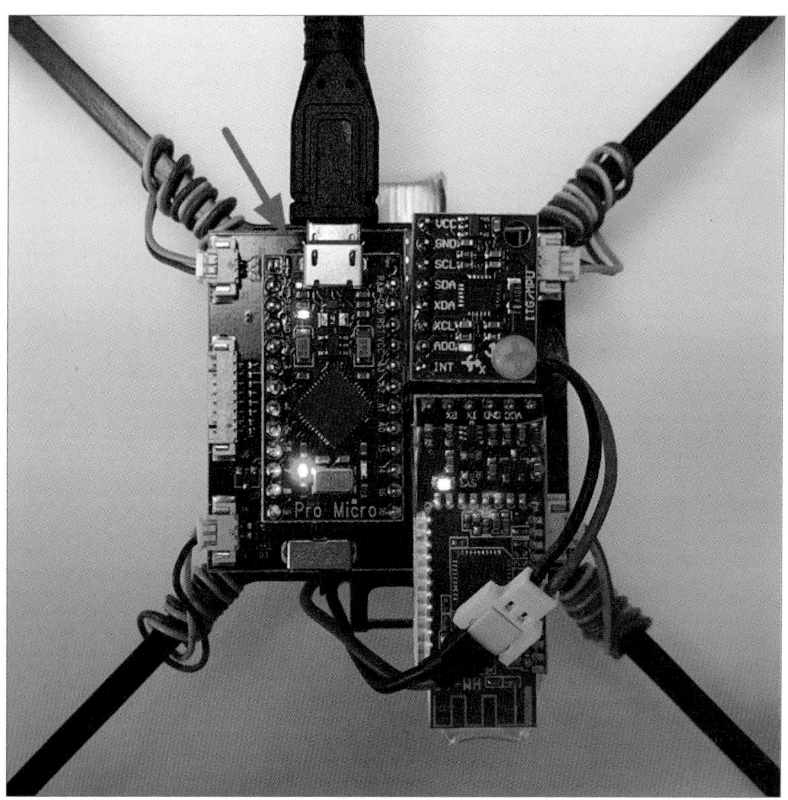

02 USB 케이블의 다른 쪽 끝을 컴퓨터에 연결합니다.

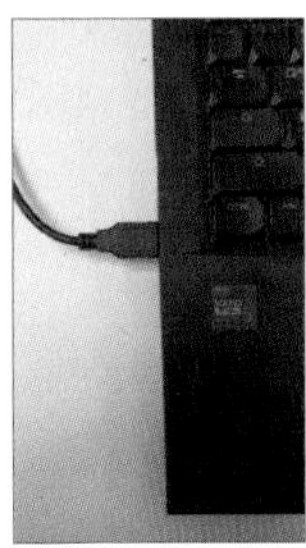

02 _ 아두이노 보드와 시리얼 포트 선택하기

여기서는

❶ 아두이노 소프트웨어에서 사용할 보드로 아두이노 레오나르도를 선택하고,

❷ 아두이노 스케치 프로그램을 업로드 할 포트를 선택하는

방법을 살펴봅니다.

보드 선택

01 아두이노 소프트웨어를 실행시킵니다.

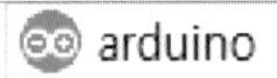

02 다음과 같이 아두이노 소프트웨어에서 [툴]–[보드]–[Arduino Leonardo] 보드를 선택합니다. 사용하는 보드에 대한 선택은 이 메뉴를 통해서 하면 됩니다.

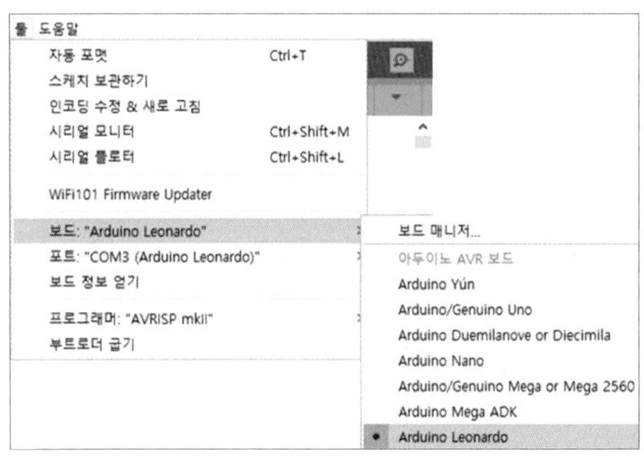

※ 우리가 사용하는 [아두이노 프로 마이크로]보드는 [아두이노 레오나르도]보드에서 사용하는 칩을 사용합니다. 그래서 [아두이노 레오나르도]보드를 선택해 줍니다.

포트 선택

01 다음과 같이 [툴]-[포트]-[COM3 (Arduino Leonardo]을 선택합니다. 독자 여러분의 경우 이 부분이 달라질 수 있습니다. 예를 들어, COM6 등으로 표시될 수 있습니다.

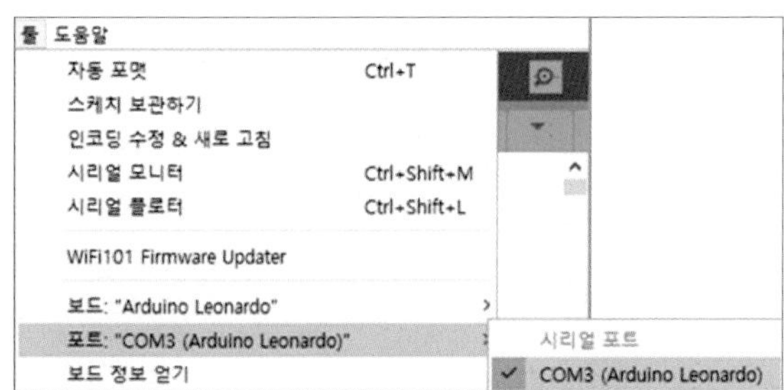

※ 우리는 포트를 통해서 아두이노 스케치 프로그램을 업로드하고, 시리얼 모니터를 통한 디버깅 메시지를 확인합니다.

03 _ 스케치 작성해 보기

여기서는

❶ Hello PC 스케치를 작성한 후,

❷ 컴파일하고,

❸ 아두이노 보드에 업로드하고,

❹ 시리얼 모니터를 통해 결과를 확인해 봅니다.

스케치 작성하기

01 아두이노 IDE를 실행시킨 후 다음과 같이 예제를 작성합니다.

sketch_jan18a §

```
1 void setup() {
2   Serial.begin(115200);
3 }
4
5 void loop() {
6   Serial.println("Hello PC^^. I'm an Arduino~");
7 }
```

2 : 아두이노가 Serial.begin 명령을 수행하여 PC로 연결된 Serial의 통신 속도를 115200bps로 설정하게 합니다. 115200bps는 초당 115200 비트를 보내는 속도입니다. 시리얼 포트를 통해 문사 하나를 보내는데 10비트가 필요합니다. 그러므로 1초에 115200/10 = 11520 문자를 보내는 속도입니다. 11520 문자는 A4 용지 기준 5~6페이지 정도의 양입니다. 비트는 0 또는 1을 담을 수 있는 데이터 저장의 가장 작은 단위입니다.

7 : 아두이노가 Serial.println 명령을 수행하여 "Hello PC^^. I'm an Arduino~" 문자열을 PC로 출력하게 합니다. println은 print line의 약자입니다. ln의 l은 영문 대문자 아이(I)가 아니고 소문자 엘(l)입니다.

시리얼 통신은 다음 부분을 통해서 이루어집니다.

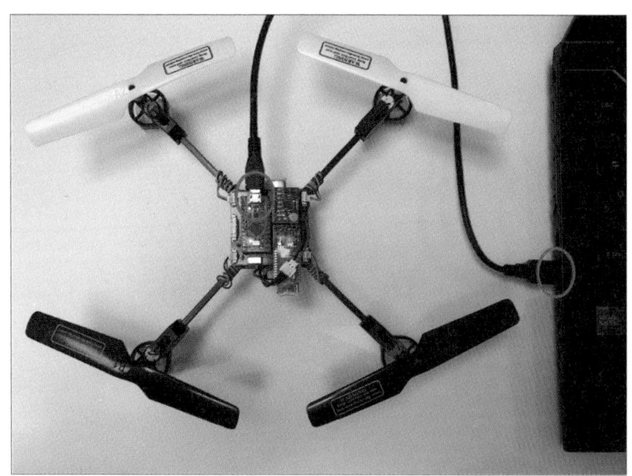

시리얼 통신의 원리는 종이컵과 실을 이용하여 말하고 들을 수 있는 원리와 같습니다. 우리가 하는 말이 실을 통해 순차적으로 전달되는 원리로 아두이노 보드와 컴퓨터도 통신을 하게 됩니다.

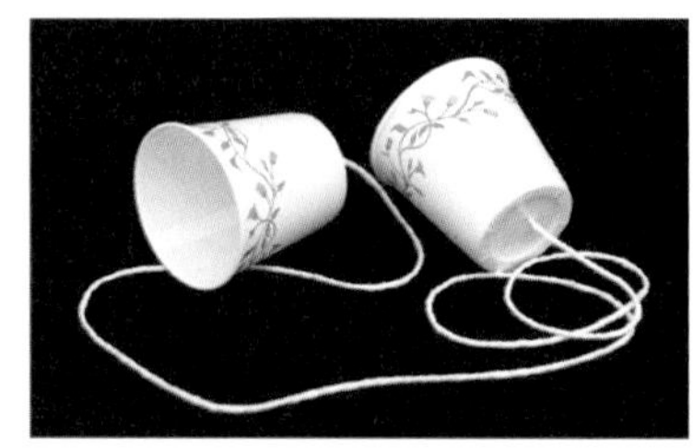

스케치 저장하기

02 다섯 번째 아이콘인 [저장] 버튼을 누릅니다.

03 다음과 같은 "스케치 폴더를 다른 이름으로 저장..." 창이 뜹니다.

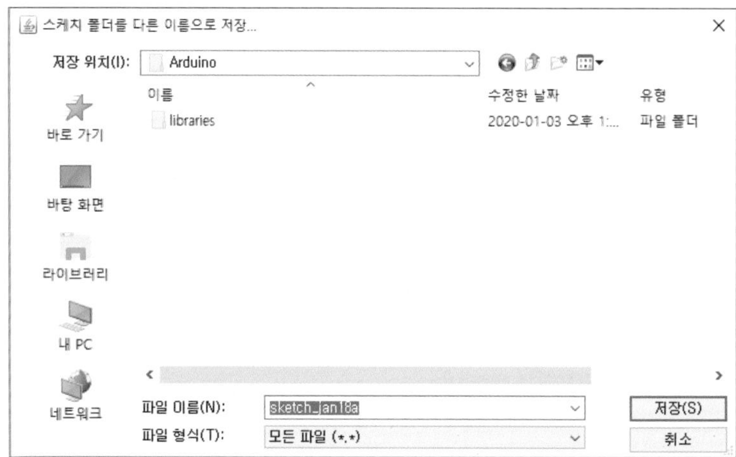

04 프로젝트 디렉터리를 만들기 위해 오른쪽 상단에 있는 [새 폴더 만들기] 버튼( )을 누른 후 디렉터리 이름을 [droneLabs]로 입력합니다. 한글 이름은 오류가 발생할 수 있으므로 사용하지 않습니다.

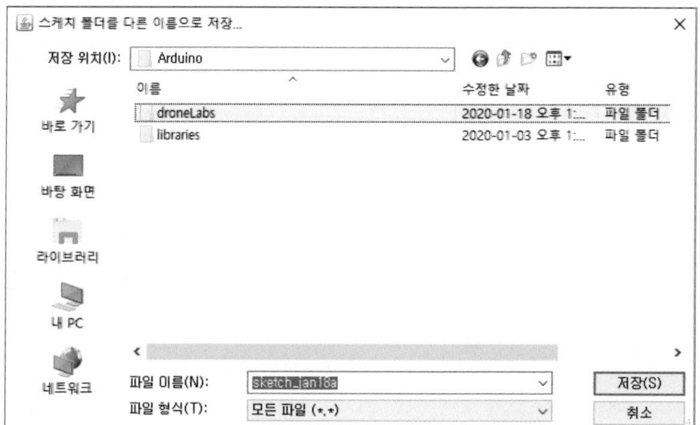

05 [droneLabs] 디렉터리로 이동하여 [01_serial_println]을 입력한 후, [저장] 버튼을 누릅니다.

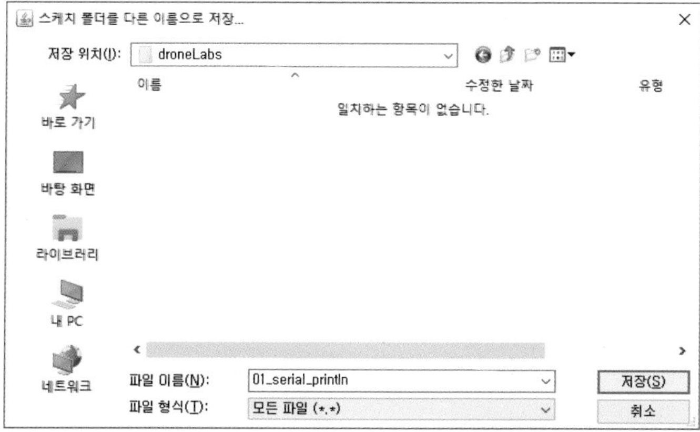

스케치 컴파일하기

06 첫 번째 아이콘인 [확인] 버튼을 눌러 컴파일을 수행합니다.

07 [컴파일 완료]를 확인합니다.

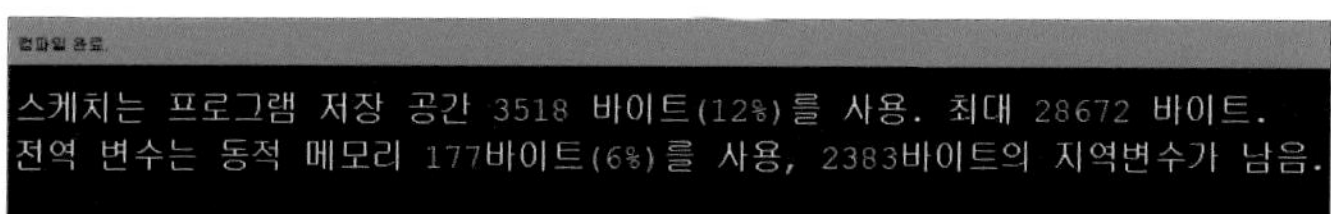

> **컴파일이란?**
>
> 작성한 스케치를 아두이노 보드 상에 있는 마이크로 컨트롤러가 읽을 수 있는 코드로 변형하는 작업이며, 컴파일러라는 프로그램이 이 작업을 수행합니다. 한글로 쓴 소설을 영어로 번역하여, 영어를 사용하는 사람들이 읽을 수 있도록 하는 작업과 같다고 보면 됩니다.

스케치 업로드하기

컴파일한 스케치를 아두이노 보드 상에 있는 나의 컴퓨터에 쓰는 작업입니다. 업로드를 하면 전원을 꺼도 컴파일한 스케치의 내용은 나의 컴퓨터 상에 남아 있습니다.

확인하기 : '03 아두이노 보드와 시리얼 포트 선택하기'을 참고하여 업로드 직전에 아두이노 보드와 포트를 선택합니다.

08 [업로드] 버튼을 눌러줍니다.

09 [업로드 완료]를 확인합니다.

```
업로드 완료.
스케치는 프로그램 저장 공간 3518 바이트(12%)를 사용. 최대 28672 바이트.
전역 변수는 동적 메모리 177바이트(6%)를 사용, 2383바이트의 지역변수가 남음.
```

시리얼 모니터 확인

이제 결과를 시리얼 모니터를 통해 확인합니다.

10 [시리얼 모니터] 버튼을 눌러줍니다.

시리얼 모니터

11 시리얼 모니터 창이 뜨면, 우측 하단에서 통신 속도를 115200으로 맞춰줍니다.

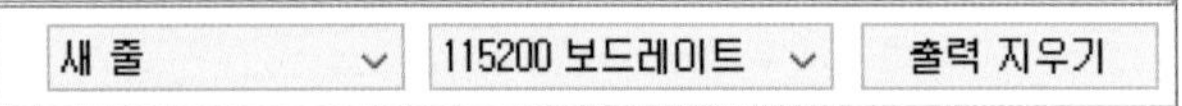

12 다음과 같은 메시지가 반복적으로 뜨는 것을 확인합니다.

```
Hello PC^^. I'm an Arduino~
Hello PC^^. I'm an Arduino~
Hello PC^^. I'm an Arduino~
Hello PC^^. I'm an Arduino~
Hello PC^^. I'm an Arduino~
```

loop 함수가 반복돼서 호출되기 때문에 메시지도 반복돼서 뿌려지게 됩니다.

04 _ 아두이노 오류 발생 시 대처방법

앞으로 여러분은 아두이노 드론을 다루는 과정에서 몇 가지 정형화된 오류를 반복적으로 접하게 됩니다. 이 때는 다음 순서로 문제를 해결해 보도록 합니다.

01 USB 포트 연결에 문제가 발생하는 경우가 있습니다. 이 경우엔 USB 연결을 해제한 후 다시 연결합니다.

02 아두이노 소프트웨어에서 설정이 제대로 안되어 있는 경우가 있습니다. 이 경우엔 아두이노 소프트웨어의 tool 메뉴에서 보드와 포트가 제대로 선택되어 있는지 확인합니다.

03 아두이노 스케치에 C 문법 오류가 있는 경우가 있습니다. 이 경우엔 반점(;-세미콜론), 괄호(소괄호(), 중괄호{}, 대괄호[]), 점(.), 함수 색상 순서로 확인해 봅니다.

04 아두이노 보드 자체에 하드웨어적인 문제가 있는 경우가 있습니다. 이 경우엔 blink 예제로 아두이노 보드의 상태를 확인합니다.

LESSON

02

아두이노 스케치 구조 이해하기

여기서는 아두이노 스케치의 구조에 대해서 자세히 살펴보도록 합니다.

01 _ 아두이노 스케치 기본 함수

아두이노 스케치는 다음과 같이 두 개의 기본 함수로 구성됩니다.

```
void setup() {
  // put your setup code here, to run once:

}

void loop() {
  // put your main code here, to run repeatedly:

}
```

setup 함수는 코드 실행을 시작할 때 한 번만 수행되며, 사용하고자 하는 하드웨어(입출력 모듈 : 센서, 모터 등)를 초기화시키는 부분입니다. loop 함수는 반복적으로 수행되며, 하드웨어를 반복적으로 동작시키는 부분입니다.

※ 함수는 기능이라는 의미로 수학에서 유래하였으며 원하는 기능을 수행하기 위한 명령의 집합으로 구성됩니다.

01 setup 함수를 다음과 같이 수정해 봅니다.

```
00_hello_pc
1 void setup() {
2   Serial.begin(115200);
3
4   Serial.println("setup");
5 }
6
7 void loop() {
8
9
10 }
```

2 : 시리얼 포트의 통신 속도를 115200으로 설정합니다.

4 : setup 문자열을 시리얼 포트로 출력합니다.

02 컴파일과 업로드를 수행한 후 [시리얼 모니터] 버튼을 클릭합니다.

03 시리얼 모니터 창이 뜨면, 우측 하단에서 통신 속도를 115200으로 맞춰줍니다.

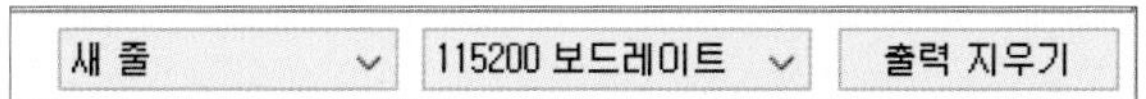

04 setup 문자열이 한 번 출력되는 것을 확인합니다.

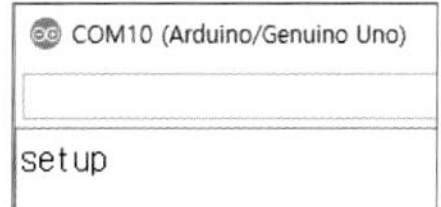

05 이번엔 loop 함수를 다음과 같이 수정합니다.

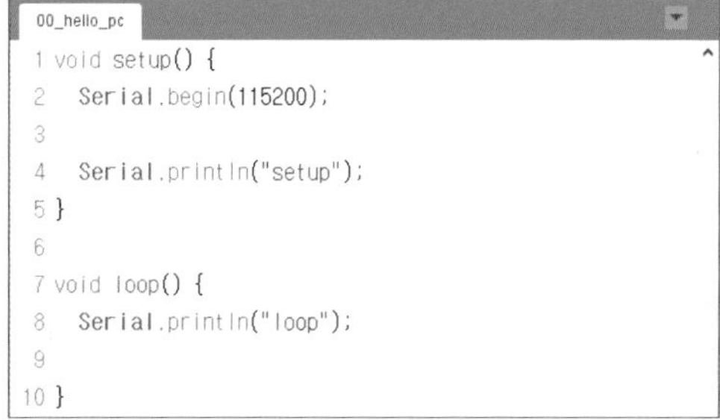

8 : loop 문자열을 시리얼 포트로 출력합니다.

06 컴파일과 업로드를 수행한 후 [시리얼 모니터] 버튼을 클릭합니다

07 시리얼 모니터 창이 뜨면, 우측 하단에서 통신 속도를 115200으로 맞춰줍니다.

새 줄 ∨	115200 보드레이트 ∨	출력 지우기

08 loop 문자열이 계속해서 출력되는 것을 확인합니다.

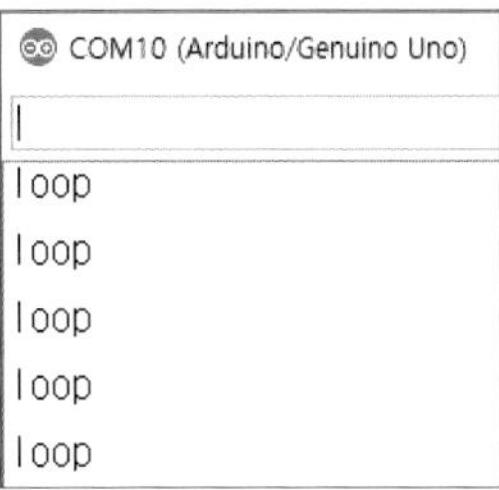

02 _ 숨겨진 main 함수

setup, loop 함수는 다음과 같이 main 함수에서 호출됩니다.

```
int main(void)
{
    init();

    initVariant();

#if defined(USBCON)
    USBDevice.attach();
#endif

    setup();                                  → void setup() {

                                                }

    for (;;) {
        loop();                               → void loop() {
        if (serialEventRun) serialEventRun();
    }

    return 0;                                   }
}
```

※ 아두이노는 C/C++ 언어로 작성합니다. C/C++ 언어로 작성하는 프로그램의 시작은 main 함수로 시작합니다. 아두이노 스케치에서 main 함수는 숨겨져 있습니다.

main 함수의 내용을 확인하기 위해 다음 폴더로 이동합니다.

› 내 PC › 로컬 디스크 (C:) › Program Files (x86) › Arduino › hardware › arduino › avr › cores › arduino

main.cpp 파일을 열어 main 함수의 내용을 확인합니다.

main.cpp	2019-05-16 오후 9:52	C++ Source File	2KB

※ main.cpp 파일은 아두이노 스케치를 컴파일하는 과정에서 같이 포함됩니다.

LESSON

03

아두이노의 입 : Serial.println

앞에서 우리는 Serial.println 함수를 사용하여 다음과 같은 메시지를 PC로 보냈습니다.

```
Hello PC^^. I'm an Arduino~
Hello PC^^. I'm an Arduino~
Hello PC^^. I'm an Arduino~
Hello PC^^. I'm an Arduino~
Hello PC^^. I'm an Arduino~
```

아두이노가 여러분에게 인사를 한 것이죠. Serial.println 함수는 아주 유용한 함수입니다. 아두이노의 상태가 어떤지 우리에게 알려주는 주인공이 바로 Serial.println 함수입니다. 여러분은 앞으로 아두이노 스케치를 작성하다 버튼이나 센서의 값을 알고 싶은 경우가 있을 수 있습니다. 이 때 필요한 함수가 바로 Serial.println 함수입니다.
여러분은 아두이노 스케치를 통해 메시지를 출력할 때 다음 세 함수를 주로 사용하게 됩니다.

```
Serial.begin(speed)
Serial.println(val)
Serial.print(val)
```

Serial.begin

Serial.begin은 PC로 메시지를 보낼 때 데이터의 속도를 설정하는 함수입니다.

```
Serial.begin(speed);
             ❶
```

❶ PC로 메시지를 보낼 때 데이터 속도
(300, 600, 1200, 2400, 4800, 9600, 14400, 19200, 28800, 38400, 57600, 115200)

Serial.begin 함수는 PC로 메시지를 보낼 때 데이터의 속도를 설정합니다. speed 인자를 통해 설정할 수 있는 속도 값은 다음과 같습니다.

```
300, 600, 1200, 2400, 4800, 9600, 14400, 19200, 28800, 38400, 57600, 115200
```

우리 책에서는 주로 115200을 사용합니다. 115200bps는 초당 115200 비트를 보내는 속도입니다. 시리얼 포트를 통해 문자 하나를 보내는데 10비트가 필요합니다. 그러므로 1초에 115200/10 = 11520 문자를 보내는 속도입니다. 11520 문자는 A4 용지 기준 5~6페이지 정도의 양입니다. 비트는 0 또는 1을 담을 수 있는 데이터 저장의 가장 작은 단위입니다.
PC로 메시지를 보내기 위해서는 Serial.print 또는 Serial.println 함수를 사용합니다.

Serial.println

Serial.println은 PC로 메시지 보내는 함수입니다.

```
Serial.println(val);
               ❶
```

❶ PC로 보낼 메시지로 정수, 실수, 문자열을 보낼 수 있다.

Serial.println 함수는 메시지 출력 후, 커서 위치를 다음 줄 첫 번째 칸으로 옮기는 엔터키 입력 효과를 줍니다. val 인자를 통해 보낼 수 있는 값은 문자열, 정수 값, 실수 값을 보낼 수 있습니다.
Serial.print 함수는 메시지만 출력하고, 커서의 위치는 옮기지 않습니다.
다음과 같이 형식(format) 인자를 이용하여 메시지 형식을 좀 더 자세하게 줄 수도 있습니다.

```
Serial.println(val, format)
Serial.print(val, format)
```

format 인자의 경우 val 인자가 정수일 경우엔 진법(DEC, HEX, OCT, BIN)을 설정할 수 있으며, 실수인 경우엔 소수점 이하 표시할 자리수를 설정할 수 있습니다. 뒤에서 예제를 통해 사용법을 살펴봅니다.
우리는 이 함수들을 이용하여 문자열과 숫자를 출력하게 됩니다. 숫자의 경우는 정수와 실수로 나눌 수 있습니다. 정수의 경우는 주로 10진수와 16진수로 표현할 수 있으며, 아두이노의 경우엔 2진수 표현도 가능합니다. 실수의 경우는 자릿수를 얼마나 나타낼지를 결정할 수 있습니다. 우리가 주로 사용하게 될 방법들을 위주로 몇 가지 예를 살펴보도록 합니다.

01 _ 여러 형식의 자료 내보내기

여기서는 Serial.println 함수를 이용하여 문자열, 숫자, 문자를 출력해봅니다.

01 다음과 같이 예제를 작성합니다.

211_0.ino

```
01 void setup() {
02   Serial.begin(115200);
03 
04   Serial.println("Hello PC^^. I'm an Arduino~");
05   Serial.println(78);
06   Serial.println(1.23456);
07   Serial.println('N');
08 }
09 
10 void loop() {
11 
12 }
```

04 : 문자열을 출력합니다.
05 : 정수 78을 10진수 문자열로 변환하여 출력합니다.
06 : 실수 1.23456을 10진 실수 문자열로 변환하여 출력합니다.
07 : 문자 N을 문자열로 변환하여 출력합니다.

02 [툴] 메뉴를 이용하여 보드, 포트를 다음과 같이 선택합니다.

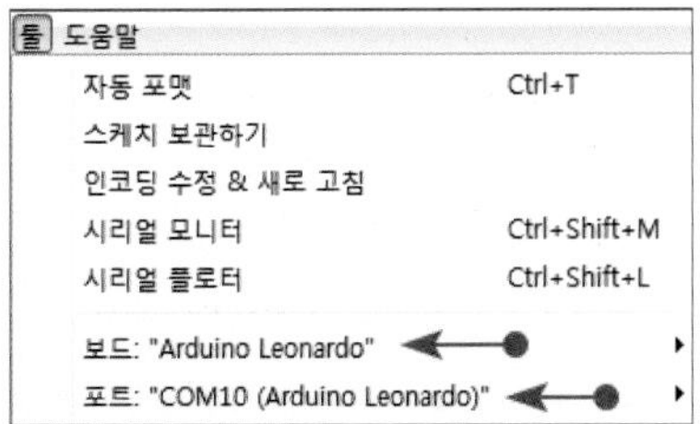

03 컴파일과 업로드를 수행합니다.

04 [시리얼 모니터] 버튼을 클릭합니다. 시리얼 모니터 창이 뜨면, 우측 하단에서 통신 속도를 115200으로 맞춰줍니다.

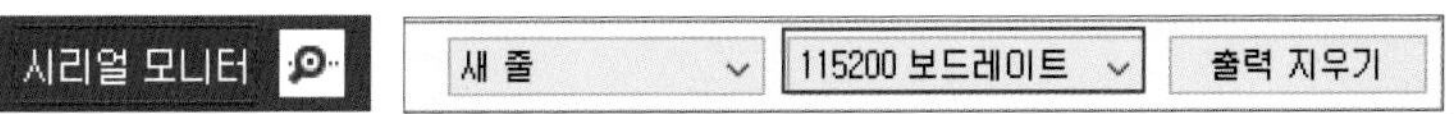

05 출력결과를 확인합니다.

```
Hello PC^^. I'm an Arduino~
78
1.23
N
```

1.23456 실수의 경우 기본적으로 소수점 아래 두 자리만 출력하는 것을 볼 수 있습니다.

> **C언어의 자료형**
>
> C언어에서 일반적으로 사용하는 자료 형은 int, double, char *, char입니다. int는 정수 값을 담을 수 있는 자료 형을, double은 실수 값을 담을 수 있는 자료 형을, char *는 문자열의 첫 문자의 주소를 담을 수 있는 자료 형을, char는 한 문자를 담을 수 있는 자료 형을 나타냅니다. 정수의 경우엔 10진수와 16진수 두 종류가 있습니다. 10진수의 경우엔 개수나 번호 등에 사용되며, 16진수는 메모리 주소 값이나 특정한 비트의 값을 나타낼 때 사용합니다. 10진수는 주로 사칙연산자나 비교 연산자와 같이 사용되며, 16진수는 주로 비트연산자와 같이 사용됩니다.

02 _ 여러 형식의 숫자 내보내기

여기서는 Serial.println 함수를 이용하여 10진수와 16진수 정수를 출력해 봅니다. 또, 10진 실수의 소수점이하 출력을 조절해 봅니다.

01 다음과 같이 예제를 작성합니다.

211_0.ino

```
void setup() {
  Serial.begin(115200);

  Serial.println(78, DEC);
  Serial.println(78, HEX);
  Serial.println(78, BIN);

  Serial.println(1.23456, 0);
  Serial.println(1.23456, 2);
  Serial.println(1.23456, 4);
}

void loop() {

}
```

04 : 정수 78을 10진수 문자열로 변환하여 출력합니다.

05 : %x 형식은 정수를 16진수 문자열로 변환하는 형식입니다. 여기서는 정수 78을 16진수 문자열로 변환하여 출력합니다.

06: 정수 78을 2진수 문자열로 변환하여 출력합니다.

08 : 여기서는 실수 1.23456을 소수점 이하 0개까지 10진 실수 문자열로 변환하여 출력합니다.

09 : 여기서는 실수 1.23456을 소수점 이하 2개까지 10진 실수 문자열로 변환하여 출력합니다.

10 : 여기서는 실수 1.23456을 소수점 이하 4개까지 10진 실수 문자열로 변환하여 출력합니다.

02 컴파일과 업로드를 수행합니다.

03 [시리얼 모니터] 버튼을 클릭합니다. 시리얼 모니터 창이 뜨면, 우측 하단에서 통신 속도를 115200으로 맞춰줍니다.

04 출력결과를 확인합니다.

```
78
4E
1001110
1
1.23
1.2346
```

LESSON

04

아두이노의 윙크 : digitalWrite

여러분은 다음과 같이 유튜브 등에서 아두이노를 이용하여 LED를 깜빡이는 동영상을 본 적이 있나요?

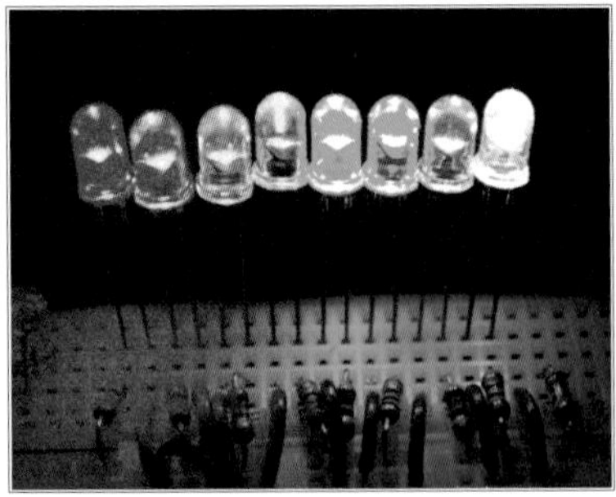

LED를 깜빡이게 하는 주인공이 바로 digitalWrite 함수입니다.
여러분은 아두이노 스케치를 통해 LED를 제어할 때 다음 세 함수를 주로 사용하게 됩니다.

```
pinMode(pin, mode)
digitalWrite(pin, value)
delay(ms)
```

pinMode(pin, mode);

pinMode란 특정 핀을 출력 또는 입력 모드로 설정하는 명령어입니다.

```
pinMode(pin, mode);
        ❶    ❷
```

❶ 설정하고자 하는 핀 번호
❷ 설정하고자 하는 모드로 입력일 때는 INPUT, 출력일 때는 OUTPUT

pinMode 함수는 특정한 핀을 출력으로 사용할지 입력으로 사용할지를 설정합니다. pin 인자로는 보드 상에 나와 있는 숫자 2~13을 사용합니다. 0, 1 핀의 경우 시리얼 통신용으로 할당되어 있기 때문에 사용하지 않도록 합니다. A0~A5의 경우도 사용할 수 있습니다. 이때는 숫자 14~19를 사용해야 합니다. mode 인자로는 OUTPUT, INPUT, INPUT_PULLUP을 사용할 수 있습니다. LED를 켜기 위해서는 0 또는 1을 LED로 쓰는 개념이기 때문에 OUTPUT으로 설정합니다. 버튼의 경우 버튼의 값을 읽는 개념이기 때문에 INPUT으로 설정합니다. 버튼의 경우 외부에 저항을 이용하여 회로를 구성하는데, 외부에 저항을 사용하지 않고 아두이노의 마이컴 내부에 있는 저항을 이용할 경우엔 INPUT_PULLUP으로 설정합니다. 마이컴 내부의 저항은 칩 내부에 있기 때문에 볼 수 없습니다.

digitalWrite

digitalWrite란 특정 핀을 HIGH 또는 LOW로 설정하는 명령어입니다.

```
pinWrite(pin, value);
         ❶    ❷
```

❶ 제어하고자 하는 핀 번호

❷ HIGH 또는 LOW

digitalWrite 함수는 디지털 핀으로 HIGH(=1) 또는 LOW(=0) 값을 씁니다. pinMode 함수를 통해 해당 핀이 OUTPUT으로 설정되었을 때, HIGH 값의 경우엔 해당 핀이 5V로 설정되며, LOW 값의 경우엔 0V로 설정됩니다. 마치 우리가 거실에 있는 전등을 켜기 위해 스위치를 껐다 켰다 하는 원리와 같은 거죠.

delay

delay란 인자로 주어진 시간만큼 프로그램의 진행을 멈춥니다.

```
delay(ms);
      ❶
```

❶ 멈춰야할 밀리초(ms : unsigned long 형)

※ unsigned long은 변수형의 한 종류로 아두이노 스케치에서 0~4,294,967,295 (2^32 −1) 범위의 0과 양의 정수 값을 갖습니다.

여기서는 digitalWrite 함수를 이용하여 LED를 켜고끄는 예제를 수행해 봅니다. 또 반복적으로 켜고 끄는 주기를 짧게 해가며 아래 그림과 같은 사각 파형에 대해서도 알아보도록 합니다.

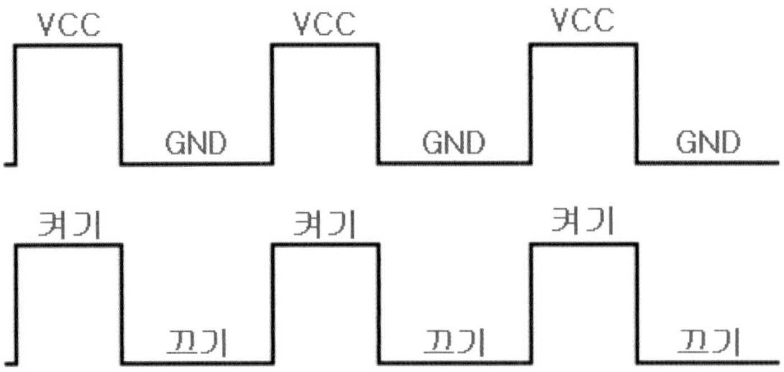

01 _ 아두이노 눈뜨기 : LED 켜기

먼저 digitalWrite 함수를 이용하여 LED를 켜봅니다.
여기서는 아두이노 프로 마이크로의 17번 핀에 연결된 LED를 켜 봅니다. 아두이노 프로 마이크로의 17, 30번 핀은 각각 USB로 연결된 시리얼 포트의 RX_LED, TX_LED 핀입니다. 다음과 같이 회로 구성이 되어 있습니다.

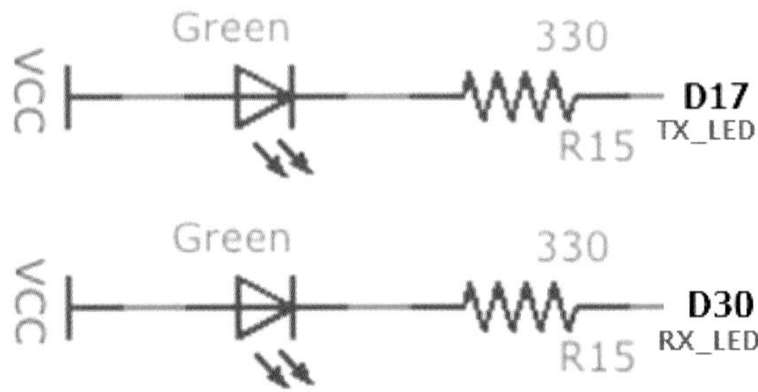

※ D17, D30 핀에 연결된 LED는 VCC에 연결되어 있기 때문에 해당 핀에 LOW 값을 적용하면 LED가 켜지고 HIGH 값을 주면 LED가 꺼집니다.

01 다음과 같이 예제를 작성합니다.

221_0.ino

```
01    const int LED =17;
02
03    void setup() {
04      pinMode(LED, OUTPUT);
05    }
06
07    void loop() {
08      digitalWrite(LED, LOW);
09    }
```

01 : LED 상수에 17번 핀을 할당합니다.

04 : pinMode 함수를 이용하여 LED를 출력으로 설정하고 있습니다. pinMode 함수는 digitalWrite 함수를 이용하여 HIGH, LOW 값을 쓰고자 할 때 사용하는 함수입니다.

08 : digitalWrite 함수를 이용하여 LED에 LOW 값을 씁니다. 그러면 LED는 켜지게 됩니다.

02 [툴] 메뉴를 이용하여 보드, 포트를 다음과 같이 선택합니다.

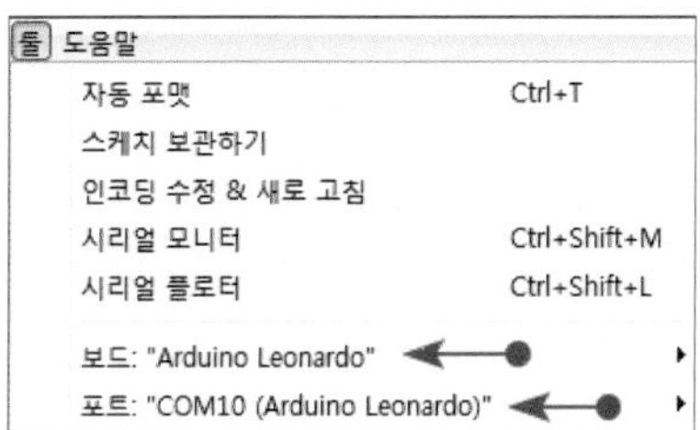

03 컴파일과 업로드를 수행합니다.

04 LED가 켜진 것을 확인합니다.

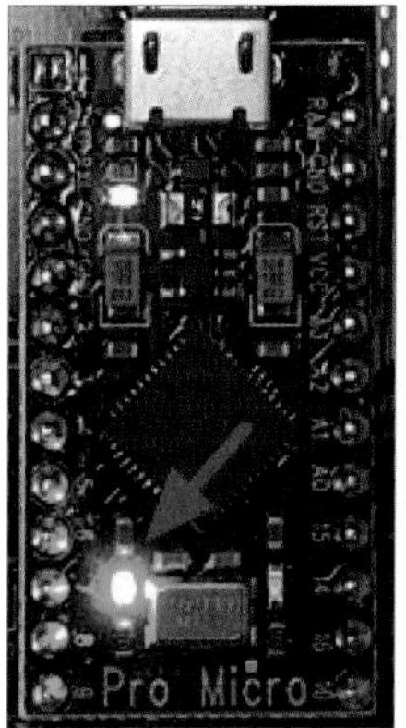

02 _ 아두이노 눈감기 : LED 끄기

이번엔 digitalWrite 함수를 이용하여 LED를 꺼봅니다.

01 다음과 같이 예제를 수정합니다.

222_0.ino

```
01    const int LED =17;
02
03    void setup() {
04      pinMode(LED, OUTPUT);
05    }
06
07    void loop() {
08      digitalWrite(LED, HIGH);
09    }
```

06 : digitalWrite 함수를 이용하여 LED에 HIGH 값을 씁니다. 그러면 LED는 꺼지게 됩니다.

02 컴파일과 업로드를 수행합니다.

03 LED가 꺼진 것을 확인합니다.

03 _ 아두이노 눈뜨고 감기 : LED 켜고 끄기 반복하기

이번엔 digitalWrite 함수를 이용하여 LED 켜고 끄기를 반복해 봅니다.

01 다음과 같이 예제를 작성합니다.

223_0.ino

```
01    const int LED = 17;
02
03    void setup() {
04      pinMode(LED, OUTPUT);
05    }
06
07    void loop() {
08      digitalWrite(LED, LOW);
09      digitalWrite(LED, HIGH);
10    }
```

08 : digitalWrite 함수를 이용하여 LED를 켭니다.

09 : digitalWrite 함수를 이용하여 LED를 끕니다. 켜고 끄는 동작을 반복하기 위해 loop 함수에서 수행합니다.

02 컴파일과 업로드를 수행합니다.

03 LED를 확인합니다.

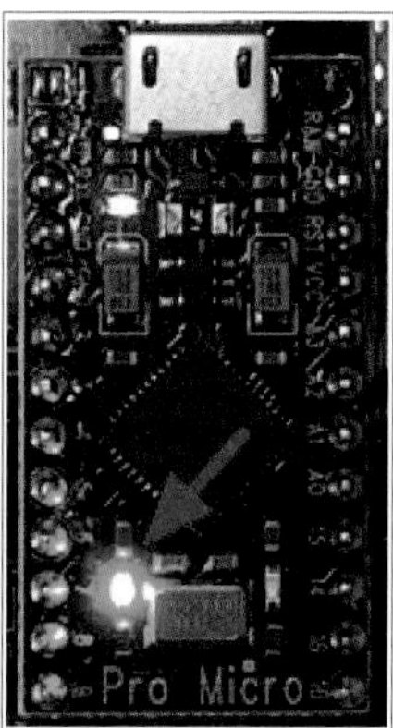

LED가 켜진 것처럼 보입니다. 아두이노의 켜고 끄는 동작이 너무 빠르기 때문에 켜진 것처럼 보입니다.

04 _ 천천히 눈뜨고 감기 : LED 켜고 끄기 확인하기

LED가 켜지고 꺼지는 것을 확실하게 볼 수 있도록 예제를 수정해 봅니다.

01 다음과 같이 이전 예제를 수정합니다.

224_0.ino

```
01  const int LED = 17;
02
03  void setup() {
04    pinMode(LED, OUTPUT);
05  }
06
07  void loop() {
08    digitalWrite(LED, LOW);
09    delay(500);
10    digitalWrite(LED, HIGH);
11    delay(500);
12  }
```

09, 11 : 0.5초간 지연을 줍니다. delay 함수는 아두이노가 아무것도 수행하지 않고 일정시간을 기다리게 하는 함수입니다. 함수의 인자로 주어지는 500은 밀리 초 단위입니다. 여기서는 500밀리 초 동안 아두이노가 아무것도 수행하지 않습니다.

02 컴파일과 업로드를 수행합니다.

03 LED의 동작을 확인합니다.

1초 주기로 LED가 켜졌다 꺼졌다 하는 것을 확인합니다. 즉, 1Hz의 주파수로 LED가 점멸하는 것을 확인합니다.

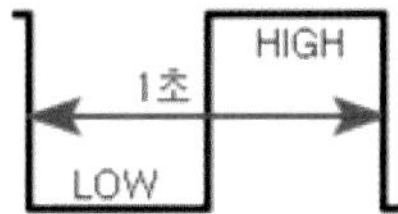

LED의 점등은 LED(=17) 핀을 통해 나오는 LOW 값에 의해 발생합니다. LED의 소등은 LED 핀을 통해 나오는 HIGH 값에 의해 발생합니다. 즉, LED 핀으로는 위 그림과 같이 HIGH값과 LOW 값이 1초 주기로 나오게 되며, 이 값들에 의해 LED는 점멸을 반복하게 됩니다. 그리고 이 경우 여러분은 LED가 점멸 하는 것을 느낄 수 있습니다.

※ Hz : 같은 동작이 1초에 1번씩 반복될 때 우리는 1Hz로 동작한다고 합니다. 같은 동작이 1초에 2번씩 반복될 때 우리는 2Hz로 동작한다고 합니다.

05 _ 빨리 눈뜨고 감기 : LED 켜고 끄기 간격 줄여보기

여기서는 digitalWrite 함수를 이용하여 아래와 같은 사각 파형에 대한 주파수와 상하비의 개념을 이해해 보도록 합니다.

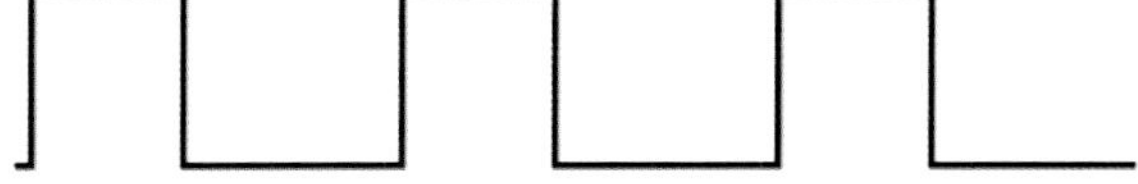

주파수란 1초간 반복되는 사각 파형의 개수를 의미하며, 상하 비란 사각 파형의 HIGH 값과 LOW 값의 비를 의미합니다.

이제 LED의 점멸 간격을 줄여보도록 합니다. 그러면 여러분은 좀 더 조밀하게 LED가 점멸하는 것을 느낄 것입니다.

01 다음과 같이 이전 예제를 수정합니다.

225_0.ino

```
01 const int LED = 17;
02
03 void setup() {
04   pinMode(LED, OUTPUT);
05 }
06
07 void loop() {
08   digitalWrite(LED, LOW);
09   delay(50);
10   digitalWrite(LED, HIGH);
11   delay(50);
12 }
```

09, 11 : 500을 50으로 변경합니다.

02 컴파일과 업로드를 수행합니다.

03 LED의 동작을 확인합니다.

이 예제의 경우 LED는 초당 10번 점멸하게 됩니다. 즉, 10Hz의 주파수로 점멸하게 됩니다.

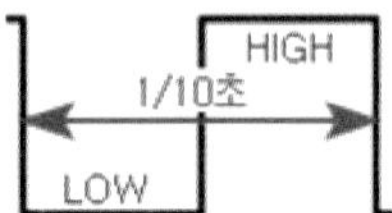

그림과 같은 파형이 초당 10개가 생성됩니다. 이 경우에도 여러분은 반복적으로 LED가 점멸하는 것을 느낄 것입니다. 그러나 그 간격은 더 조밀하게 느껴질 것입니다.

06 _ 눈을 떴을까 감았을까? : LED 켜고 끄기를 밝기로 느껴보기

LED의 점멸 간격을 더 줄여보도록 합니다. 여기서 여러분은 LED의 점멸을 느끼지 못하게 될 것입니다. 오히려 LED가 일정한 밝기로 켜져 있다고 느낄 것입니다.

01 다음과 같이 예제를 수정합니다.

226_0.ino

```
01    const int LED = 17;
02
03    void setup() {
04      pinMode(LED, OUTPUT);
05    }
06
07    void loop() {
08      digitalWrite(LED, LOW);
09      delay(5);
10      digitalWrite(LED, HIGH);
11      delay(5);
12    }
```

09, 11 : 50을 5로 변경합니다.

02 컴파일과 업로드를 수행합니다.

03 LED의 동작을 확인합니다.

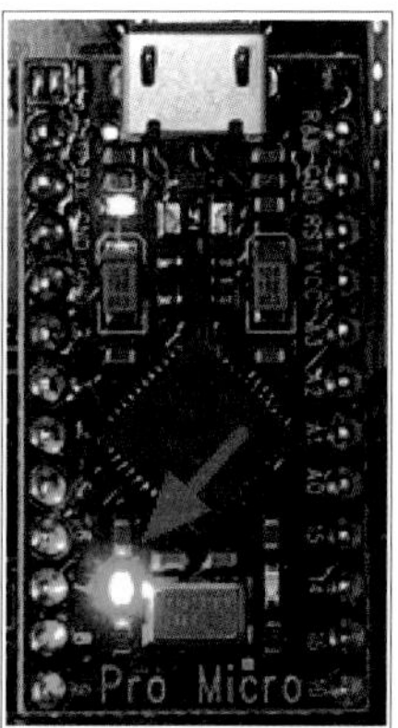

이 예제의 경우 LED는 초당 100번 점멸하게 됩니다. 즉, 100Hz의 주파수로 점멸하게 됩니다.

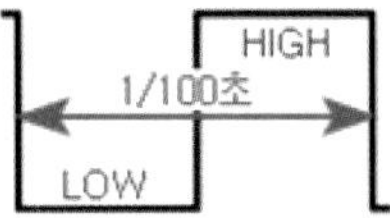

그림과 같은 파형이 초당 100개가 생성됩니다. 이제 여러분은 LED가 점멸하는 것을 느끼지 못할 것입니다. 오히려 LED가 일정하게 켜져 있다고 느낄 것입니다.

일반적으로 이러한 파형이 초당 50개 이상이 되면, 즉, 50Hz 이상의 주파수로 LED 점멸을 반복하면 우리는 그것을 느끼기 어렵습니다.

07 _ LED 어둡게 하기

이제 delay 함수를 조절하여 LED의 밝기를 어둡게 해 봅니다. 이전 예제의 경우 LED는 100Hz의 속도로 50%는 점등을, 50%는 소등을 반복하였습니다. 그리고 이 경우 우리는 LED의 밝기를 평균값인 50%의 밝기로 느꼈습니다. 만약 LED에 대해 10%는 점등을, 90%는 소등을 반복한다면 우리는 LED의 밝기를 어떻게 느낄까요? 평균 10%의 밝기로 느끼게 되지 않을까요? 예제를 통해 확인해 보도록 합니다.

01 다음과 같이 예제를 수정합니다.

227_0.ino

```
const int LED = 17;

void setup() {
  pinMode(LED, OUTPUT);
}

void loop() {
  digitalWrite(LED, LOW);
  delay(1);
  digitalWrite(LED, HIGH);
  delay(9);
}
```

09 : 5를 1로 변경합니다.

11 : 5를 9로 변경합니다.

02 컴파일과 업로드를 수행합니다.

03 LED의 동작을 확인합니다.

이 예제의 경우도 LED는 초당 100번 점멸 하게 됩니다. 즉, 100Hz의 주파수로 점멸하게 됩니다. 그러나 10%는 점등 상태로, 90%는 소등 상태로 있게 됩니다. 그래서 우리는 LED의 밝기가 이전 예제보다 낮다고 느끼게 됩니다.

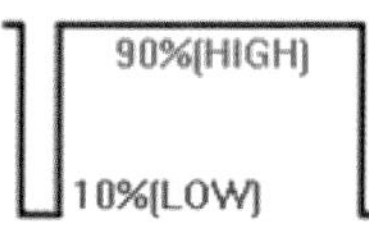

그림에서 LED는 실제로 10%만 점등 상태이지만 100Hz의 주파수로 점멸하기 때문에 우리는 10%의 평균 밝기로 느끼게 됩니다. 10%는 LOW 값에 의해 켜져 있고 90%는 HIGH 값에 의해 꺼져있으며, 이 경우 (HIGH:LOW)=(9:1)가 되게 됩니다. 즉, 상하비가 9:1이 됩니다.

08 _ LED 밝게 하기

이제 반대로 LED의 밝기를 밝게 해 봅니다.

01 다음과 같이 예제를 수정합니다.

228_0.ino

```
01      const int LED = 17;
02
03      void setup() {
04        pinMode(LED, OUTPUT);
05      }
06
07      void loop() {
08        digitalWrite(LED, LOW);
09        delay(9);
10        digitalWrite(LED, HIGH);
11        delay(1);
12      }
```

09 : 1를 9로 변경합니다.

01 : 9를 1로 변경합니다.

02 컴파일과 업로드를 수행합니다.

03 LED의 동작을 확인합니다.

이 예제의 경우도 LED는 초당 100번 점멸 하게 됩니다. 즉, 100Hz의 주파수로 점멸하게 됩니다. 그러나 90%는 점등 상태로, 10%는 소등 상태로 있게 됩니다. 그래서 우리는 LED가 이전 예제에 비해 아주 밝다고 느끼게 됩니다.

10%(HIGH)
90%(LOW)

그림에서 LED는 실제로 90%만 점등 상태이지만 100Hz의 주파수로 점멸하기 때문에 우리는 90%의 평균 밝기로 느끼게 됩니다. 90%는 LOW 값에 의해 켜져 있고 10%는 HIGH 값에 의해 꺼져 있으며, 이 경우 (HIGH:LOW)=(1:9)이 되게 됩니다. 즉, 상하비가 1:9이 됩니다.

상하비가 2:8이 되면 우리는 LED가 80%의 밝기로 켜져 있다고 느끼게 됩니다. 1:9에 해당되는 부분을 차례대로 다음과 같이 바꾸어 볼 수 있습니다.

```
0:10, 1:9, 2:8, 3:7 ... 10:0
```

우리는 HIGH와 LOW의 상하비에 따라 LED의 밝기를 조절할 수 있습니다.

09 _ LED 밝기 조절해 보기

여기서는 1초 간격으로 다음의 상하비로 LED의 밝기를 조절해 보도록 합니다.

```
0:10, 1:9, 2:8, 3:7 ... 10:0
```

즉, HIGH의 개수는 0부터 10까지 차례로 늘어나며, 반대로 LOW의 개수는 10부터 0까지 차례로 줄게 됩니다.

0.01초 간격으로 LED 밝기를 11단계로 조절해보기

먼저 0.01초 간격으로 LED의 밝기를 11단계로 조절해 봅니다.

01 다음과 같이 예제를 수정합니다.

229_1.ino

```
01 const int LED = 17;
02
03 void setup() {
04   pinMode(LED, OUTPUT);
05 }
06
07 void loop() {
08   for(int t_high=0;t_high<=10;t_high++) {
09         digitalWrite(LED, LOW);
10         delay(t_high);
11         digitalWrite(LED, HIGH);
12         delay(10-t_high);
13   }
14 }
```

08 : t_high 변수를 0부터 10까지 1씩 증가시켜가면서, 중괄호 안쪽(8줄~13줄)의 동작을 수행합니다.

09, 10 : LED를 켜고 t_high 시간만큼 기다립니다.

11, 12 : LED를 끄고 (10-t_high) 시간만큼 기다립니다.

10, 12 : t_high + (10 – t_high) = 10이 되어 for문을 한 번 도는 데는 10밀리 초 정도가 되며 for문 전체를 도는 데는 110밀리 초 정도가 됩니다.

02 컴파일과 업로드를 수행합니다.

03 LED의 동작을 확인합니다.

10밀리 초 간격으로 다음의 비율로 LED가 밝아집니다.

```
0%, 10% 20%, 30%, ... 100%
```

아래와 같은 형태의 파형이 반복되면서 LED의 밝기가 변합니다.

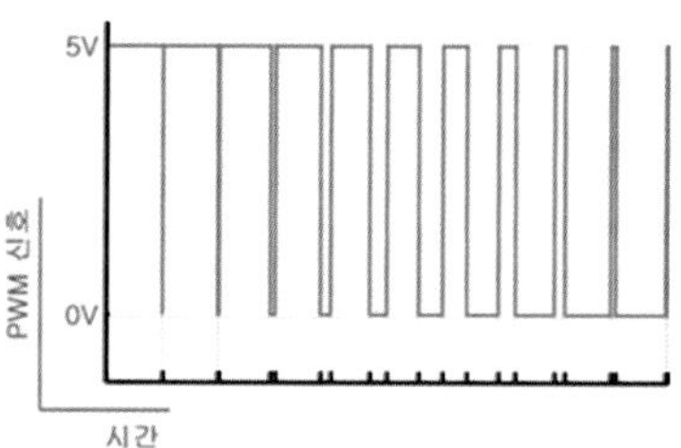

이 예제의 경우 밝기의 변화가 너무 빨라 밝기가 변하는 것을 느끼기 힘듭니다. 깜빡임으로 느낄 수 있습니다.

0.1초 간격으로 LED 밝기를 11단계로 조절해보기

다음은 0.1초 간격으로 LED의 밝기를 11단계로 조절해 봅니다.

04 다음과 같이 예제를 수정합니다.

229_4.ino

```
const int LED = 17;

void setup() {
  pinMode(LED, OUTPUT);
}

void loop() {
  for(int t_high=0;t_high<=10;t_high++) {
        int cnt=0;
        while(true) {
          digitalWrite(LED, LOW);
          delay(t_high);
          digitalWrite(LED, HIGH);
          delay(10-t_high);

          cnt++;
          if(cnt==10) break;
        }
  }
}
```

08 : for 문을 사용하여 t_high 변수 값을 0부터 10까지 주기적으로 변경하고 있습니다. t_high 변수 값은 12, 14번째 줄에서 사용되며, LED을 통해 HIGH, LOW 값이 나가는 시간 값을 가집니다.

10 : 조건이 없는 while 문을 수행합니다. while 문을 나오는 조건은 17번째 줄에 있으며, 1초 간격으로 나오게 됩니다.

09 : cnt 변수 생성 후, 0으로 초기화합니다.

16 : cnt 변수를 하나씩 증가시킵니다.

17 : cnt 변수가 100이 되면 break 문을 수행하여 while 문을 벗어납니다.

10 : 무한루프를 돌면서

16 : cnt 값을 하나씩 증가시킵니다.

17 : cnt 값이 100이 되면 내부 while 문을 나옵니다.

이렇게 하면 10~18줄을 cnt값이 0에서 9까지 10회 반복하게됩니다. 그러면 0.001*t_high 값을 유지하는 시간을 10밀리초(0.01초)에서 100밀리초(0.1초)로 늘릴 수 있습니다. for 문을 수행하는 시간도 110밀리초(0.11초)에서 1100밀리초(1.1초)로 늘릴 수 있으며, 우리는 LED 밝기의 변화를 느낄 수 있습니다.

05 컴파일과 업로드를 수행합니다.

06 LED의 동작을 확인합니다.

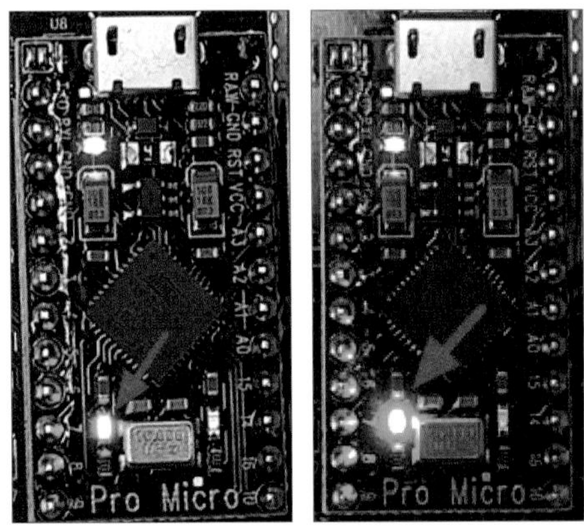

1.1 초 주기로 다음의 비율로 LED가 밝아집니다.

```
0%, 10% 20%, 30%, ... 100%
```

10 _ digitalWrite 함수로 모터 회전 정지 반복해 보기

여기서는 digitalWrite 함수를 이용하여 모터를 돌렸다 멈췄다를 반복해 봅니다.

※ 주의!
여기서 수행할 예제들의 경우엔 AirCopter 드론 기준으로 작성되었습니다. AirCopter 드론이 아닌 경우에는 수행하지 않도록 합니다. 모터의 용량에 따라 전선이 타는 경우도 있으니 주의하도록 합니다.

※ 주의!
모터가 돌면 위험하니 독자 여러분이나 주변 사람들이 다치지 않도록 주의합니다.

여기서는 10번 모터의 속도를 조절해 보도록 합니다. 본 책에서 다루고 있는 AIR Copter 드론의 모터는 다음과 같이 핀 배치가 되어 있습니다.

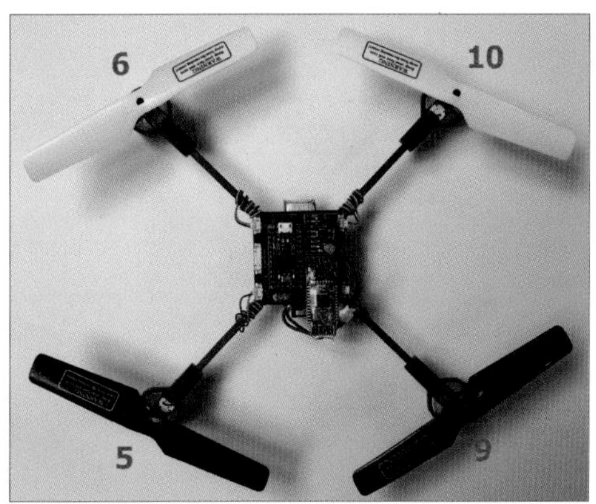

01 다음과 같이 예제를 작성합니다.

motor_rotation_1Hz

```
const int fan_pin = 10;

void setup() {
  pinMode(fan_pin, OUTPUT);
}

void loop() {
  digitalWrite(fan_pin, HIGH);
  delay(100);
  digitalWrite(fan_pin, LOW);
  delay(900);
}
```

01 : fan_pin 변수에 10번 모터 핀을 할당하고 있습니다.

04 : pinMode 함수를 이용하여 fan_pin을 출력으로 설정하고 있습니다. pinMode 함수는 digitalWrite 함수나 digitalRead 함수를 이용하여 HIGH, LOW 값을 쓰거나 읽고자 할 때 사용하는 함수입니다.

08 : digitalWrite 함수를 이용하여 fan_pin에 HIGH 값을 쓰고 있습니다. 그러면 10번 모터는 최고 속도로 돌게 됩니다.

09 : 0.1초간 지연을 줍니다.

10 : digitalWrite 함수를 이용하여 fan_pin에 LOW 값을 쓰고 있습니다. 그러면 10번 모터는 멈추게 됩니다.

11 : 0.9초간 지연을 줍니다.

02 [툴] 메뉴를 이용하여 보드, 프로세서, 포트를 다음과 같이 선택합니다.

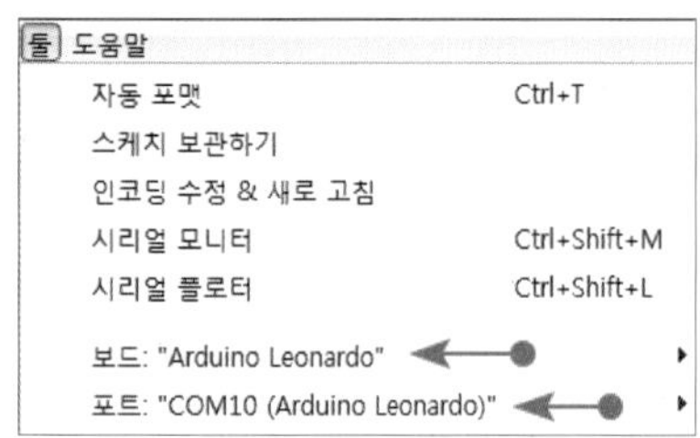

03 드론의 전원을 끕니다.

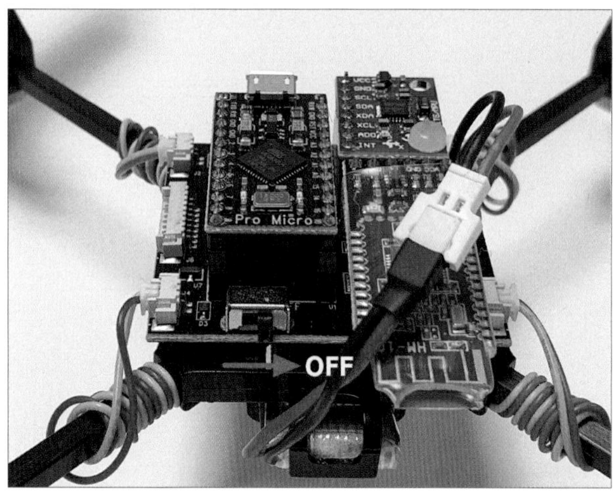

04 컴파일과 업로드를 수행합니다.

05 10번 핀에 연결된 프로펠러가 회전 시 손에 닿지 않도록 드론을 주의해서 잡은 후, 전원을 킵니다.

1초 주기로 모터가 돌았다 멈추었다 하는 것을 확인합니다. 즉, 1Hz의 주파수로 모터가 회전하고 정지하는 확인합니다.

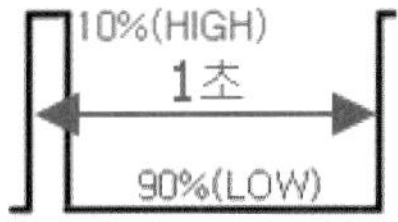

모터의 회전은 10번 핀을 통해 나오는 HIGH 값에 의해 발생합니다. 모터의 정지는 10번 핀을 통해 나오는 LOW 값에 의해 발생합니다. 즉, 10번 핀으로는 위 그림과 같이 HIGH값과 LOW 값이 1초 주기로 나오게 되며, 이 값들에 의해 모터는 회전과 정지를 반복하게 됩니다. 그리고 이 경우 여러분은 모터가 돌았다 멈추었다 하는 것을 느낄 수 있습니다.

모터 회전 정지 간격 줄여보기

이제 모터의 회전 정지 간격을 줄여보도록 합니다. 그러면 여러분은 좀 더 조밀하게 모터가 돌다 멈추는 것을 느낄 것입니다.

01 이전 예제를 다음과 같이 수정합니다.

motor_rotation_10Hz

```
01      const int fan_pin = 10;
02
03      void setup() {
04        pinMode(fan_pin, OUTPUT);
05      }
06
07      void loop() {
08        digitalWrite(fan_pin, HIGH);
09        delay(10);
10        digitalWrite(fan_pin, LOW);
11        delay(90);
12      }
```

09 : 100을 10으로 변경합니다.

11 : 900을 90으로 변경합니다.

02 컴파일과 업로드를 수행합니다.

이 예제의 경우 모터는 초당 10번 돌았다 멈추었다 하게 됩니다. 즉, 10Hz의 주파수로 돌게 됩니다.

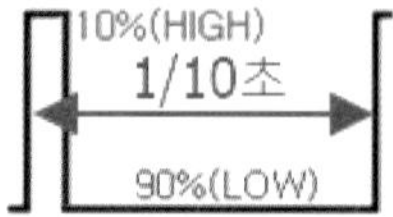

그림과 같은 파형이 초당 10개가 생성됩니다. 이 경우에도 여러분은 반복적으로 모터가 돌다 멈추는 것을 느낄 것입니다. 그러나 그 간격은 더 조밀하게 느껴질 것입니다.

반복적인 모터 회전 정지를 일정한 회전으로 느껴보기

모터의 회전 정지 간격을 더 줄여보도록 합니다. 여기서 여러분은 모터의 회전 정지를 느끼지 못하게 될 것입니다. 오히려 모터가 일정하게 회전하고 있다고 느낄 것입니다.

01 이전 예제를 다음과 같이 수정합니다.

motor_rotation_100Hz

```
01  const int fan_pin = 10;
02
03  void setup() {
04    pinMode(fan_pin, OUTPUT);
05  }
06
07  void loop() {
08    digitalWrite(fan_pin, HIGH);
09    delay(1);
10    digitalWrite(fan_pin, LOW);
11    delay(9);
12  }
```

09 : 10을 1로 변경합니다.

11 : 90을 9로 변경합니다.

02 컴파일과 업로드를 수행합니다.

이 예제의 경우 모터는 초당 100번 돌았다 멈추었다 하게 됩니다. 즉, 100Hz의 주파수로 돌게 됩니다.

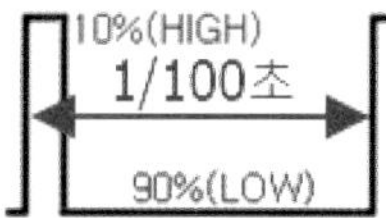

그림과 같은 파형이 초당 100개가 생성됩니다. 이제 여러분은 모터가 돌다 멈추는 것을 느끼지 못할 것입니다. 오히려 모터가 일정한 속도로 회전한다고 느낄 것입니다.

일반적으로 이러한 파형이 초당 50개 이상이 되면, 즉, 50Hz 이상의 주파수로 모터가 돌고 멈추고를 반복하면 우리는 그것을 느끼기 어렵습니다.

LESSON

05

모터 속도 조절 : analogWrite

이전 예제에서 우리는 100Hz의 속도로 1:9의 상하비로 모터를 돌려 보았습니다. 10번 핀에 analogWrite 함수를 사용할 경우 0~255의 HIGH 값으로 모터의 속도를 조절할 수 있습니다. 즉, 더 조밀한 상하비로 모터의 속도를 조절할 수 있습니다.

아두이노 프로 마이크로 보드의 경우 analogWrite 함수는 하얀색 원 표시가 있는 PWM 핀 (3, 5, 6, 9, 10번 핀)을 통해 아래와 같은 형태의 사각 파형을 내보내며, 특히 상하비를 결정하는 역할을 합니다. 상하비는 한 주기당 5V 비율을 의미합니다.

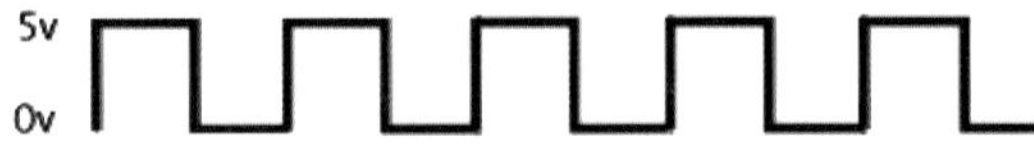

여러분은 아두이노 스케치를 통해 LED의 밝기를 조절하거나 모터의 속도를 조절할 때 analogWrite 함수를 주로 사용합니다.

analogWrite

analogWrite란 특정 핀으로 일정한 모양의 사각파형을 내보내는 명령어입니다.

```
analogWrite(pin, value);
             ❶     ❷
```

❶ 제어하고자 하는 핀 번호입니다. 정수형을 씁니다.
❷ 듀티 사이클로 0~255 사이의 값을 가집니다. 정수형을 씁니다.

analogWrite 함수는 내부 Timer/Counter 모듈에 명령을 주어 해당 핀으로 일정한 모양의 사각파형을 내보내게 합니다. Timer/Counter 모듈은 새로운 analogWrite 명령을 받을 때까지 해당 핀으로 똑같은 사각 파형을 내보냅니다.
analogWrite 함수를 통해 여러분은 490Hz 또는 980Hz의 속도로 0~255의 HIGH 값으로 LED의 밝기를 조절할 수 있습니다. 즉, 더 빠른 주파수와 더 조밀한 상하비로 LED의 밝기를 조절할 수 있습니다. 그러나 주파수는 490Hz 또는 980Hz로 고정된 값이며 0~255의 상하비만 변경할 수 있습니다.

01 _ analogWrite 함수로 모터 속도 조절해 보기

여기서는 이전 예제를 analogWrite 함수를 이용하여 변경한 후, 모터가 같은 형태로 동작하도록 해 봅니다.

01 이전 예제를 다음과 같이 수정합니다.

motor_rotation_fading_by_analogWrite

```
01    const int fan_pin =10;
02
03    void setup() {
04     analogWrite(fan_pin, 25);
05   }
06
07    void loop() {
08
09   }
```

04 : analogWrite 함수를 호출하여 fan_pin에 25의 HIGH 값을 줍니다.

02 컴파일과 업로드를 수행합니다.

약 10%의 속도로 모터가 회전하는 것을 확인합니다.

02 _ Timer1으로 PWM 주파수와 상하비 조절하기

우리는 앞에서 analogWrite 함수를 이용하여 10번 핀에 연결된 모터의 속도를 조절해 보았습니다. analogWrite 함수의 경우 상하비를 0~255단계로 조절할 수 있지만 주파수는 조절할 수 없습니다.

아두이노 칩 내부에 있는 Timer1 모듈을 직접 제어하면 사각 파형에 대한 주파수와 상하비를 모두 조절할 수 있습니다. 여기서는 아두이노 칩 내부에 있는 Timer1 모듈을 이용하여 주파수와 상하비를 모두 조절해 보도록 합니다.

아두이노 레오나르도에서는 Timer1을 통해 PWM 파형을 내보낼 수 있는 핀이 9, 10, 11 번 핀입니다. 다음 그림에서 주황색 타원으로 표시한 OC1C, OC1B, OC1A에서의 1은 Timer1의 1을 나타내며 각각 9, 10, 11 핀과 연결되어 있습니다.

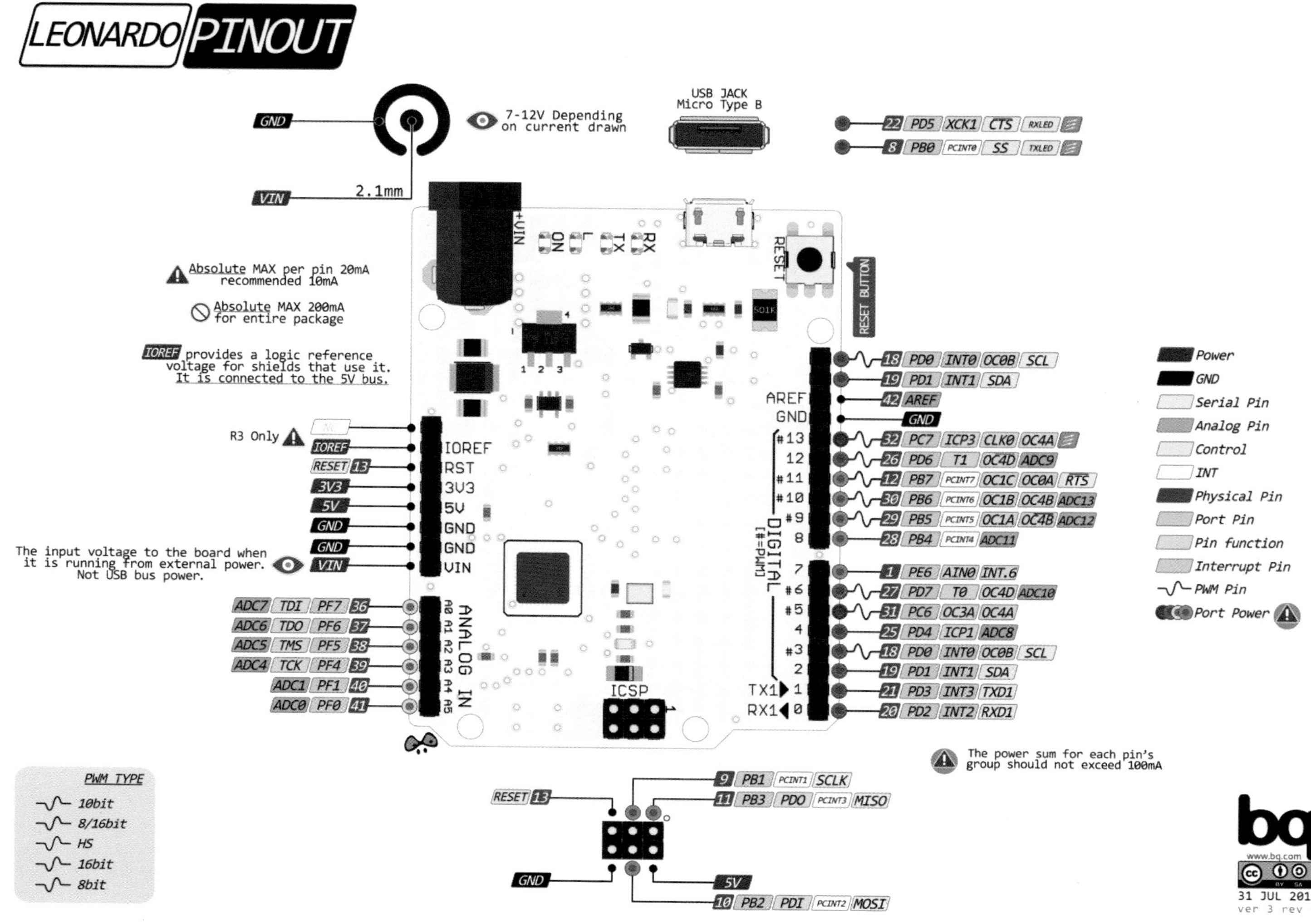

LEONARDO PINOUT
GND
VIN
2.1mm
7-12V Depending on current drawn
USB JACK Micro Type B
22 PD5 XCK1 CTS RXLED
8 PB0 PCINT0 SS TXLED
+VIN
ON
L
TX
RX
RESET
RESET BUTTON
Absolute MAX per pin 20mA recommended 10mA
Absolute MAX 200mA for entire package
IOREF provides a logic reference voltage for shields that use it. It is connected to the 5V bus.
R3 Only
NC
IOREF
RESET 13
3V3
5V
GND
GND
VIN
IOREF
RST
3V3
5V
GND
GND
VIN
The input voltage to the board when it is running from external power. Not USB bus power.
ADC7 TDI PF7 36
ADC6 TDO PF6 37
ADC5 TMS PF5 38
ADC4 TCK PF4 39
ADC1 PF1 40
ADC0 PF0 41
ANALOG IN
A0 A1 A2 A3 A4 A5
ICSP
AREF
GND
#13
12
#11
#10
#9
8
7
#6
#5
4
#3
2
TX1 1
RX1 0
DIGITAL
[#=PWM]
18 PD0 INT0 OC0B SCL
19 PD1 INT1 SDA
42 AREF
GND
32 PC7 ICP3 CLK0 OC4A
26 PD6 T1 OC4D ADC9
12 PB7 PCINT7 OC1C OC0A RTS
30 PB6 PCINT6 OC1B OC4B ADC13
29 PB5 PCINT5 OC1A OC4B ADC12
28 PB4 PCINT4 ADC11
1 PE6 AIN0 INT.6
27 PD7 T0 OC4D ADC10
31 PC6 OC3A OC4A
25 PD4 ICP1 ADC8
18 PD0 INT0 OC0B SCL
19 PD1 INT1 SDA
21 PD3 INT3 TXD1
20 PD2 INT2 RXD1
Power
GND
Serial Pin
Analog Pin
Control
INT
Physical Pin
Port Pin
Pin function
Interrupt Pin
PWM Pin
Port Power
The power sum for each pin's group should not exceed 100mA
PWM TYPE
10bit
8/16bit
HS
16bit
8bit
RESET 13
9 PB1 PCINT1 SCLK
11 PB3 PDO PCINT3 MISO
GND
5V
10 PB2 PDI PCINT2 MOSI
bq
www.bq.com
31 JUL 2014
ver 3 rev 0

아두이노 프로 마이크로의 경우 9, 10번 핀을 사용할 수 있습니다.

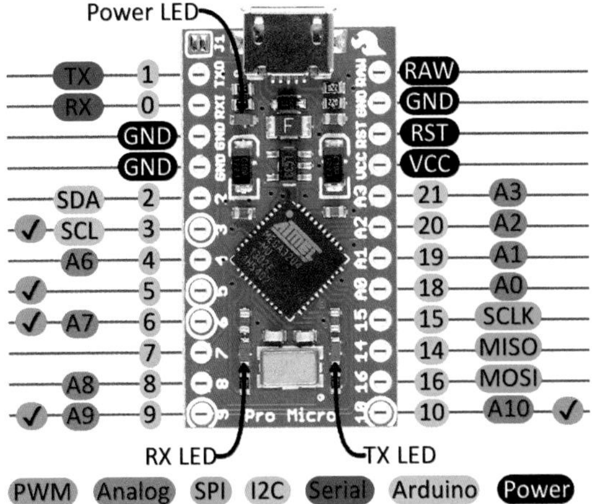

Timer1 라이브러리 설치하기

Timer1 모듈로 주파수와 상하비를 조절하기 위해서는 Timer1 라이브러리를 사용해야 합니다. 다음과 같이 Timer1 라이브러리를 설치하도록 합니다.

01 [스케치]–[라이브러리 포함하기]–[라이브러리 관리...] 메뉴를 선택합니다.

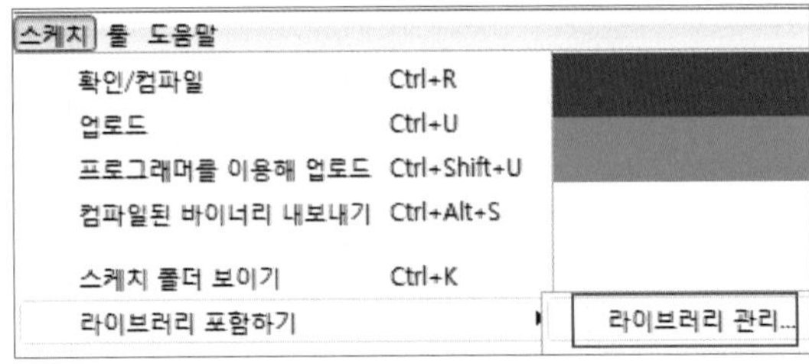

02 다음과 같이 [라이브러리 매니저] 창이 뜹니다.

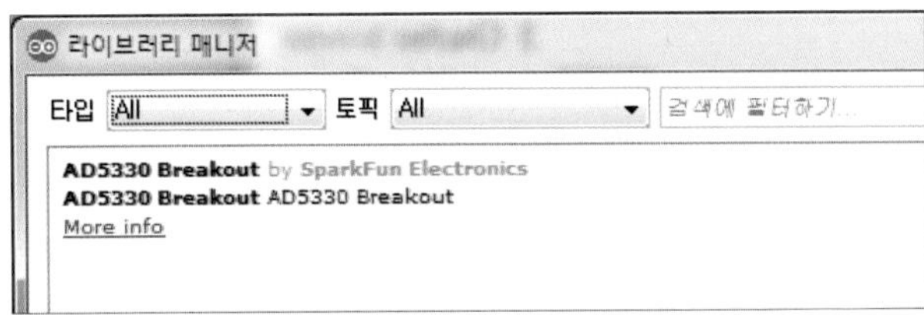

03 검색 창에 timerone을 입력합니다.

04 그러면 아래와 같이 TimerOne 라이브러리를 볼 수 있습니다.

TimerOne by Jesse Tane, Jérôme Despatis, Michael Polli, Dan Clemens, Paul Stoffregen
Use hardware Timer1 for finer PWM control and/or running an periodic interrupt function
More info

05 TimerOne 라이브러리를 클릭한 후, [설치] 버튼을 눌러 설치합니다.

TimerOne by Jesse Tane, Jérôme Despatis, Michael Polli, Dan Clemens, Paul Stoffregen
Use hardware Timer1 for finer PWM control and/or running an periodic interrupt function
More info
설치

06 설치가 끝나면 [닫기] 버튼을 누릅니다.

07 [스케치]–[라이브러리 포함하기] 메뉴를 선택하여 설치가 되었는지 확인합니다.

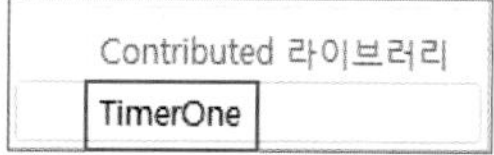

Timer1으로 모터 회전 정지 반복해 보기

먼저 Timer1으로 모터를 돌렸다 멈췄다를 반복해 봅니다.

01 다음과 같이 예제를 작성합니다.

motor_rotation_fading_by_analogWrite

```
#include <TimerOne.h>

const int fan_pin = 10;

void setup() {
  Timer1.initialize();
  Timer1.pwm(fan_pin, 0);

  Timer1.setPeriod(1000000); // 1Hz
  Timer1.setPwmDuty(fan_pin, 100);
}

void loop() {}
```

01 : Timer1 관련 함수를 사용하기 위해 TimerOne.h 헤더 파일을 포함시켜 줍니다.

06 : initialize 함수를 호출하여 아두이노 칩 내부에 있는 Timer1 모듈을 초기화합니다.

07 : pwm 함수를 호출하여 fan_pin으로 사각 파형을 내보내도록 설정합니다. 0은 HIGH의 개수를 나타내며 1023까지 쓸 수 있습니다.

09 : setPeriod 함수를 호출하여 주기를 1000000 us(마이크로 초)로 맞추어 주고 있습니다. setPeriod 함수의 인자는 us(마이크로 초) 단위의 시간이며, 하나의 사각 파형의 주기가 됩니다. 1000000 us는 1초입니다. 아래 그림은 주기가 1초인 파형을 나타냅니다.

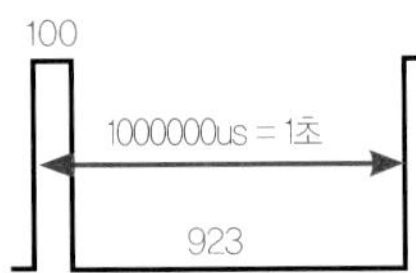

10 : setPwmDuty 함수를 호출하여 fan_pin에 대한 상하비를 100:(1023-100)로 맞추어 줍니다. setPwmDuty 함수의 두 번째 인자는 상하비를 나타내며 0, 1, 2, ... 1023의 HIGH 값을 줄 수 있습니다.

02 컴파일과 업로드를 수행합니다.

1초 주기로 모터가 돌았다 멈추었다 하는 것을 확인합니다. 즉, 1Hz의 주파수로 모터가 회전하고 정지하는 확인합니다.

모터 회전 정지 간격 줄여보기

이제 모터의 회전 정지 간격을 줄여보도록 합니다. 그러면 여러분은 좀 더 조밀하게 모터가 돌다 멈추는 것을 느낄 것입니다.

01 이전 예제를 다음과 같이 수정합니다.

motor_rotation_timer1_10Hz

```
#include <TimerOne.h>

const int fan_pin = 10;

void setup() {
  Timer1.initialize();
  Timer1.pwm(fan_pin, 0);
```

```
08
09       Timer1.setPeriod(1000000/10); // 10Hz
10       Timer1.setPwmDuty(fan_pin, 100);
11     }
12
13     void loop() {}
```

09 : 1000000을 10으로 나누어 100000 us로 변경합니다. 이 경우 주파수는 10Hz가 됩니다.

02 컴파일과 업로드를 수행합니다.

이 예제의 경우 모터는 초당 10번 돌았다 멈추었다 하게 됩니다. 즉, 10Hz의 주파수로 돌게 됩니다.

반복적인 모터 회전 정지를 일정한 회전으로 느껴보기

모터의 회전 정지 간격을 더 줄여보도록 합니다. 여기서 여러분은 모터의 회전 정지를 느끼지 못하게 될 것입니다. 오히려 모터가 일정하게 회전하고 있다고 느낄 것입니다.

01 이전 예제를 다음과 같이 수정합니다.

motor_rotation_timer1_100Hz

```
01     #include <TimerOne.h>
02
03     const int fan_pin = 10;
04
05     void setup() {
06       Timer1.initialize();
07       Timer1.pwm(fan_pin, 0);
08
09       Timer1.setPeriod(1000000/100); // 100Hz
10       Timer1.setPwmDuty(fan_pin, 100);
11     }
12
13     void loop() {}
```

09 : 1000000을 100으로 나누어 10000 us로 변경합니다. 이 경우 주파수는 100Hz가 됩니다.

02 컴파일과 업로드를 수행합니다.

이 예제의 경우 모터는 초당 100번 돌았다 멈추었다 하게 됩니다. 즉, 100Hz의 주파수로 돌게 됩니다.

그림과 같은 파형이 초당 100개가 생성됩니다. 이제 여러분은 모터가 돌다 멈추는 것을 느끼지 못할 것입니다. 오히려 모터가 일정한 속도로 회전한다고 느낄 것입니다.

모터 회전 부드럽게 만들기

주파수를 늘리면 모터의 회전이 더 부드러워집니다. 여기서는 주파수를 늘여 모터 회전을 좀 더 부드럽게 만들어 봅니다.

01 이전 예제를 다음과 같이 수정합니다.

motor_rotation_timer1_1000Hz

```
01  #include <TimerOne.h>
02
03  const int fan_pin = 10;
04
05  void setup() {
06    Timer1.initialize();
07    Timer1.pwm(fan_pin, 0);
08
09    Timer1.setPeriod(1000000/1000); // 1000Hz
10    Timer1.setPwmDuty(fan_pin, 100);
11  }
12
13  void loop() {}
```

09 : 1000000을 1000으로 나누어 1000 us로 변경합니다. 이 경우 주파수는 1000Hz가 됩니다.

02 컴파일과 업로드를 수행합니다.

이 예제의 경우 모터는 초당 1000번 돌았다 멈추었다 하게 됩니다. 즉, 1000Hz의 주파수로 돌게 됩니다.

모터의 회전이 훨씬 부드러운 것을 느낄 수 있습니다.

Timer1으로 모터 멜로디 조절해 보기

다음은 소리에 따른 주파수 표를 나타냅니다. 예를 들어 4 옥타브에서 도 음에 대한 주파수는 262 Hz가 됩니다. 즉, 1초에 262 개의 사각 파형을 만들어 내면 도 음이 나게 됩니다. 레는 294 Hz, 미는 330 Hz, 파는 349 Hz, 솔은 392 Hz, 라는 440 Hz, 시는 494 Hz, 5 옥타브의 도는 523 Hz가 됩니다.

Frequency in hertz (semitones above or below middle C)											
Octave → Note ↓	0	1	2	3	4	5	6	7	8	9	10
C	16.352 (−48)	32.703 (−36)	65.406 (−24)	130.81 (−12)	261.63 (±0)	523.25 (+12)	1046.5 (+24)	2093.0 (+36)	4186.0 (+48)	8372.0 (+60)	16744.0 (+72)
C#/D♭	17.324 (−47)	34.648 (−35)	69.296 (−23)	138.59 (−11)	277.18 (+1)	554.37 (+13)	1108.7 (+25)	2217.5 (+37)	4434.9 (+49)	8869.8 (+61)	17739.7 (+73)
D	18.354 (−46)	36.708 (−34)	73.416 (−22)	146.83 (−10)	293.66 (+2)	587.33 (+14)	1174.7 (+26)	2349.3 (+38)	4698.6 (+50)	9397.3 (+62)	18794.5 (+74)
E♭/D#	19.445 (−45)	38.891 (−33)	77.782 (−21)	155.56 (−9)	311.13 (+3)	622.25 (+15)	1244.5 (+27)	2489.0 (+39)	4978.0 (+51)	9956.1 (+63)	19912.1 (+75)
E	20.602 (−44)	41.203 (−32)	82.407 (−20)	164.81 (−8)	329.63 (+4)	659.26 (+16)	1318.5 (+28)	2637.0 (+40)	5274.0 (+52)	10548.1 (+64)	21096.2 (+76)
F	21.827 (−43)	43.654 (−31)	87.307 (−19)	174.61 (−7)	349.23 (+5)	698.46 (+17)	1396.9 (+29)	2793.8 (+41)	5587.7 (+53)	11175.3 (+65)	22350.6 (+77)
F#/G♭	23.125 (−42)	46.249 (−30)	92.499 (−18)	185.00 (−6)	369.99 (+6)	739.99 (+18)	1480.0 (+30)	2960.0 (+42)	5919.9 (+54)	11839.8 (+66)	23679.6 (+78)
G	24.500 (−41)	48.999 (−29)	97.999 (−17)	196.00 (−5)	392.00 (+7)	783.99 (+19)	1568.0 (+31)	3136.0 (+43)	6271.9 (+55)	12543.9 (+67)	25087.7 (+79)
A♭/G#	25.957 (−40)	51.913 (−28)	103.83 (−16)	207.65 (−4)	415.30 (+8)	830.61 (+20)	1661.2 (+32)	3322.4 (+44)	6644.9 (+56)	13289.8 (+68)	26579.5 (+80)
A	27.500 (−39)	55.000 (−27)	110.00 (−15)	220.00 (−3)	440.00 (+9)	880.00 (+21)	1760.0 (+33)	3520.0 (+45)	7040.0 (+57)	14080.0 (+69)	28160.0 (+81)
B♭/A#	29.135 (−38)	58.270 (−26)	116.54 (−14)	233.08 (−2)	466.16 (+10)	932.33 (+22)	1864.7 (+34)	3729.3 (+46)	7458.6 (+58)	14917.2 (+70)	29834.5 (+82)
B	30.868 (−37)	61.735 (−25)	123.47 (−13)	246.94 (−1)	493.88 (+11)	987.77 (+23)	1975.5 (+35)	3951.1 (+47)	7902.1 (+59)	15804.3 (+71)	31608.5 (+83)

여기서는 모터를 이용하여 멜로디를 생성해 보도록 하겠습니다. 드론의 10번 모터를 이용해 멜로디를 생성해 보도록 합니다.

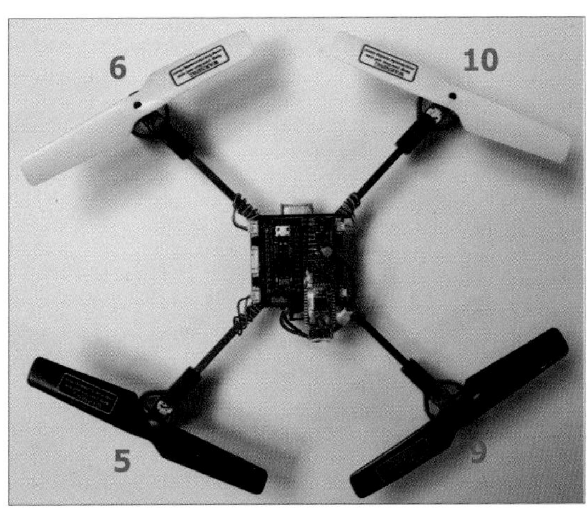

01 다음과 같이 예제를 작성합니다.

motor_melody

```
01  #include <TimerOne.h>
02
03  const int fan_pin = 10;
04
05  const int melody[] = {
06    262, 294, 330, 349, 393, 440, 494, 523,
07  };
08
09  void setup() {
10    Timer1.initialize();
11    Timer1.pwm(fan_pin, 7);
12  }
13
14  void loop() {
15    for(int note=0;note<8;note++) {
16          Timer1.setPeriod(1000000/melody[note]);
17
18          delay(1000);
19    }
20  }
```

05~07 : 4 옥타브의 도, 레, 미, 파, 솔, 라, 시, 도에 해당하는 주파수를 값으로 갖는 melody 배열 변수를 선언합니다.

10 : initialize 함수를 호출하여 Timer1 모듈을 초기화합니다.

11 : pwm 함수를 호출하여 fan_pin으로 사각 파형을 내보내도록 설정합니다. HIGH:LOW에 대한 상하비를 7:(1023-7)로 설정하고 있습니다. 이렇게 하면 모터가 거의 돌지 않습니다.

16 : setPeriod 함수를 호출하여 주파수에 따른 주기를 설정하고 있습니다.

02 컴파일과 업로드를 수행합니다.

드론의 전원을 켠 후, 10번 모터에서 나는 멜로디를 확인합니다.

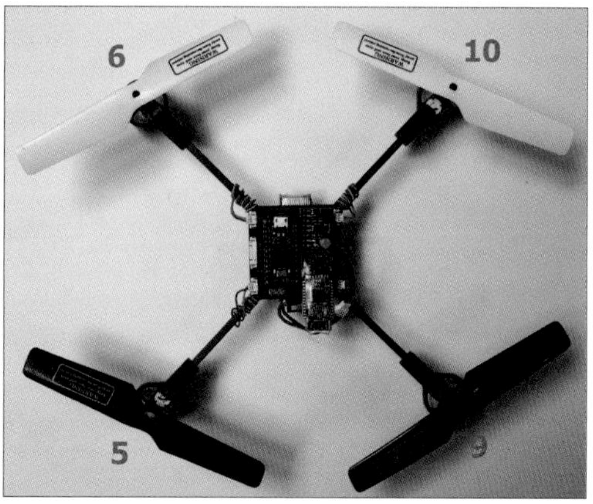

LESSON

06

드론 모터의 이해와 테스트

여기서는 드론 모터를 살펴보고 모터 테스트 프로그램을 작성해봅니다. 또 사용자로부터 입력을 받아 모터의 속도를 조절해 봅니다.

01 _ 드론 모터의 구조 이해

드론용 모터는 일반적으로 BLDC 모터가 사용됩니다. BLDC(BrushLess DC) 모터는 DC 모터의 일종으로 브러시 없는(BrushLess) 모터입니다.

▲ 드론용 모터

▲ BLDC 모터 내부 구조

▲ BLDC 모터 전면

▲ BLDC 모터 후면

일반 DC 모터의 구조

브러시가 있는 일반 DC 모터는 다음과 같은 모양입니다.

일반 DC 모터는 모터를 구동시키기 위해 다음과 같은 형태의 브러시가 사용됩니다.

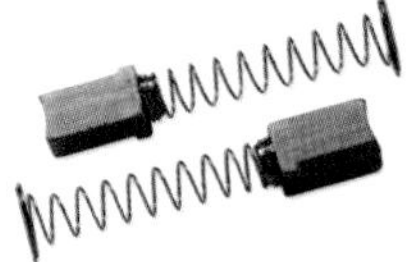

이 브러시는 다음과 같은 형태로 정류자(commutator)를 통해 코일과 연결됩니다.

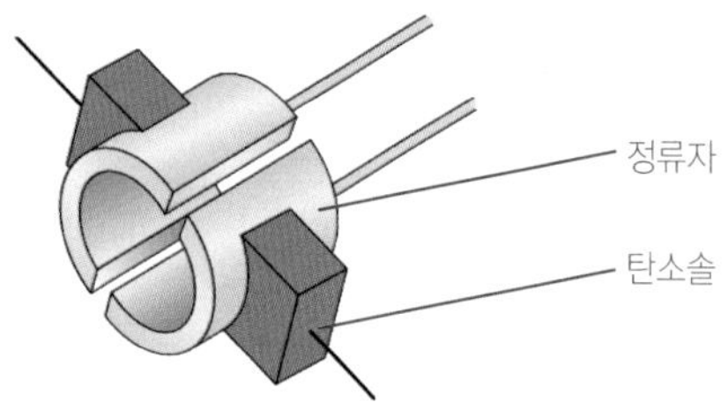

즉, 다음 그림과 같이 전지로부터의 전류가 카본 브러시와 정류자를 통해 코일로 전류가 흐르면서 회전을 하게 됩니다.

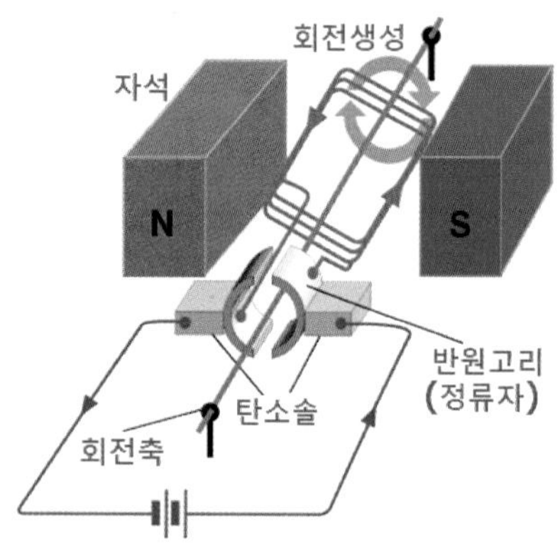

이 과정에서 브러시와 정류자 간에 마찰과 열이 발생하게 됩니다. 그래서 브러시가 있는 일반 DC모터는 이러한 마찰과 열에 의해 모터 효율이 60% 내외가 됩니다. 또 브러시의 마모에 의해 모터의 수명도 짧아지게 됩니다.

BLDC 모터의 구조

위와 같은 단점을 극복하기 위해 BLDC 모터는 브러시를 사용하지 않습니다.
BLDC 모터는 다음과 같은 구조입니다.

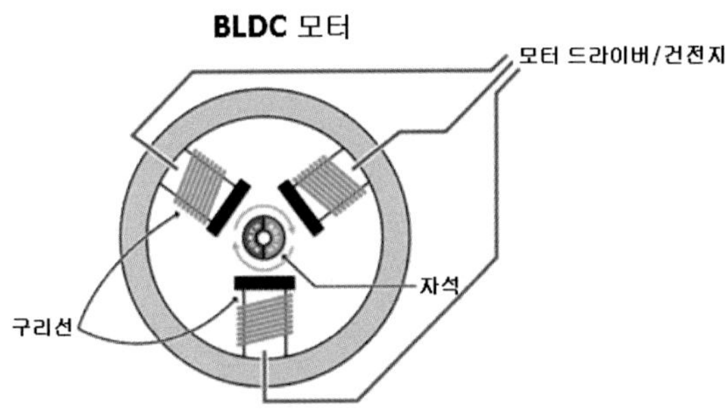

BLDC 모터는 축을 돌리기 위해 코일과 자석이 사용된다는 점에서는 일반 DC 모터와 같습니다. 그러나 BLDC 모터는 회전축에 연결되어 코일 내의 전원의 방향을 바꾸는 역할을 하는 브러시가 없습니다. 대신에 BLDC 모터는 모터의 내부 주변에 코일이 원통에 고정되어 있습니다. 중앙에는 회전축에 붙어있는 원통이 있고, 이 원통에 자석이 붙어있는 구조입니다. BLDC 모터는 BLDC용 모터 컨트롤러로 구동하여야 하지만, 수명이 길고 마찰이 적어 우주 항공 분야, 의료 분야, 반도체, 측정기, 로봇 등 정밀제어분야에 주로 사용됩니다. BLDC 모터는 효율이 80% 이상입니다.
BLDC 모터에 대한 자세한 내용은 이 책에서는 다루지 않습니다. 본 책에서는 안전 문제 상 BLDC 모터를 사용하지 않고 Coreless 모터를 사용합니다.

CLDC 모터의 구조

Coreless 모터는 다음과 같은 모양의 소형 모터입니다.

▲ Coreless 모터

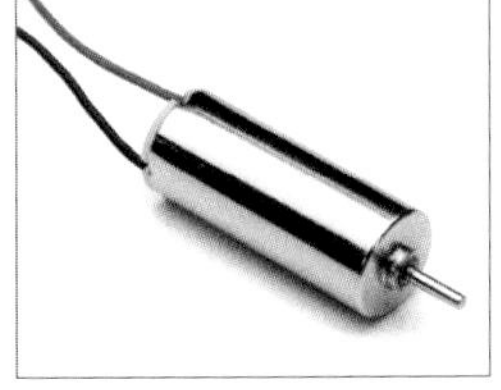

▲ Coreless 모터

Coreless 모터의 내부 구조는 다음과 같습니다.

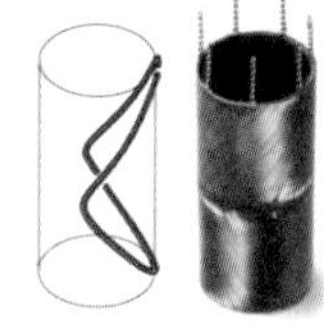

▲ Coreless 모터의 내부 구조

Coreless 모터는 브러시를 사용하는 DC 모터의 한 종류이지만 구리선이 감겨있는 철심이 없습니다. 즉, 일반 DC 모터의 내부에 코일은 다음과 같이 철심에 감겨져 있습니다.

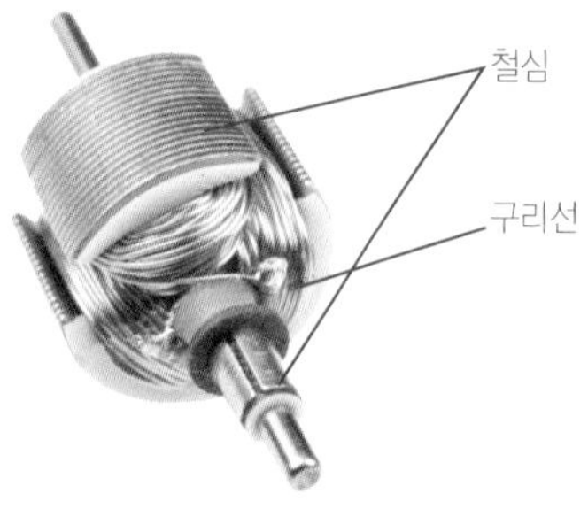

구리선을 벗겨낸 철심의 모양은 다음과 같습니다.

Coreless 모터는 모터 내부에 철심이 없기 때문에 더 가볍고 작게 만들 수 있습니다. Coreless 모터는 주로 의료 기기, 우주 항공, 자동차, 해저 탐사용 로봇등에 사용됩니다. Coreless 모터의 효율은 보통 70~80%입니다.

02 _ 드론 모터 회로 살펴보기

본 책에서 다루고 있는 AIR Copter 드론 모터는 아두이노 프로 마이크로의 5, 6, 9, 10번 핀에 연결되어 있습니다.

다음과 같이 6, 9번 핀에 연결된 모터는 시계 방향, 10, 5번 핀에 연결된 모터는 반시계 방향으로 돌게 됩니다.

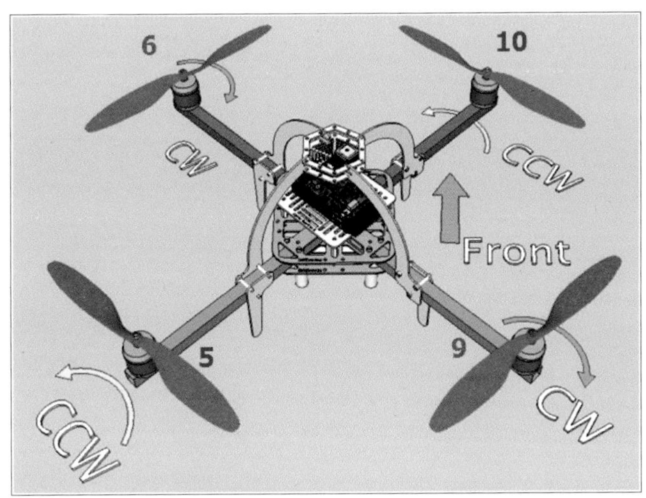

아두이노의 모터를 제어하는 핀은 모터와 직접 연결되지 않습니다. 일반적으로 모터를 제어하기 위해서는 모터 회로가 필요합니다. 본 책에서 다루는 드론의 경우는 다음과 같은 형태의 모터 회로를 가지고 있습니다.

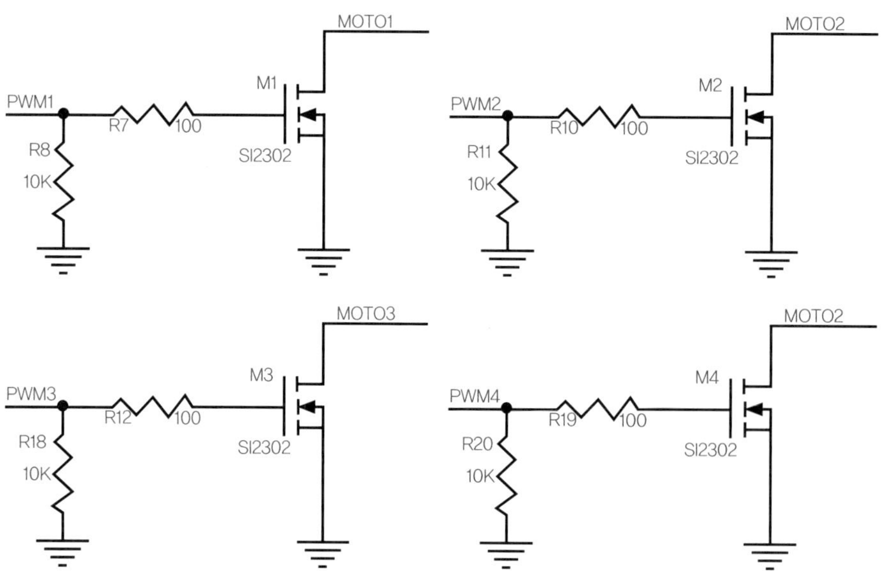

모터 제어 핀은 PWM1, 2, 3, 4를 통해 MOSFET을 통해 모터에 연결됩니다. MOSFET은 트랜지스터의 일종으로 전자 스위치입니다. 그림에서 PWM1,2,3,4 핀을 통해 아두이노에서 HIGH 값을 주면 모터 회로가 연결되어 모터가 회전하며, LOW 값을 주면 모터 회로가 끊기며 모터가 멈추게 됩니다.

MOSFET의 모양은 다음과 같습니다.

▲ SI2302, N-Channel MOSFET

03 _ 모터 제어 프로그램 작성하기

아두이노의 analogWrite 함수를 이용하여 4개의 모터를 제어해보도록 합니다.

analogWrite 함수는 칩 내부에 있는 Timer/Counter 모듈에 명령을 주어 아래와 같은 형태의 사각 파형을 내보낼 수 있습니다.

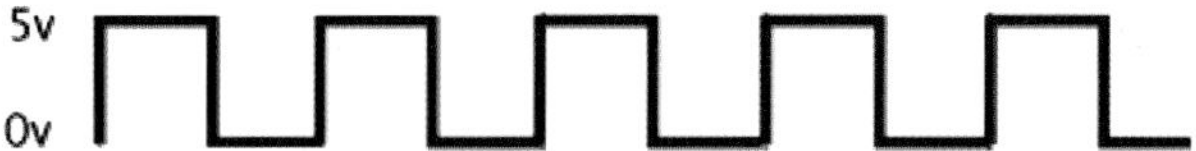

analogWrite 함수는 0~255의 값으로 모터의 속도를 조절할 수 있습니다.

모터 돌려 보기

먼저 아두이노 스케치를 이용하여 4 개의 모터를 차례대로 돌려 보도록 하겠습니다. 모터가 도는 방향에 대해 자세히 살펴보도록 합니다.

01 다음과 같이 예제를 작성합니다.

_02motorsequence

```
01    void setup() {
02      delay(3000);
03    }
04
05    void loop() {
06      analogWrite( 6, 25); delay(1000);
07      analogWrite(10, 25); delay(1000);
08      analogWrite( 9, 25); delay(1000);
09      analogWrite( 5, 25); delay(1000);
10
11      analogWrite( 6, 0);
12      analogWrite(10, 0);
13      analogWrite( 9, 0);
14      analogWrite( 5, 0);
15      delay(4000);
16    }
```

02 : 3초간 기다립니다. 이 부분은 실습시 안전을 위해 넣은 부분입니다.

06~09 : analogWrite 함수를 호출하여 6, 10, 9, 5번 핀에 25값을 줍니다. 255 중 25에 해당하는 값만큼 HIGH가 (255-25)에 해당하는 값만큼 LOW가 출력되게 됩니다. 그리고 1초간 지연을 줍니다.

11~14 : analogWrite 함수를 호출하여 6, 10, 9, 5번 핀에 0값을 줍니다. 즉, 4개의 모터를 멈춥니다.

15 : 4초간 기다립니다.

02 [툴] 메뉴를 이용하여 보드, 포트를 다음과 같이 선택합니다.

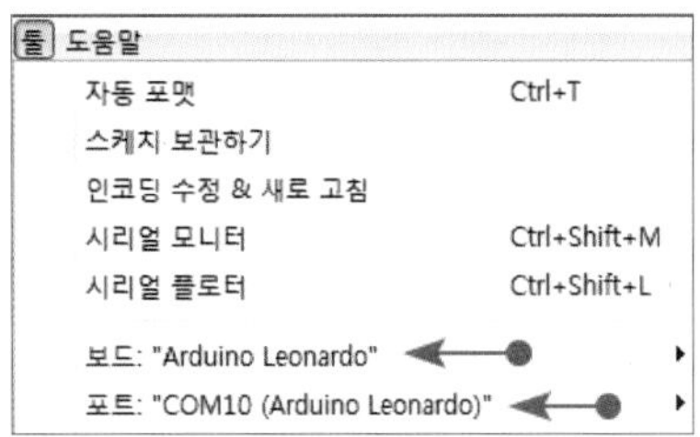

03 컴파일과 업로드를 수행합니다.

04 USB에 연결된 상태로 배터리 전원을 켭니다. 드론 모터는 배터리 전원으로 동작하도록 회로 구성이 되어 있습니다.

5. 6, 10, 9, 5의 순서대로 4개의 모터가 1초 간격으로 차례대로 돌아가는 것을 확인합니다. 그리고 4초간 멈추는 것을 확인합니다.

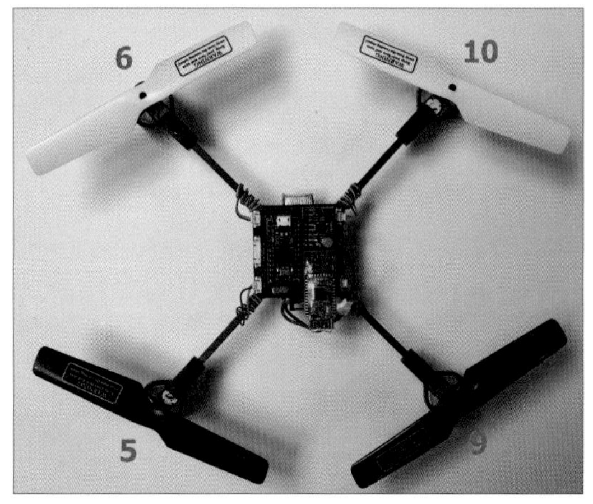

모터의 회전 방향은 다음과 같습니다.

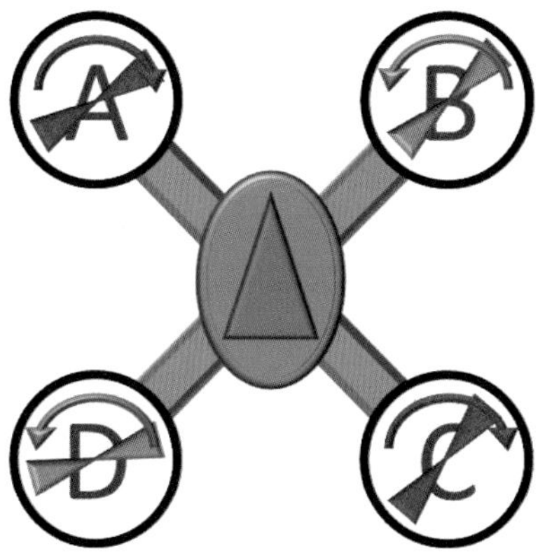

05 테스트가 끝났으면 모터 전원을 끕니다.

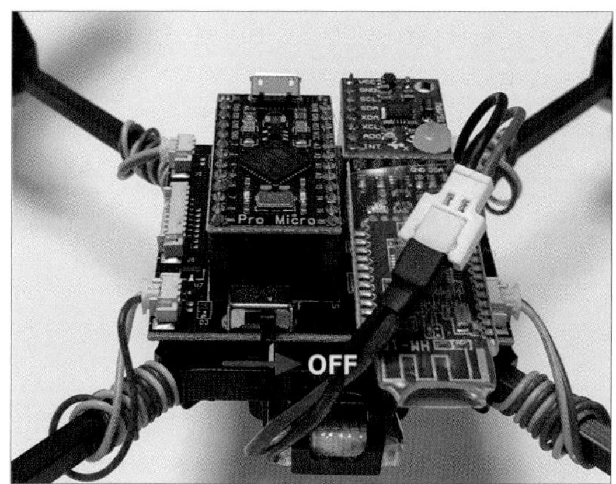

LESSON

07

아두이노의 귀 : Serial.read

우리는 앞에서 Serial.println 함수를 통해서 아두이노의 이야기를 듣는 방법을 살펴보았습니다. 그러면 아두이노가 우리의 이야기를 듣는 방법은 없을까요? 아두이노가 우리의 이야기를 들어야 우리가 원하는 것을 아두이노에게 시킬 수 있지 않을까요? 이 때 필요한 함수가 바로 Serial.read 함수입니다.

여기서는 시리얼 입력을 살펴봅니다. 시리얼 입력은 사용자의 입력을 받기 위해 필요하며 Serial.available 함수와 Serial.read 함수를 이용합니다. 사용자의 입력을 받기 때문에 아주 중요한 기능입니다.

아두이노 프로 마이크로는 USB 단자를 통해 PC로부터 메시지를 받습니다.

여러분은 아두이노 스케치를 통해 아두이노가 PC로부터 메시지를 받게 할 때 다음 세 함수를 주로 사용하게 됩니다.

```
Serial.begin(speed)
Serial.available()
Serial.read()
```

Serial.begin 함수는 앞에서 이미 살펴보았습니다. 여기서는 따로 설명하지 않습니다.

Serial.available은 PC로부터 도착한 데이터의 바이트 수를 돌려줍니다.

Serial.read는 PC로부터 받은 메시지의 첫 번째 바이트를 읽는 함수입니다.

01 _ 사용자 입력 받기

여기서는 Serial.available 함수와 Serial.read 함수를 이용하여 PC를 통해 사용자로부터 문자를 입력받은 후, PC로 사용자 입력을 돌려보내 봅니다.

01 다음과 같이 예제를 작성합니다.

311_0.ino

```
1  void setup() {
2    Serial.begin(115200);
3  }
4
5  void loop() {
6    if(Serial.available()) {
7      char userInput = Serial.read();
8      Serial.print(userInput);
9    }
10 }
```

06 : Serial.available 함수를 호출하여 시리얼을 통해 도착한 문자가 있는지 확인합니다. 도착한 문자가 있을 경우 06~09줄을 수행합니다. Serial.available 함수는 시리얼 입력 버퍼에 도착한 데이터의 개수를 주는 함수입니다.

07 : Serial.read 함수를 호출하여 키보드 입력 문자 하나를 userInput 변수로 받습니다. Serial.read 함수는 시리얼 입력 버퍼에 도착한 데이터를 한 바이트 읽어내는 함수입니다.

08 : Serial.print 함수를 호출하여 사용자로부터 전달된 문자를 출력합니다.

02 컴파일과 업로드를 수행합니다.

03 [시리얼 모니터] 버튼을 클릭합니다. 시리얼 모니터 창이 뜨면, 우측 하단에서 통신 속도를 115200으로 맞춰줍니다.

04 시리얼 모니터 창의 빨간 박스 입력 창에 1, 2, 3, 4를 입력해 봅니다.

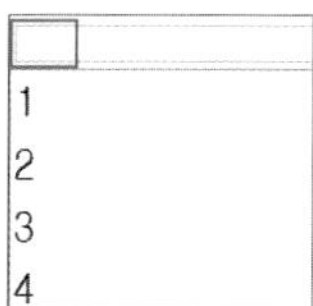

1,2,3,4 문자가 표시되는 것을 확인합니다.

02 _ 모터 속도 조절해 보기

여기서는 시리얼을 이용하여 모터의 속도를 조절해 봅니다.

01 다음과 같이 예제를 작성합니다.

_03throttle

```
01 void setup() {
02   Serial.begin(115200);
03 }
04 
05 void loop() {
06   if(Serial.available()>0) {
07         char userInput = Serial.read();
08         Serial.println(userInput);
09 
10         if(userInput >='0' && userInput <='9') {
11           int throttle = (userInput -'0')*10;
12           analogWrite(6,throttle);
13           analogWrite(10,throttle);
14           analogWrite(9,throttle);
15           analogWrite(5,throttle);
16         }
17   }
18 }
```

10 : 사용자 입력 값이 '0'(0 문자)보다 크거나 같고 '9'(9 문자) 값보다 작으면

11 : 사용자 입력 값에서 '0' 문자 값을 빼서 숫자 값을 만든 후, 10을 곱해서 throttle 변수 값에 할당합니다. throttle 변수는 각 모터에 적용되는 속도 값을 저장하는 변수입니다.

※ '0'~'9' 문자에 대응되는 아스키 숫자 값은 48~57입니다. 그래서 사용자가 '3'문자를 입력할 경우 '3'-'0'=51-48=3이 됩니다. 이 3의 값에 10을 곱하면 30이 되며 이 값을 analogWrite 함수의 두 번째 인자로 넘게 됩니다. 이 예제에서는 모터의 최대 속도로 90까지 줄 수 있습니다. 최대 속도는 255를 주었을 때입니다.

12~15 : analogWrite 함수를 호출하여 6, 10, 9, 5번 핀에 throttle 값을 줍니다.

02 컴파일과 업로드를 수행합니다.

03 [시리얼 모니터] 버튼을 클릭합니다. 시리얼 모니터 창이 뜨면, 우측 하단에서 통신 속도를 115200으로 맞춰줍니다.

04 USB에 연결된 상태로 배터리 전원을 켭니다. 드론 모터는 배터리 전원으로 동작하도록 회로 구성이 되어 있습니다.

05 시리얼 모니터 창의 빨간 박스 입력 창에 1, 2, 3, 4를 입력해 봅니다. 9까지 입력할 수 있습니다.

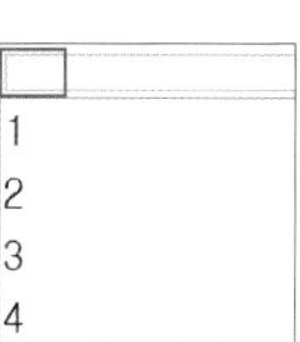

06 드론의 프로펠러가 회전하는 것을 확인합니다.

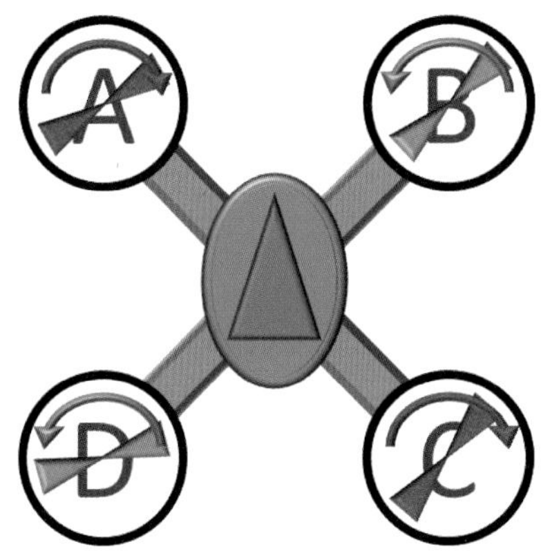

07 테스트가 끝났으면 모터 전원을 끕니다.

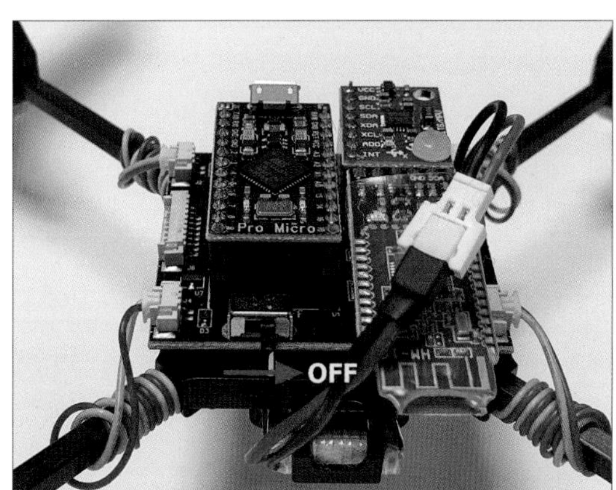

LESSON

08

HM10 BLE 통신 모듈 살펴보기

여기서는 안드로이드 디바이스와 통신을 하며 사용자로부터 명령을 받는 역할을 하는 HM10 통신 모듈에 대해서 살펴보고 테스트 프로그램을 작성해봅니다.

01 _ HM10 통신 모듈의 이해

이 책에서 다루는 아두이노 드론은 HM10 BLE 통신 모듈을 사용하여 스마트 폰과 통신을 수행합니다. HM10의 모양은 다음과 같습니다.

▲ HM-10 BLE 통신 모듈

HM10은 블루투스 통신과 직렬통신을 연결해주는 모듈로서 모바일 기기의 블루투스 마스터 모듈과 아두이노와 같은 임베디드 시스템의 직렬통신 모듈을 연결해줍니다.

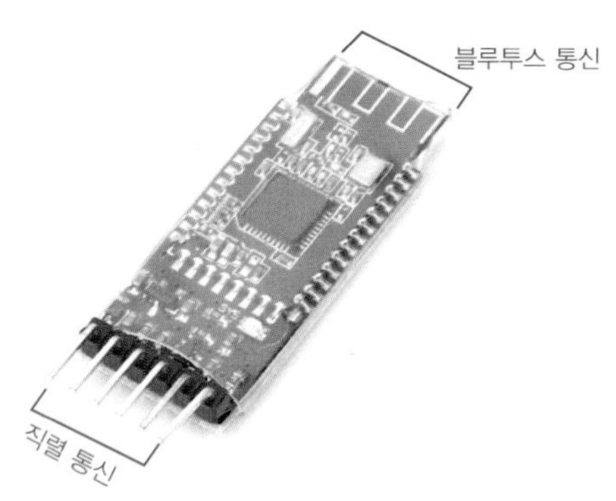

02 _ HM10 통신 회로 살펴보기

HM-10 모듈은 아두이노 프로 마이크로와 다음과 같이 연결되어 있습니다.

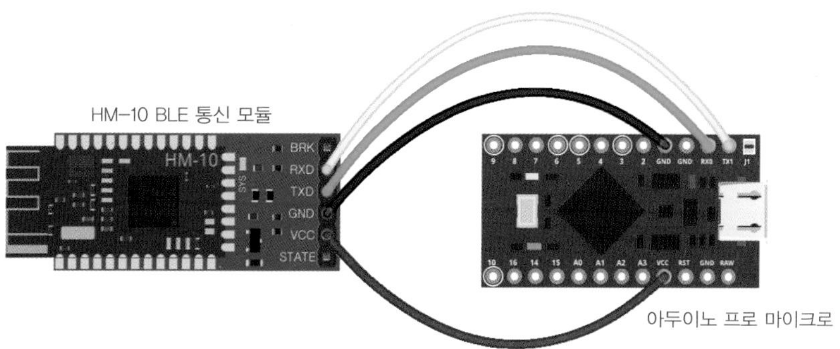

▲ HM-10 BLE 통신 모듈과 아두이노 프로 마이크로 회로 연결 상태

HM10은 아두이노 프로 마이크로와 시리얼 통신을 수행할 수 있습니다. AIR Copter 드론에서 HM10은 아두이노 프로 마이크로와 TX0, RX1 핀과 연결되어 있습니다. 즉, HM10의 TX, RX 핀은 각각 아두이노 프로 마이크로의 RX1, TX0 핀과 연결되어 있습니다.

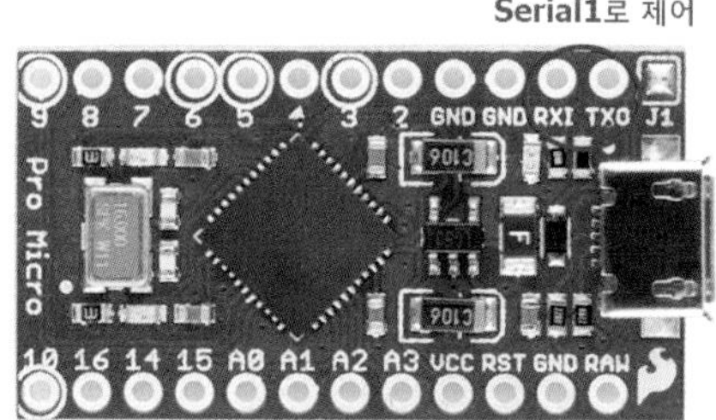

▲ HM-10 BLE 통신 모듈 밑면와 아두이노 프로 마이크로 시리얼 통신 핀

※ 아두이노 프로 마이크로의 RX1, TX0 핀은 Serial1을 이용하여 제어합니다.

03 _ 모터 속도 테스트하기

여기서는 다음 스마트폰 앱(Serial Bluetooth Terminal)을 이용하여 모터의 속도를 조절해 봅니다. 모터의 속도를 높여 드론이 안정적으로 뜰 수 있는지도 확인해 봅니다.

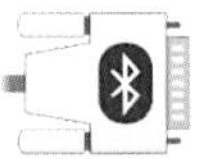

Serial Bluetooth Terminal
Kai Morich
인앱 구매

01 다음과 같이 예제를 작성합니다.

_03throttle

```
01    void setup() {
02      Serial1.begin(115200);
03    }
04
05    void loop() {
06      if(Serial1.available()>0) {
07            char userInput = Serial1.read();
08            Serial1.println(userInput);
09
10            if(userInput >='0'&& userInput <='9') {
11              int throttle = (userInput -'0')*25;
12              analogWrite(6,throttle);
13              analogWrite(10,throttle);
14              analogWrite(9,throttle);
15              analogWrite(5,throttle);
16            }
17      }
18    }
```

02, 06, 07, 08 : 이전 예제에서 Serial을 Serial1로 바꿔줍니다.
11 : 10을 25로 변경합니다.

02 [툴] 메뉴를 이용하여 보드, 포트를 다음과 같이 선택합니다.

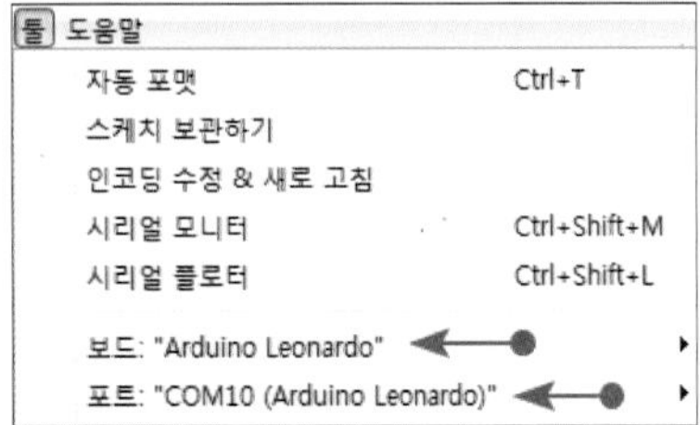

03 컴파일과 업로드를 수행합니다.

04 드론을 USB에서 분리한 후 평평한 바닥에 내려놓습니다.

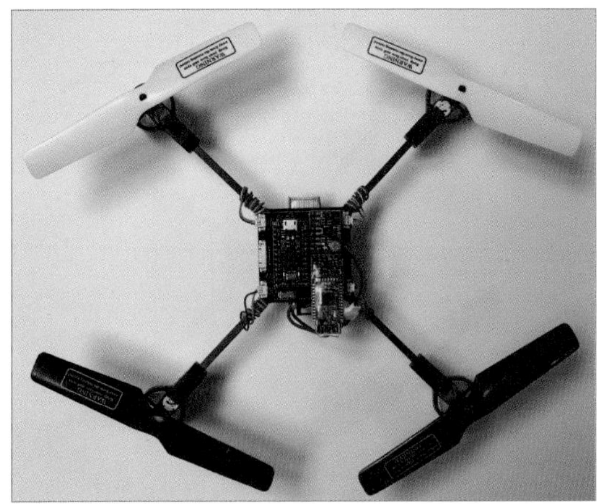

05 전원을 켭니다.

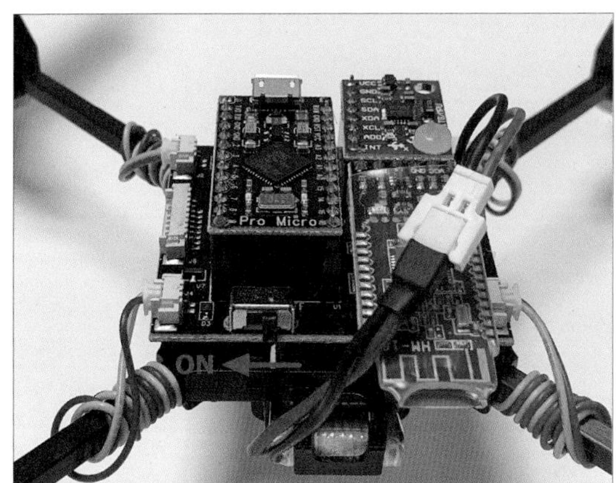

06 구글 [Play 스토어]에서 [Serial Bluetooth Terminal] 앱을 찾아 설치합니다.

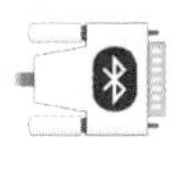

Serial Bluetooth Terminal
Kai Morich
인앱 구매

07 설치한 [Serial Bluetooth Terminal] 앱을 실행합니다.

08 앱이 실행되면 다음 그림에서 ❶ 메뉴를 누릅니다. 그러면 팝업 창이 뜨고 ❷ [Devices] 항목을 선택합니다.

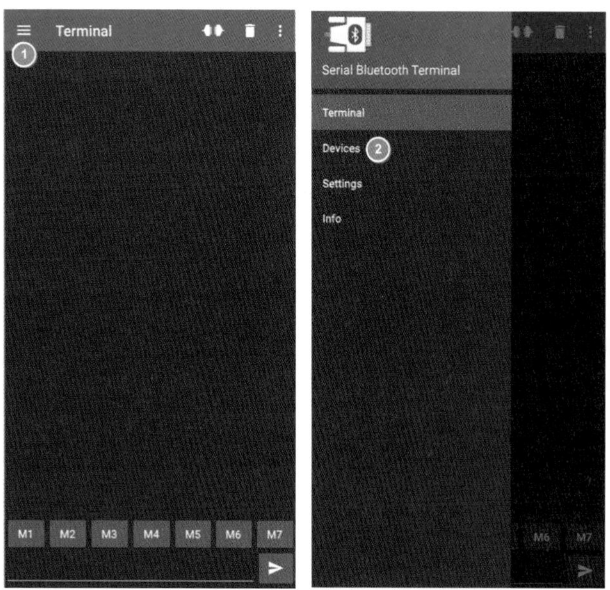

09 다음 창에서 ❶ [BLUETOOTHLE] 탭을 선택한 후, ❷ [SCAN]을 누른 후, ❸ AIR로 시작하는 디바이스를 선택합니다. 그러면 ❹ 드론에 장착된 블루투스 모듈에 연결이 됩니다.

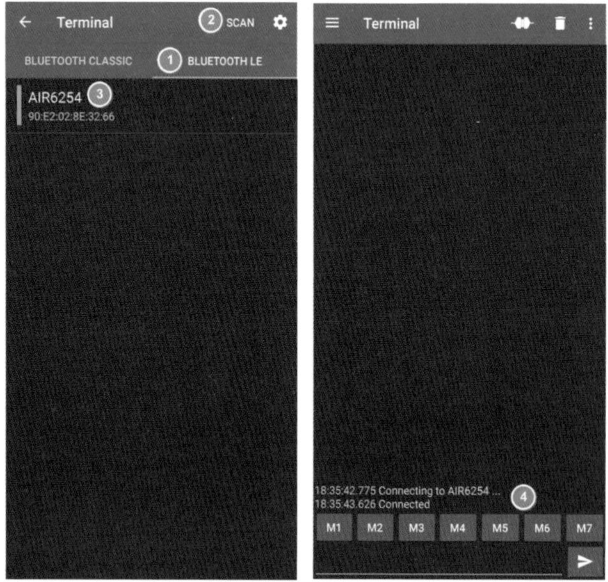

한 번 연결이 되면 이후에는 다음 메뉴를 이용하여 바로 연결할 수 있습니다.

10 다음 그림에서 ❶ 메뉴를 누릅니다. 그러면 팝업 창이 뜨고 ❷ [Settings]를 선택합니다. [Settings] 메뉴에서 ❸ [Send] 항목을 선택합니다. [Send Settings] 메뉴에서 ❹ [Clear input on send] 항목을 활성화시켜 줍니다. ❺ 화살표 키를 두 번 눌러 [Terminal] 창으로 돌아옵니다.

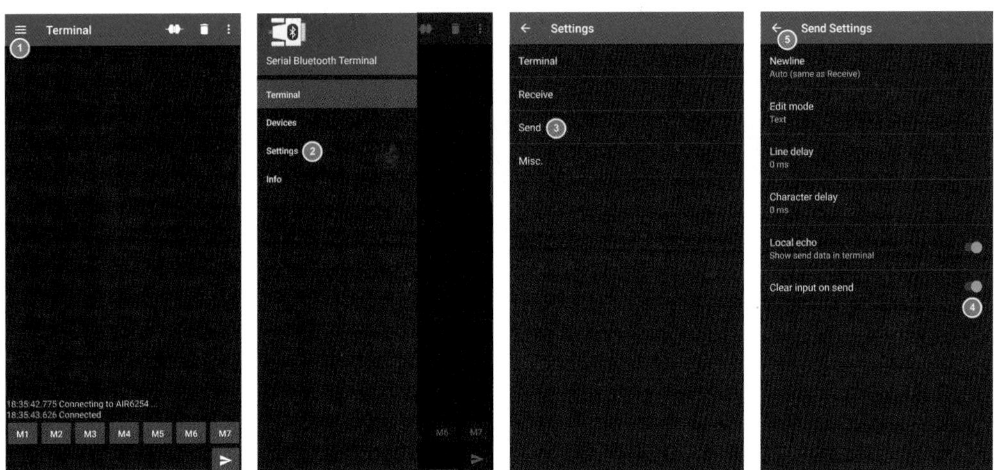

11 ❶ 메시지 입력 창에 1을 입력하고, ❷ 전송 버튼을 누릅니다. 그러면 ❸과 같이 보낸 메시지가 표시되며, 드론의 모터가 회전하게 됩니다. 모터의 회전을 확인한 후, ❹ 메시지 입력 창에 0을 입력하고, ❺ 전송 버튼을 누릅니다. 그러면 ❻과 같이 보낸 메시지가 표시되며, 드론의 모터가 멈추게 됩니다.

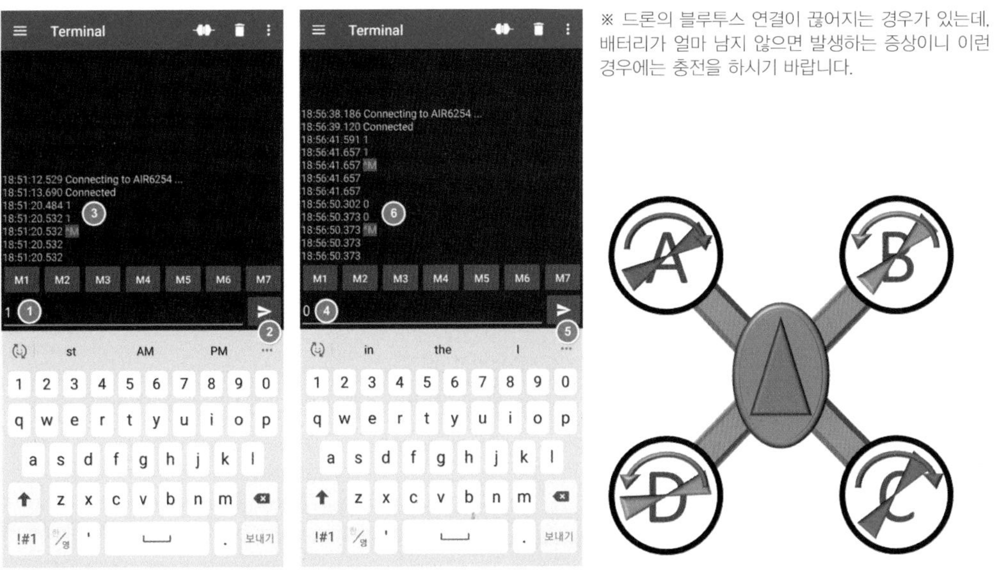

※ 드론의 블루투스 연결이 끊어지는 경우가 있는데, 배터리가 얼마 남지 않으면 발생하는 증상이니 이런 경우에는 충전을 하시기 바랍니다.

같은 방식으로 0~9까지 입력해서 드론 모터의 속도를 테스트합니다.

시리얼 터미널 설정하기

시리얼 터미널을 설정하여 드론을 좀 더 쉽게 제어할 수 있는 환경을 구성해 봅니다.

01 앱 화면에서 ❶ 메뉴를 누릅니다. 그러면 팝업 창이 뜨고 ❷ [Settings]를 선택합니다.

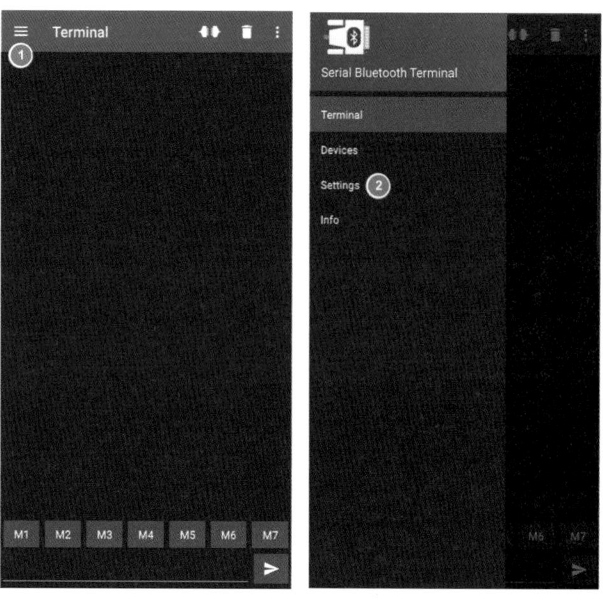

02 다음 그림에서 ❸ Misc. 메뉴를 누릅니다. [Misc. Settings] 창에서 ❹ [Macro buttons] 항목을 선택합니다.

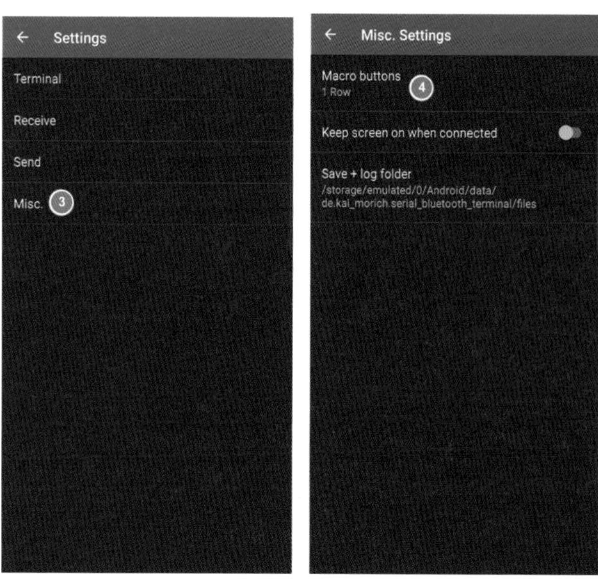

03 [Macro buttons] 팝업 창에서 ❺ [5 Rows]를 선택합니다. 그러면 ❻과 같이 표시됩니다. ❼ 화살표 키를 두 번 눌러 [Terminal] 창으로 돌아옵니다.

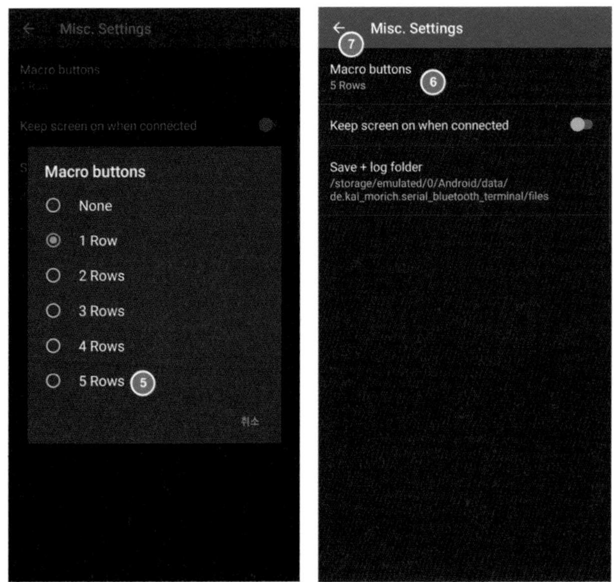

04 그러면 ❽과 같이 매크로 버튼이 생성됩니다. ❾ [M1] 버튼을 약간 길게 눌러줍니다.

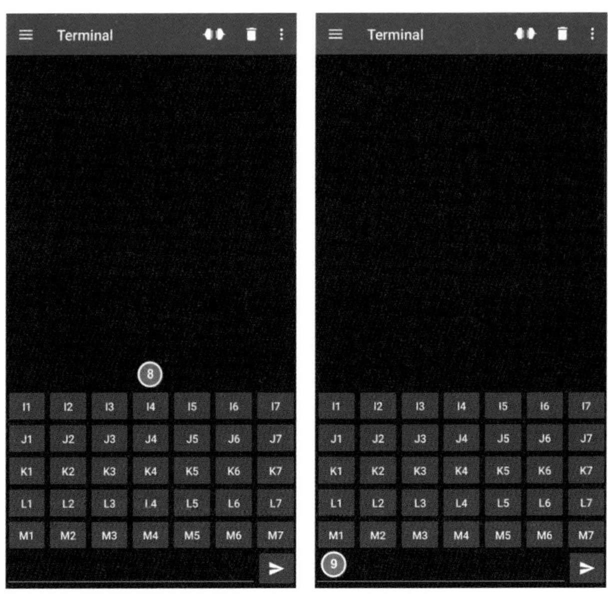

05 그러면 다음과 같이 [Edit Macro] 창이 열립니다. ⑩ [Name] 값을 25로, ⑪ [Value]를 1로 설정한 후, ⑫ 체크 표시를 눌러 저장한 후, ⑬ 화살표 키를 눌러 터미널 창으로 돌아옵니다. 여기서 25는 모터의 속도를 1은 전송할 '1' 문자 값입니다.

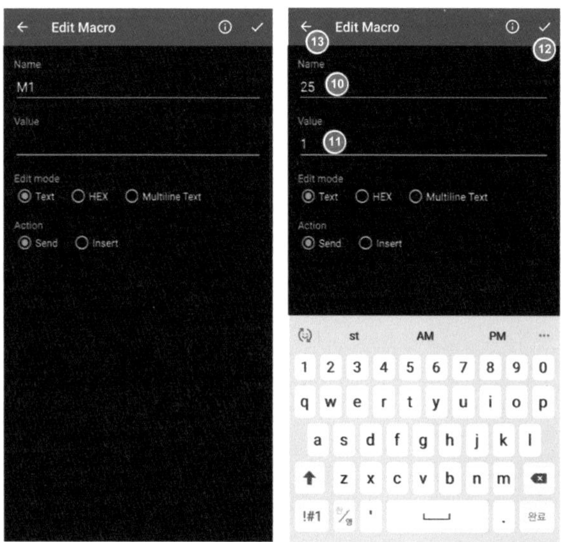

06 그러면 ⑭와 같이 표시됩니다. 같은 방식으로 아래 그림과 같이 설정합니다.

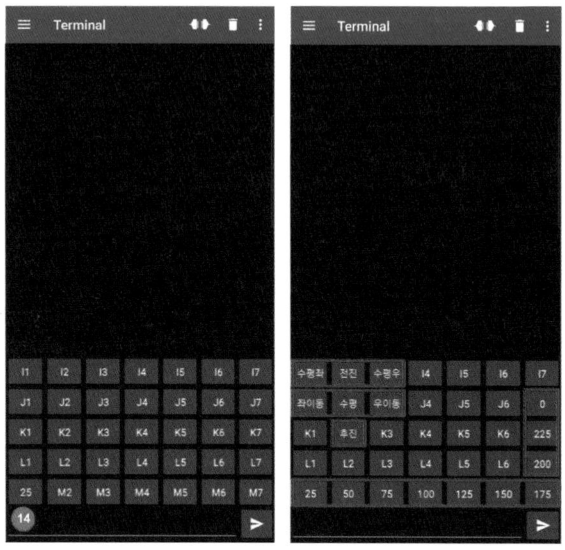

다음과 같이 차례대로 설정합니다.

❶ 속도 버튼 : 25 –1, 50 –2, 75 – 3, 100 – 4, 125 – 5, 150 – 6, 175 – 7, 200 – 8, 225 – 9, 0, –0

❷ 이동 버튼 : 수평좌 –q, 전진 –w, 수평우 –e, 좌이동 –a, 수평 –s, 우이동 –d, 후진 –x

04 _ 드론 수평 회전 테스트하기

여기서는 수평 상태에서 드론의 회전 테스트를 수행해 봅니다. 다음 그림에서 A, C 프로펠러만 회전시켜 봅니다. 그러면 드론은 어떤 방향으로 회전할까요? 시계 방향으로 회전할까요? 반시계 방향으로 회전할까요? 이 실습을 통해서 얻은 경험은 뒤에서 모터에 속도를 분배할 때 유용하게 사용됩니다.

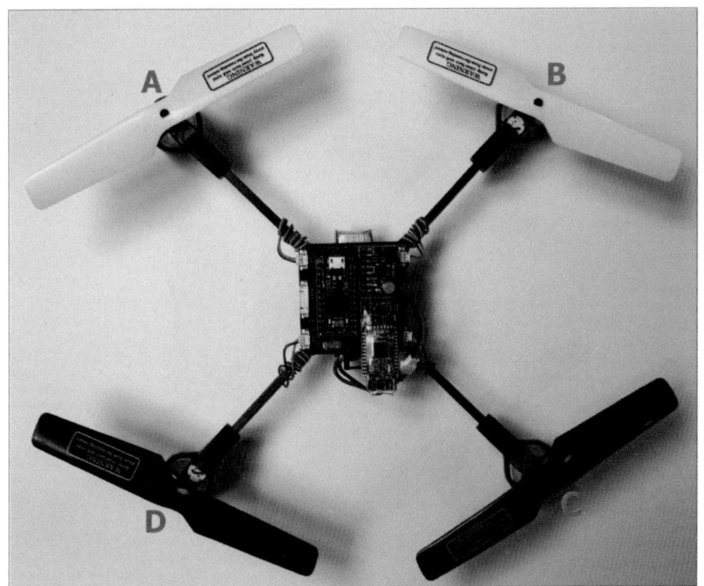

01 이전에 작성했던 예제를 다음과 같이 수정합니다.

_03throttle_1

```
12                analogWrite(6,throttle);
13                analogWrite(10,0);
14                analogWrite(9,throttle);
15                analogWrite(5,0);
```

13, 15 : B, D 모터 속도를 0으로 맞추어 돌지 못하게 합니다.

02 드론과 PC를 USB로 연결한 후, 컴파일과 업로드를 수행합니다.

03 이전 예제에서 수행했던 것과 같은 방식으로 [Serial Bluetooth Terminal] 앱과 아두이노 드론을 연결합니다.

04 [Serial Bluetooth Terminal] 앱을 이용하여 모터 속도를 올리면서 드론의 회전 방향을 살펴봅니다.

드론은 다음 그림의 왼쪽과 같은 형태로 회전할 것입니다. 즉, 시계 방향으로 도는 A, C 모터가 반 시계 방향으로 도는 B, D 모터보다 더 빠르게 회전하면 드론은 반시계 방향으로 회전하게 됩니다. 시계 방향으로 도는 A, C 모터의 토크에 의해 드론 몸체는 반시계 방향으로 회전하게 됩니다.

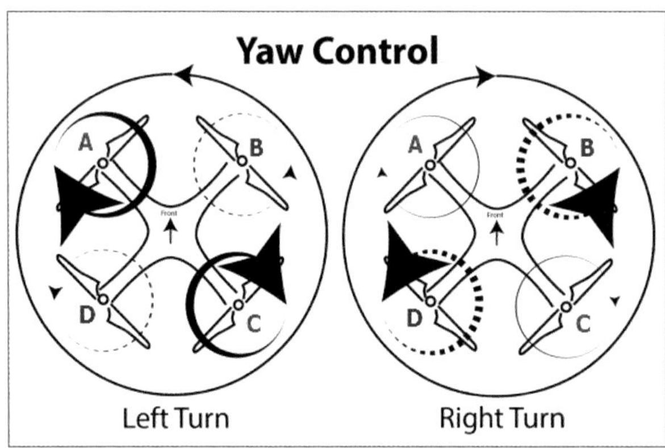

연습 01

01 l(소문자 L)을 누르면 왼쪽 회전, r(소문자 R)을 누르면 오른쪽 회전, 0(숫자 0)을 누르면 멈출 수 있도록 프로그램을 작성합니다. 회전해야할 모터의 속도는 적절히 주도록 합니다. 예를 들어, 130 정도를 줄 수 있습니다.

02 이전 예제에 전진(w), 후진(s), 좌이동(a), 우이동(d) 기능을 추가합니다. 전진의 경우 D, C의 속도를 높여야 하고, 후진의 경우 A, B의 속도를 높여야 하고, 좌이동의 경우 B, C의 속도를 높여야하고, 우이동의 경우 A, D의 속도를 높여야 합니다.

LESSON

09

MPU6050 균형계의 이해와 테스트

우리가 사용하고 있는 아두이노 드론에는 다음과 같은 GY-521 MPU6050 모듈이 장착되어 있습니다.

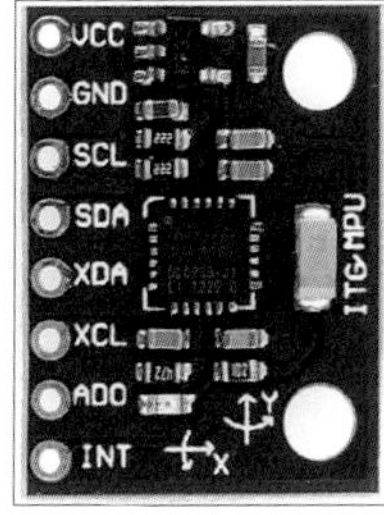

다음과 같이 드론의 전방 우측에 장착되어 있습니다.

MPU6050 가속도 자이로 센서는 드론의 평형 상태를 감지하는 역할을 합니다.

01 _ MPU6050 균형계 살펴보기

이 책에서 다루는 가속도 자이로 센서는 InvenSense 사의 제품인 MPU6050 센서로 다음 사진의 가운데에 있는 칩입니다.

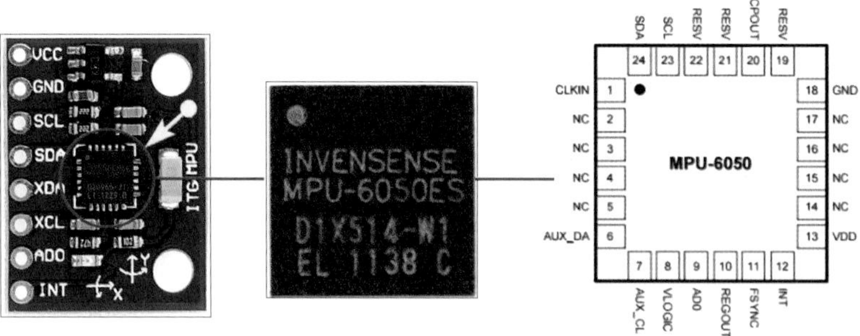

▲ 자이로 센서(MPU-6050 센서)

MPU6050 모듈은 가속도 자이로 센서를 이용하여 드론의 기울어진 정도와 회전속도를 알려줍니다. 우리는 드론의 기울어진 정도나 회전속도에 따라 모터의 속도를 조절해 드론의 중심을 잡게 됩니다. MPU6050 모듈은 가속도 3축, 자이로 3축, 온도에 대한 총 7가지 센서 값을 제공합니다. 이 중 우리는 자이로 센서에 대한 값을 활용하게 됩니다. 가속도 센서의 경우 진동에 약해 이 책에서는 사용하지 않습니다.

MPU6050 모듈은 하나의 칩 안에 MEMS 가속도 센서와 MEMS 자이로 센서를 가지고 있습니다. MEMS란 Micro Electro Mechanical Systems의 약자로 미세 전자기계 시스템으로 불리며, 반도체 제조 공정 기술을 기반으로 한 마이크로미터(μm)이나 밀리미터(mm)크기의 초소형 정밀기계 제작 기술을 말합니다. 아래 그림은 MEMS 기술로 만들어진 초소형 기계 시스템을 보여주고 있습니다.

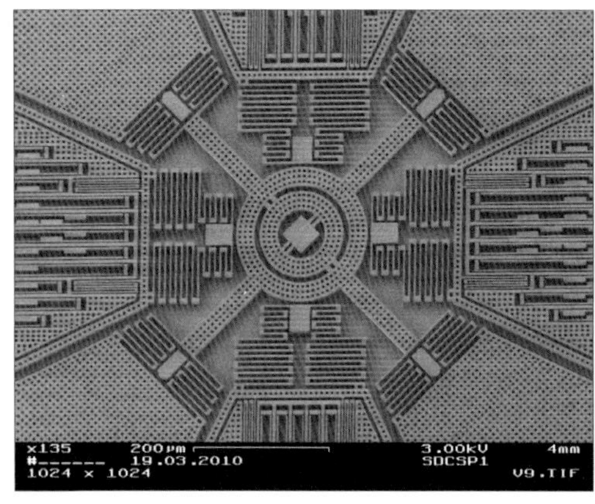

▲ 출처 : http://www.machinedesign.com

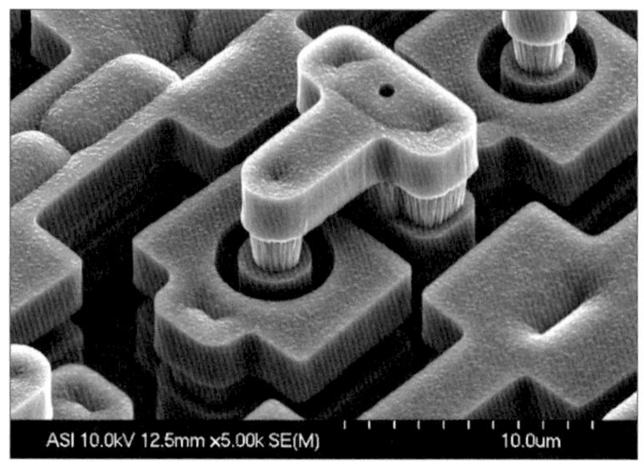

▲ 출처 : http://www.kinews.net〉

MPU6050 센서는 각 채널에 대해 16 비트 크기의 값을 출력해 주는 ADC 모듈을 가지고 있습니다.

다음은 MPU6050 센서의 내부 블록도입니다.

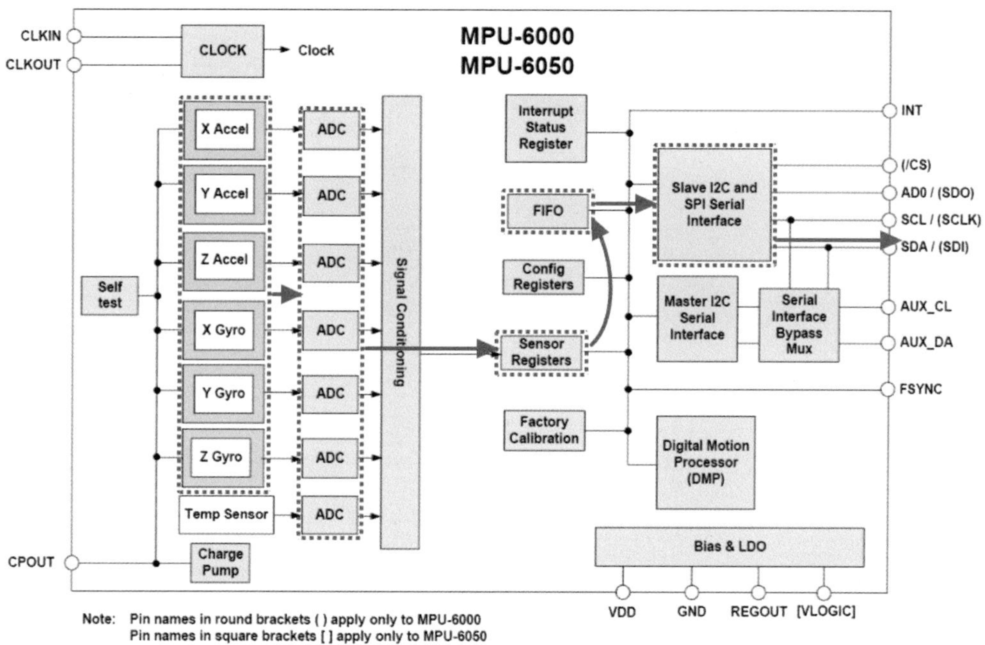

X, Y, Z 축에 대한 가속도와 자이로 값이 각각의 ADC 블록을 거쳐 센서 레지스터(Sensor Register)에 저장됩니다. 센서 레지스터는 센서 내부에 있는 이름을 가진 변수와 같습니다. 센서 레지스터에 저장된 값은 I2C 통신을 통해 아두이노로 전달됩니다.

02 _ Roll, Pitch, Yaw

드론에서 Roll, Pitch, Yaw는 아주 중요한 요소입니다. 이 세 가지 조건에 대한 정확한 정보가 없다면, 드론을 제대로 띄울 수가 없습니다. 그러면 Roll, Pitch, Yaw란 무엇일까요?

다음과 같은 형태의 배가 물에 떠 있는 경우를 생각해 봅니다.

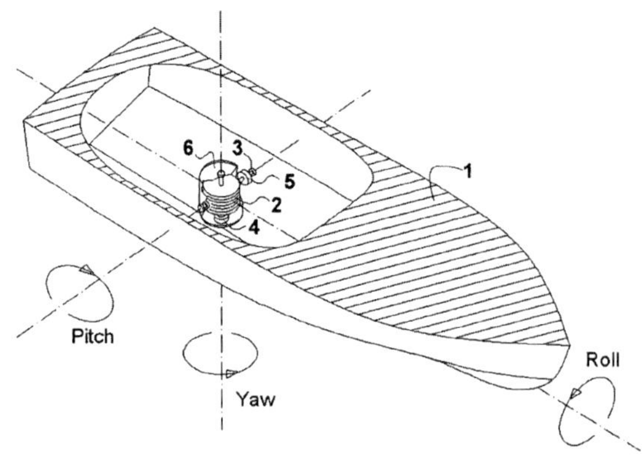

전방을 기준으로 배는 좌우로 흔들릴 수 있습니다. 배는 앞뒤로도 흔들릴 수 있습니다. 배는 방향을 전환할 수도 있습니다. 이 때, 각각을 Roll, Pitch, Yaw라고 합니다. 배의 경우는 Yaw가 아주 중요한 요소가 됩니다.

이러한 현상은 비행기에도 나타날 수 있습니다. 다음 그림을 살펴봅니다.

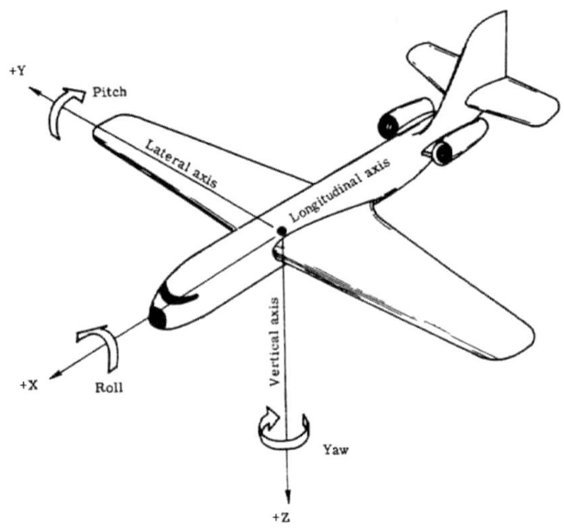

Roll은 비행체의 좌우 기울어짐의 정도, Pitch는 전후 기울어짐의 정도, Yaw는 수평 회전 정도를 나타냅니다.

다음페이지 그림은 비행기의 Roll, Pitch, Yaw를 좀 더 구체적으로 보여주고 있습니다.

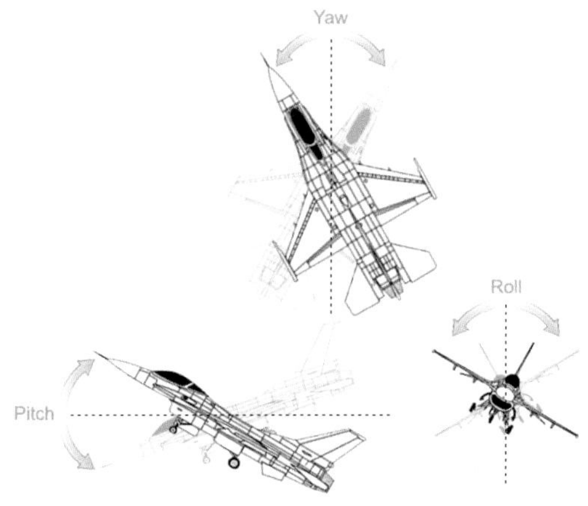

비행기의 경우엔 Roll, Pitch, Yaw가 모두 중요합니다.

드론의 경우는 비행기와 같습니다. 아래 그림은 드론의 Roll, Pitch, Yaw를 나타냅니다.

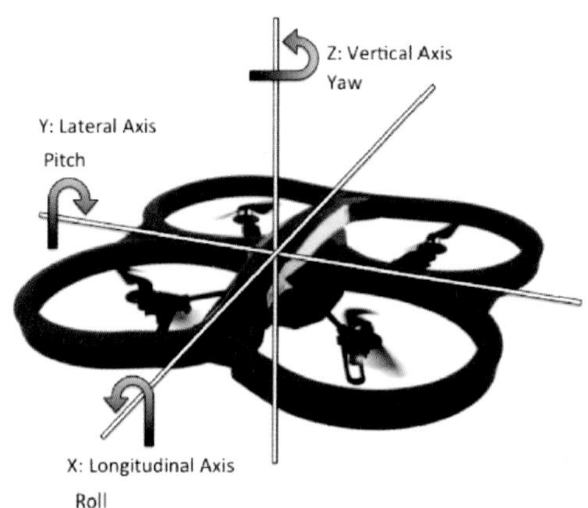

드론의 전방을 기준으로 좌우 기울어짐을 Roll, 전후 기울어짐을 Pitch, 수평 회전 정도를 Yaw라고 합니다. 드론의 Roll, Pitch, Yaw 대한 정보는 MPU6050 센서를 이용하여 얻어낼 수 있습니다.

MPU6050 센서를 좀 더 자세히 살펴보도록 하겠습니다.

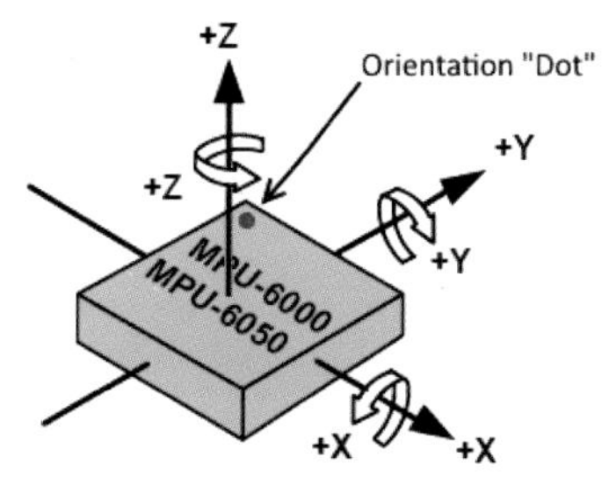

그림에서 MPU6050 센서는 총 6개의 축을 표시하고 있습니다. 직선 3축과 곡선 3축을 합쳐서 총 6개의 축이 됩니다. 직선 3축은 기울기 센서가 사용합니다. 곡선 3축은 자이로 센서가 사용합니다. 이 책에서는 자이로 센서와 관련된 곡선 3축만 살펴봅니다.

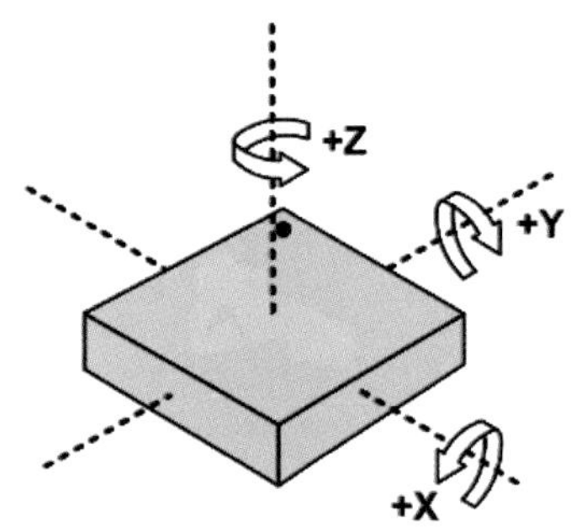

곡선 축의 +X, +Y, +Z는 센서가 회전할 경우에 자이로 센서의 + 값의 기준이 됩니다. 예를 들어, 센서가 +X 방향으로 돌면 자이로(각속도 또는 회전속도) 센서 X_Gyro는 양수 값을 갖습니다. 반대 방향으로 돌면 자이로 센서 X_Gyro는 음수 값을 갖습니다. 곡선 축 +Y, +Z에 대해서도 마찬가지 방식으로 생각하면 됩니다.

X_Gyro, Y_Gyro, Z_Gyro는 아래 그림의 센서 값을 나타냅니다.

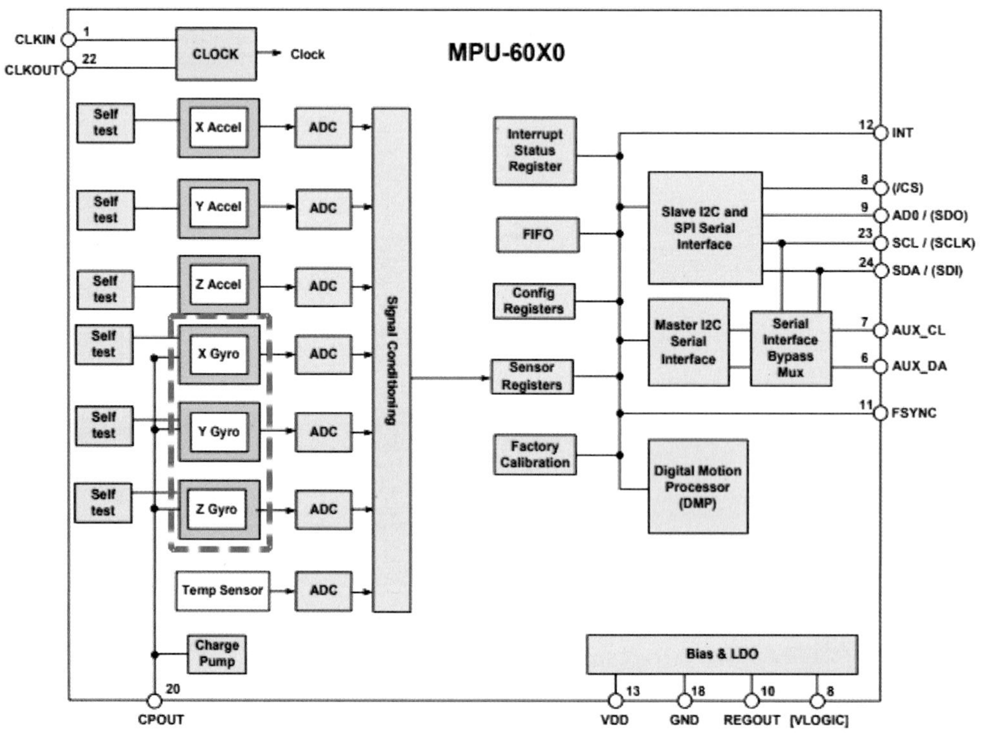

자이로 센서 값은 뒤에서 실습을 통해 구체적으로 살펴 볼 것입니다.

우리가 사용하는 아두이노 드론은 직선 축 +Y, +X가 각각 전방, 우측을 보고 있습니다. 다음 그림을 살펴보도록 합니다.

MPU6050 부분만 확대해 보면 다음과 같습니다.

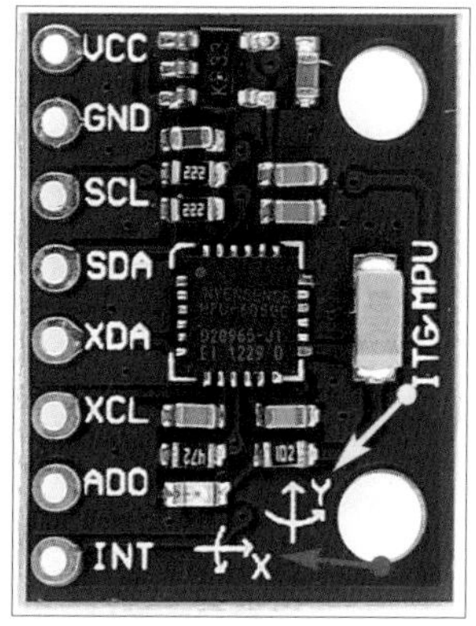

노란색 화살표는 직선과 곡선 축 +Y를 가리키고, 빨간색 화살표는 직선과 곡선 축 +X를 가리키고 있습니다. 직선 축 +Y는 전방을, 직선 축 +X는 우측을 가리킵니다.

그러면 아두이노 드론에 대해서 드론의 회전하는 상태에 따라 자이로 센서 값에 대해 생각해 보겠습니다.

수평 상태에서 드론의 앞부분이 하늘 방향으로 회전이 발생할 경우 곡선 축 +X 방향으로 돌게 됩니다. 따라서 자이로 센서 X_Gyro는 양수 값을 갖습니다. 드론의 앞부분이 땅 방향으로 회전이 발생할 경우 곡선 축 +X 반대 방향으로 돌게 됩니다. 따라서 자이로 센서 X_Gyro는 음수 값을 갖습니다. 드론이 오른쪽으로 기울면서 회전이 발생할 경우 곡선 축 +Y 방향으로 돌게 됩니다. 따라서 자이로 센서 Y_Gyro는 양수 값을 갖습니다. 드론이 왼쪽으로 기울면서 회전이 발생할 경우 곡선 축 +Y 반대 방향으로 돌게 됩니다. 따라서 자이로 센서 Y_Gyro는 음수 값을 갖습니다.

03 _ MUP6050 레지스터 살펴보기

여기서는 MPU6050을 초기화하기 위한 설정 레지스터와 자이로 센서 값을 저장하는 레지스터를 살펴보도록 합니다. 레지스터는 CPU와 디바이스가 통신하기 위한 디바이스가 가진 변수와 같습니다.

다음은 PWR_MGMT_1 레지스터를 나타냅니다. 이 레지스터는 MPU6050의 내부 0x68 번지에 있습니다.

6B	107	PWR_MGMT_1	R/W	DEVICE _RESET	SLEEP	CYCLE	-	TEMP_DIS	CLKSEL[2:0]

SLEEP 부분이 1로 설정되면 MPU6050은 sleep mode가 되며 반대로 0으로 설정되면 깨어나게 됩니다.

다음은 MPU6050의 내부 0x43~0x48번지에 있는 6 바이트의 레지스터를 나타냅니다. 0x43 번지부터 시작해 총 6 바이트 크기의 레지스터에 자이로 센서 값이 저장됩니다.

주소 (16진수)	주소 (10진수)	레지스터
43	67	GYRO_XOUT_H
44	68	GYRO_XOUT_L
45	69	GYRO_YOUT_H
46	70	GYRO_YOUT_L
47	71	GYRO_ZOUT_H
48	72	GYRO_ZOUT_L

04 _ MPU6050 균형계 회로 살펴보기

다음은 아두이노 프로 마이크로와 연결된 MPU6050 센서 회로 부분입니다.

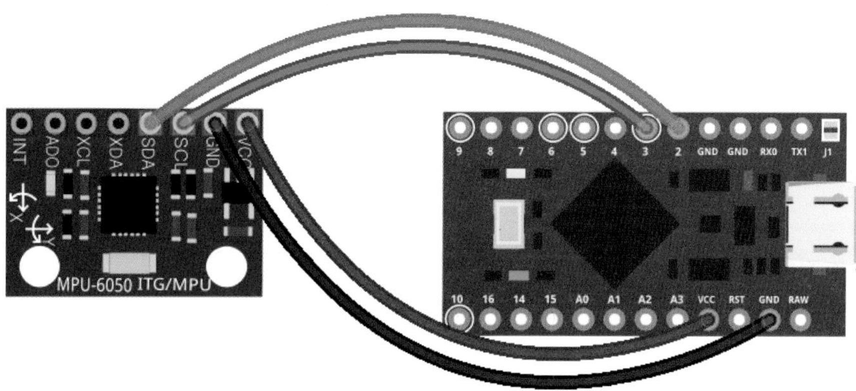

▲ MPU-6050 센서 ▲ 아두이노 프로 마이크로

MPU6050 센서는 아두이노 프로 마이크로와 I2C 통신을 합니다. 아두이노 프로 마이크로의 I2C 핀은 2, 3번 핀으로 각각 아두이노 프로 마이크로 내부에 있는 I2C 모듈의 SDA, SCL 핀과 연결됩니다. 아두이노 프로 마이크로의 SDA, SCL 핀은 MPU6050 센서의 SDA, SCL 핀과 연결됩니다.

05 _ 자이로 센서 Y축 값 읽어보기

여기서는 드론에 부착된 MPU6050 자이로 센서 Y축 값을 있는 그대로 읽어보도록 합니다.

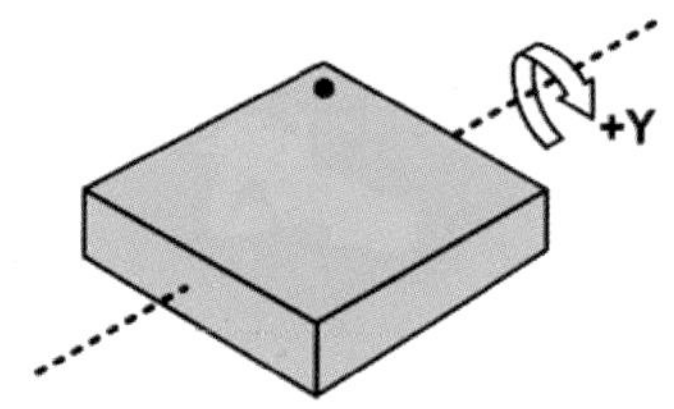

01 다음과 같이 예제를 작성합니다.

```
01  #include <Wire.h>
02
03  void setup() {
04    Serial.begin(115200);
05
06    Wire.begin();
07    Wire.setClock(400000);
08
09    Wire.beginTransmission(0x68);
10    Wire.write(0x6b);
11    Wire.write(0x0);
12    Wire.endTransmission(true);
13  }
14
15  void loop() {
16    Wire.beginTransmission(0x68);
17    Wire.write(0x45);
18    Wire.endTransmission(false);
19    Wire.requestFrom(0x68,2,true);
20    int16_t GyYH = Wire.read();
21    int16_t GyYL = Wire.read();
22    int16_t GyY = GyYH <<8 |GyYL;
23
24    static int cnt_loop;
25    cnt_loop ++;
26    if(cnt_loop%100 !=0) return;
27
28    Serial.print("GyY = "); Serial.print(GyY);
29    Serial.println();
30  }
```

01 : Wire.h 헤더 파일을 포함합니다. 이 파일은 I2C 통신을 할 때 필요한 파일입니다. 아두이노 마이크로프로는 MPU6050 센서와 I2C 통신을 하기 때문에 이 파일이 필요합니다.

04 : Serial의 통신 속도를 115200으로 설정하고 있습니다.

06 : Wire.begin 함수를 호출합니다. Wire.begin 함수는 I2C 통신 기능을 활성화하는 함수입니다.

07 : Wire.setClock 함수를 호출합니다. Wire.setClock 함수는 I2C 통신 속도를 설정하는 함수로 이 예제에서는 400KHz로 설정합니다. 400KHz는 400Kbps의 속도와 같습니다. Wire.SetClock 함수는 100000(standard mode) 또는 400000(fast mode)을 설정 값으로 받을 수 있습니다.

09, 16 : Wire.beginTransmission 함수를 호출합니다. 이 함수는 인자로 주어진 I2C 슬레이브 모듈과 통신을 시작할 때 호출합니다. 여기서는 0x68번지 값을 갖는 MPU6050과 I2C 통신을 시작하고 있습니다.

10, 11, 17 : Wire.write 함수를 호출합니다. 이 함수는 전송하고자 하는 1 바이트 데이터를 내부 메모리 큐에 저장하는 역할을 합니다.

12, 18 : Wire.endTransmission 함수를 호출하고 있습니다. 이 함수는 Wire.write 함수에 의해 큐에 저장된 하나 이상의 바이트 데이터를 슬레이브 모듈로 보내면서 전송을 끝냅니다.

12 : 인자로 true 값을 넘기고 있습니다. true 값이 인자로 넘어오면 endTransmission 함수는 데이터 전송 후, 정지 메시지를 보내고 I2C 버스의 제어권을 놓습니다.

18 : 인자로 false 값을 넘기고 있습니다. false 값이 인자로 넘어올 경우에 endTransmission 함수는 데이터 전송 후 통신 재시작 메시지를 보냅니다. 이 경우에는 I2C 버스에 대한 제어권을 놓지 않습니다. 그래서 19번째 줄에서는 Wire.requestFrom 함수를 호출하여 추가적인 데이터를 요구하고 있습니다. Wire.requestFrom 함수에서는 MPU6050(0x68)에게 2 바이트의 데이터를 요구하고 있습니다. 3번 째 인자로는 false 값을 사용하고 있는데, 이는 데이터 요청 후 정지 메시지를 보내며 I2C의 제어 권을 놓는 것을 의미합니다.

9~12 : MPU6050(0x68)으로 0x6b, 0을 보내고 있습니다. 이는 MPU6050의 내부 0x6b번지를 0으로 설정하여 MPU6050을 깨우게 됩니다. 0x6b번지에는 PWR_MGMT_1 레지스터가 있습니다. 다음은 PWR_MGMT_1를 나타냅니다.

6B	107	PWR_MGMT_1	R/W	DEVICE_RESET	SLEEP	CYCLE	-	TEMP_DIS	CLKSEL[2:0]

SLEEP 부분이 1로 설정되면 MPU6050은 sleep mode가 되며 반대로 0으로 설정되면 깨어나게 됩니다.

16~19 : MPU6050(0x68)의 내부 0x45, 0x46번지에 있는 2 바이트 데이터를 요청하고 있습니다. 0x45번지는 자이로 센서 Y축 레지스터의 시작 주소를 나타내고 있습니다. 0x45번지에는 GYRO_YOUT_H 레지스터가 있으며, 가속도 센서 Y_Gyro 값의 상위 바이트가 저장되는 레지스터입니다. 0x45번지부터 시작해 총 2 바이트 크기의 레지스터에 자이로 센서 Y축 값이 저장됩니다. 다음 그림을 참조합니다.

MPU6050

주소 (16진수)	주소 (10진수)	레지스터
43	67	GYRO_XOUT_H
44	68	GYRO_XOUT_L
45	69	GYRO_YOUT_H
46	70	GYRO_YOUT_L
47	71	GYRO_ZOUT_H
48	72	GYRO_ZOUT_L

I2C 통신 →

메모리 변수

GyYH
GyYL

자이로 센서 X, Y, Z 축의 값은 16 비트의 크기를 갖습니다.

20, 21 : Wire.read() 함수를 이용해 자이로 센서 Y 축 값을 읽어내고 있습니다. I2C 통신을 통해서 1 바이트씩 데이터를 받게 되며, 총 2 바이트의 데이터를 받게 됩니다. 먼저 온 1 바이트를 GyYH, 나중에 온 1 바이트를 GyYL 변수에 저장합니다.

22 : GyYH의 값을 8비트 왼쪽으로 밀어 상위 8비트의 위치로 놓고, 하위 8비트를 GyYL 값으로 채워 GyY 변수에 저장합니다.

28 : 읽어온 센서 값을 출력합니다.

29 : 새 줄을 출력합니다.

24 : 정적 변수 cnt_loop 변수를 선언합니다. 함수 내에 선언된 정석 변수는 함수를 빠져 나가도 유지되는 변수입니다.

25 : loop 함수를 한 번 수행할 때마다 1씩 증가시킵니다.

26 : cnt_loop 값이 100의 배수가 아니면 loop 함수를 빠져나가고, 100의 배수이면 28,29줄을 수행합니다. 예제에서는 loop 함수를 100번 수행할 때마다 한 번 출력합니다. 출력이 너무 빠르면 100보다 큰 값을, 출력이 너무 느리면 100보다 작은 값을 사용합니다.

02 [툴] 메뉴를 이용하여 보드, 포트를 다음과 같이 선택합니다.

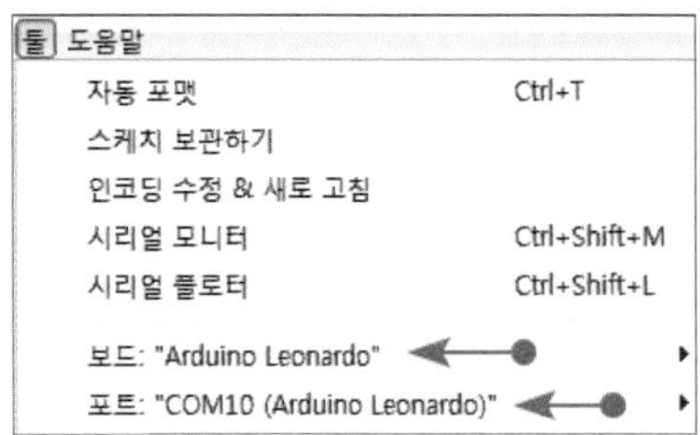

03 드론을 다음과 같이 평평한 지면에 놓습니다.

※ 스케치 업로드 시 가속도 자이로 센서가 초기화되는데 센서를 수평 상태로 초기화하기 위해 평평한 면에 놓는 것입니다.

04 컴파일과 업로드를 수행합니다.

05 업로드가 완료되면, [시리얼 모니터] 버튼을 클릭합니다. 시리얼 모니터 창이 뜨면, 우측 하단에서 통신 속도를 115200으로 맞춰줍니다.

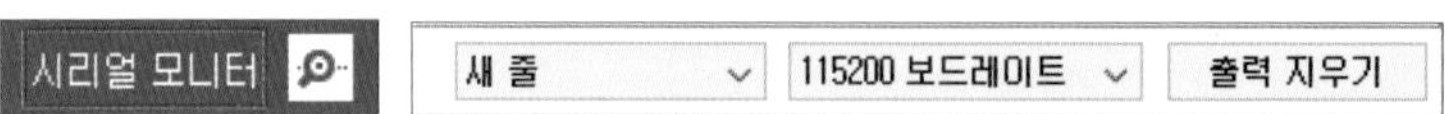

06 드론을 평평한 지면에 놓은 상태로 시리얼 모니터를 확인해 봅니다.

드론을 지면에 평평한 상태로 출력 결과를 확인해 봅니다. 다음 그림을 기준으로 MPU6050을 곡선 Y축 방향으로 회전 시키면서 테스트합니다. 즉, 드론을 좌우로 회전 시키면서 테스트를 수행합니다.

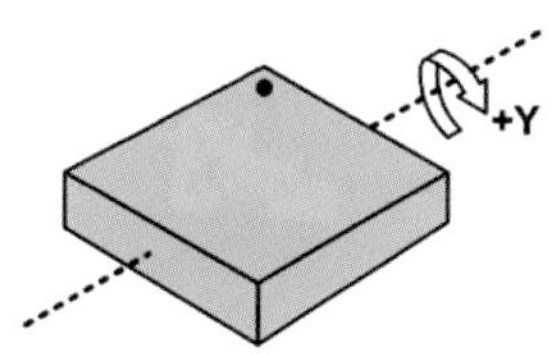

1) 수평 상태일 때(필자의 경우 약 200의 값이 나옵니다)

```
GyY = 238
GyY = 244
GyY = 212
GyY = 158
GyY = 142
GyY = 108
GyY = 129
GyY = 200
GyY = 231
```

2) 곡선 +Y축 진행 방향과 같게 또는 반대로 회전시킬 때 – GyY : –32768 ~ 32767

```
GyY = 32767
GyY = 32767
GyY = 32767
GyY = 32767
GyY = 21174
GyY = -15931
GyY = -32768
GyY = -32768
GyY = -32768
GyY = -32768
```

드론을 수평 상태에서 좌우로 기울이는 회전입니다. +방향 – 양수, –방향 – 음수

※ 회전이 없을 때에는 이상적으로 자이로 센서의 Y값이 0이 나와야 하지만 실제로는 그렇지 않습니다. 이 값들이 0에 가까워지도록 뒤에서 보정의 과정을 수행합니다.

06 _ 자이로 센서 값 해석하기

여기서는 MPU6050 센서로부터 전달되는 자이로 센서 값의 의미를 살펴보려고 합니다. MPU6050 센서를 통해 얻게 되는 자이로 센서 값은 16 비트 크기를 갖습니다. 그래서 이전 예제에서 자이로 센서의 값을 저장했던 GyY 변수는 int16_t 타입의 16 비트 크기 변수입니다. 16 비트 변수를 통해 표현할 수 있는 숫자는 –32768 ~ 32767 사이의 정수 값입니다. 즉, 최소 –32768에서 최대 32767 사이의 정수 값을 표현할 수 있습니다.

GyY는 최저 –32768 ~ 32767 사이의 값을 가질 수 있습니다. 그러면 이 값들은 무엇을 의미할까요? 다음 표를 통해 그 의미를 알아보도록 하겠습니다.

FS_SEL 레지스터 값	최대 표현 범위	°/s 당 자이로 센서 값
0	± 250 °/s	131/°/s
1	± 500 °/s	65.5/°/s
2	± 1000 °/s	32.8/°/s
3	± 2000 °/s	16.4/°/s

FS_SEL는 MPU6050 센서 내부의 레지스터입니다. 이 레지스터 값에 따라 센서 값의 의미는 달라집니다. 예를 들어, FS_SEL의 값이 0으로 설정되어 있을 때에는 -32768 ~ 32767 사이의 값은 -250°/s ~ +250°/s 사이의 값을 의미합니다. 여기서 °/s는 각속도를 나타냅니다. 즉, -32768은 -250°/s, 32767은 +250°/s를 의미합니다. 다음 그림을 보면서 좀 더 이해해 보도록 하겠습니다.

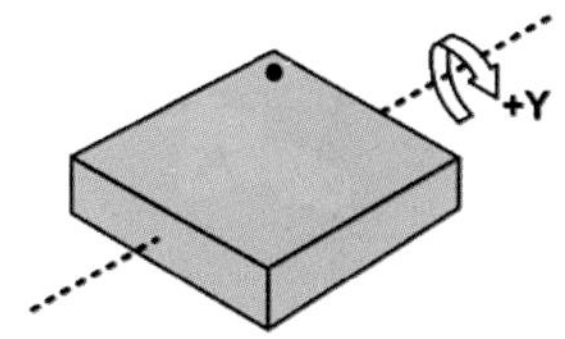

그림에서 곡선 축 +Y 방향으로 1초 동안 일정한 회전 속도(각속도)로 250도 회전했을 때, GyY의 값은 1초 동안 계속해서 250°/s에 해당하는 크기의 양수 값을 갖게 됩니다. 즉, 1초 동안 계속해서 32767 값을 유지하게 됩니다. 반대로 곡선 축 +Y 반대 방향으로 1초 동안 일정한 회전 속도로 250도 회전했을 때, GyY의 값은 1초 동안 계속해서 250°/s에 해당하는 크기의 음수 값을 갖게 됩니다. 즉, 1초 동안 계속해서 -32768 값을 유지하게 됩니다. +X, +Z도 마찬가지입니다.

그러면 곡선 축 +Y 방향으로 1초 동안 일정한 회전 속도로 1도 회전했을 때, GyY는 어떤 값을 유지하고 있을까요? 다음 식을 보면서 이해해 보도록 합니다.

```
250 ° /s == 32767 이므로 1 ° /s == (32767/250) == 131
```

1초 동안 250도 회전할 경우에 GyY의 값이 32767이라면, 1초 동안 1도 회전할 경우의 GyY는 (32768/250) 값을 유지하게 됩니다. 이 값은 바로 131입니다.

FS_SEL 레지스터의 기본 설정 값은 0이며, 우리는 현재 이 값을 사용하고 있습니다.

250°/s는 생각보다 빠르지는 않은 속도입니다. 1초 동안 한 바퀴를 돌지 못하는 회전 속도이기 때문입니다.

자이로 센서를 지면에 둔 상태로 시계의 초침과 같은 속도와 방향으로 자이로 센서가 수평 회전하는 경우를 생각해 보도록 하겠습니다.

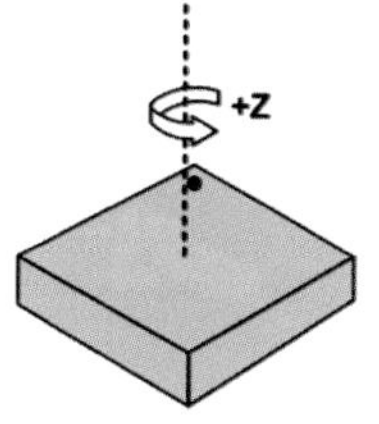

시계의 초침의 경우엔 360°/60s이므로 6°/s의 각속도를 갖게 됩니다. 또 시계 방향(곡선 축 +Z 반대 방향)으로 회전을 하게 됩니다. 따라서 GyZ의 값은 6°/s에 해당하는 크기의 음수 값을 갖게 됩니다. 다음 식을 통해 GyZ의 값을 정해 보도록 하겠습니다.

1 ° /s = 131 이므로 6 ° /s = 131x6 = 786

즉, 자이로 센서가 시계의 초침과 같은 속도로 반시계 방향(곡선 축 +Z 방향)으로 회전할 경우에 GyZ의 레지스터 값은 -786 값이 되게 됩니다.
그러면 자이로 센서가 다음과 같은 조건으로 회전했을 경우 1초 후에 몇 도 회전해 있을까요?

(곡선 축 +Z 방향으로 회전하는 경우)

0.0~0.1 초 동안 1°/s
0.1~0.2 초 동안 2°/s
0.2~0.3 초 동안 3°/s
0.3~0.4 초 동안 4°/s
0.4~0.5 초 동안 5°/s
0.5~0.6 초 동안 6°/s
0.6~0.7 초 동안 7°/s
0.7~0.8 초 동안 8°/s
0.8~0.9 초 동안 9°/s
0.9~1.0 초 동안 10°/s

다음과 같이 계산합니다.

0.0~0.1 초 동안 1°/s = 1°/s x 0.1s = 0.1°
0.1~0.2 초 동안 2°/s = 2°/s x 0.1s = 0.2°
0.2~0.3 초 동안 3°/s = 3°/s x 0.1s = 0.3°
0.3~0.4 초 동안 4°/s = 4°/s x 0.1s = 0.4°
0.4~0.5 초 동안 5°/s = 5°/s x 0.1s = 0.5°
0.5~0.6 초 동안 6°/s = 6°/s x 0.1s = 0.6°
0.6~0.7 초 동안 7°/s = 7°/s x 0.1s = 0.7°
0.7~0.8 초 동안 8°/s = 8°/s x 0.1s = 0.8°
0.8~0.9 초 동안 9°/s = 9°/s x 0.1s = 0.9°
0.9~1.0 초 동안 10°/s = 10°/s x 0.1s = 1.0°

1.0초 후에는 최초 위치로부터 좌측으로 5.5° 회전해 있게 됩니다.

이 방법을 사용하면 각속도와 자이로 센서 측정 주기 시간을 이용해 자이로 센서가 회전한 각도를 구할 수 있습니다.

자이로 센서는 각속도를 측정합니다. 그래서 곡선 축 +X, +Y, +Z 방향을 기준으로 각속도(w)를 측정해 측정 주기 시간(Δt)과 곱해서 변화된 각을 계산할 수 있습니다. 변화 각은 다음과 같습니다.

$\Delta\theta = w \times \Delta t$ ($\Delta\theta$: 미세 회전 각도 , w : 회전 각속도 , Δt : 주기)

새로운 방향각은 이전 각에 이 변화된 각을 더해 얻어집니다. 현재 각도를 구하는 식은 다음과 같습니다.

$\theta_{now} = \theta_{prev} + w \times \Delta t$ (θ_{nou} : 현재 각도, θ_{prei} : 이전 각도)

즉, 많은 미세 변화 각($\Delta\theta$)을 누적하여 현재의 각도를 구할 수 있습니다.

우리는 뒤에서 각속도와 자이로 센서 측정 주기 시간을 이용해 드론이 회전한 각도를 구하게 되는데, 여기서 계산한 방식으로 구하게 됩니다. 따라서 이 방법을 기억하기 바랍니다.

LESSON

10

Roll 각속도와 각도 구하기

여기서는 자이로 센서 값을 이용하여 Roll의 각속도와 각도를 구해 봅니다. 뒤에서 Pitch, Yaw도 같은 방식으로 구합니다.

01 _ 자이로 값 보정하기

움직임이 없는 상태에서 자이로 센서 Y값은 이상적으로 0이 나와야 합니다. 그러나 실제로는 0에서 어느 정도 떨어진 값을 기준으로 흔들리는 값이 흘러나옵니다. 그래서 우리는 이 값의 평균값을 구한 후, 자이로 센서 Y값에서 빼 주어야 합니다. 이렇게 하면 0값을 기준으로 흔들리는 값을 구할 수 있습니다. 이것은 자이로 센서 X, Z값에도 적용됩니다.

여기서는 자이로 센서를 수평 상태로 둔 상태에서 센서에서 흘러나오는 값을 일정 횟수 더하고 나누어 평균 오차 값을 구해 자이로 값을 보정해 봅니다.

01 다음과 같이 예제를 수정합니다.

_02_gyro

```
#include <Wire.h >

void setup() {
  Serial.begin(115200);

  Wire.begin();
  Wire.setClock(400000);

  Wire.beginTransmission(0x68);
  Wire.write(0x6b);
  Wire.write(0x0);
  Wire.endTransmission(true);
}

void loop() {
  Wire.beginTransmission(0x68);
  Wire.write(0x45);
  Wire.endTransmission(false);
  Wire.requestFrom(0x68,2,true);
  int16_t GyYH = Wire.read();
  int16_t GyYL = Wire.read();
  int16_t GyY = GyYH <<8 |GyYL;

  static int32_t GyYSum =0;
  static double GyYOff =0.0;
  static int cnt_sample =1000;
  if(cnt_sample >0) {
        GyYSum += GyY;
        cnt_sample --;
        if(cnt_sample ==0) {
          GyYOff = GyYSum /1000.0;
        }
        delay(1);
        return;
  }
  double GyYD = GyY - GyYOff;

  static int cnt_loop;
  cnt_loop ++;
  if(cnt_loop%100 !=0) return;

 //  Serial.print("GyY = "); Serial.print(GyY);
  Serial.print("GyYD = "); Serial.print(GyYD);
  Serial.println();
}
```

24 : GyY의 값을 1000번 더해 저장할 변수 GyYSum을 선언한 후, 0으로 초기화합니다. static으로 선언하여 loop 함수를 빠져나가도 변수의 값이 유지되도록 합니다. 지역 변수에 static 속성을 주면 전역 변수와 같은 공간에 놓이지만 변수가 선언된 함수 내에서만 볼 수 있게 됩니다. GySum 변수는 int32_t 형으로 선언하여 32비트 공간의 크기를 갖도록 합니다.

25 : GyY의 평균값을 저장할 변수 GyYOff을 선언한 후, 0.0으로 초기화합니다. static 속성을 주어 전역 변수와 같은 공간에 놓아 그 값을 유지하도록 합니다. GyOff 변수는 double 형으로 선언하여 GyY의 평균값의 소수점 이하 부분도 저장할 수 있도록 합니다.

26 : GyY의 평균값을 구하기 위해 자이로 Y 값을 읽어올 횟수를 저장할 변수 cnt_sample 변수를 선언한 후, 1000으로 초기화합니다. 이 부분은 31줄에 있는 1000.0과 크기가 같아야 합니다.

27 : cnt_sample 값이 0보다 크면

28 : GyYSum 값에 GyY 값을 더해주고,

29 : cnt_sample 값을 하나 감소시킵니다.

30 : cnt_sample 값이 0이 되면

31 : GyYOff 값을 GyYSum/1000.0 값으로 설정합니다.

33 : 1밀리 초 지연을 줍니다.

34 : loop 함수를 빠져 나갑니다. 이 부분에 의해 GyYOff 값을 구하기 전까지는 36번째 줄 이후를 수행하지 않습니다.

36 : GyYD 실수 변수를 선언한 후, GyY에서 GyYOff값을 뺀 값을 넣어줍니다. 이렇게 하면 GyYD 변수는 0에 가까운 값을 갖게 됩니다.

42 : GyY 값을 출력하는 부분을 주석 처리합니다.

43 : GyYD 값을 출력하는 부분을 추가합니다.

02 드론을 다음과 같이 평평한 지면에 놓습니다.

스케치 업로드 시 자이로 센서가 초기화되므로 센서를 수평 상태로 초기화하기 위해 평평한 면에 놓는 것입니다.

03 컴파일과 업로드를 수행합니다.

04 [시리얼 모니터] 버튼을 클릭합니다. 시리얼 모니터 창이 뜨면, 우측 하단에서 통신 속도를 115200으로 맞춰줍니다.

05 드론을 평평한 지면에 놓은 상태로 시리얼 모니터를 확인해 봅니다.

다음은 보정 자이로 값에 대한 결과화면입니다.

```
GyYD = 19.64
GyYD = 1.64
GyYD = 24.64
GyYD = -7.36
GyYD = 10.64
GyYD = 12.64
GyYD = -6.36
GyYD = 30.64
GyYD = -9.36
GyYD = -23.36
```

보정 자이로 값이 처음보다 0에 가까운 값으로 출력되는 것을 볼 수 있습니다.

보정 자이로 값이 0에 가까운 값으로 출력되지 않으면 2~6 과정을 다시 한 번 수행합니다. 이상에서 Y축에 대한 보정 자이로 값을 구해 보았습니다.

02 _ 회전 속도 구하기

회전 각속도는 자이로 센서가 곡선 X, Y, Z 방향으로 회전 시 초당 도는 각도를 나타냅니다. 보정된 자이로 값을 131로 나누면 360도 각도 기준의 회전 각속도를 구할 수 있습니다.

회전 각속도 해석 방법에 대한 자세한 내용은 [06 자이로 센서 값 해석하기] 단원을 참고합니다.

01 다음과 같이 예제를 수정합니다.

_02_gyro

```
#include <Wire.h >

void setup() {
  Serial.begin(115200);

  Wire.begin();
  Wire.setClock(400000);

  Wire.beginTransmission(0x68);
  Wire.write(0x6b);
  Wire.write(0x0);
  Wire.endTransmission(true);
}

void loop() {
  Wire.beginTransmission(0x68);
  Wire.write(0x45);
  Wire.endTransmission(false);
  Wire.requestFrom(0x68,2,true);
  int16_t GyYH = Wire.read();
  int16_t GyYL = Wire.read();
  int16_t GyY = GyYH <<8 |GyYL;

  static int32_t GyYSum =0;
  static double GyYOff =0.0;
  static int cnt_sample =1000;
  if(cnt_sample >0) {
        GyYSum += GyY;
        cnt_sample --;
        if(cnt_sample ==0) {
          GyYOff = GyYSum /1000.0;
        }
```

```
33             delay(1);
34             return;
35         }
36         double GyYD = GyY - GyYOff;
37         double GyYR = GyYD /131;
38 
39         static int cnt_loop;
40         cnt_loop ++;
41         if(cnt_loop%100 !=0) return;
42 
43        //  Serial.print("GyY = "); Serial.print(GyY);
44        //  Serial.print("GyYD = "); Serial.print(GyYD);
45         Serial.print("GyYR = "); Serial.print(GyYR);
46         Serial.println();
47       }
```

37 : 보정 자이로 Y 값을 131로 나누어 Y에 대한 각속도를 구해 GyYR 변수에 넣습니다. 131은 자이로 센서가 1도/s로 회전 시에 읽히는 값입니다.

44 : GyYD 값을 출력하는 부분을 주석 처리합니다.

45 : GyYR 값을 출력하는 부분을 추가합니다.

02 드론을 다음과 같이 평평한 지면에 놓습니다.

스케치 업로드 시 자이로 센서가 초기화되므로 센서를 수평 상태로 초기화하기 위해 평평한 면에 놓는 것입니다.

03 컴파일과 업로드를 수행합니다.

04 업로드가 완료되면, [시리얼 모니터] 버튼을 클릭합니다. 시리얼 모니터 창이 뜨면, 우측 하단에서 통신 속도를 115200으로 맞춰줍니다.

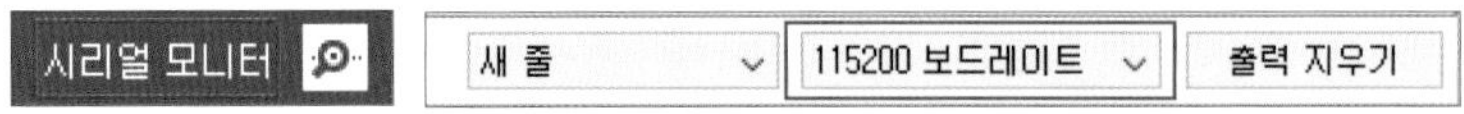

05 드론을 평평한 지면에 놓은 상태로 시리얼 모니터를 확인해 봅니다.

다음 그림을 기준으로 드론을 회전 시키면서 테스트합니다.

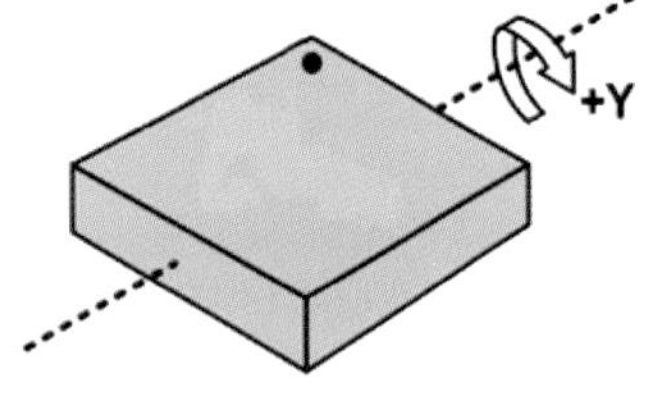

다음은 드론을 평평한 지면에 둔 상태로 출력한 결과화면입니다. 약간의 흔들림은 있습니다.

```
GyYR = -0.18
GyYR = -0.24
GyYR = 0.17
GyYR = -0.05
GyYR = 0.08
GyYR = -0.26
GyYR = -0.14
GyYR = 0.07
GyYR = -0.00
GyYR = 0.10
```

각속도 값이 0에 가까운 값으로 출력되지 않으면 3~6 과정을 다시 한 번 수행합니다.

다음은 드론을 회전시키면서 출력한 결과화면입니다.

```
GyYR = 115.81
GyYR = 99.09
GyYR = 58.98
GyYR = 4.27
GyYR = -1.00
GyYR = -6.95
GyYR = -18.31
GyYR = -22.79
GyYR = -38.38
GyYR = -66.64
```

회전 각속도를 표시하고 있습니다. 첫 번째 줄의 경우 Roll은 115.81도/초의 각속도로 회전합니다.

03 _ 주기 시간 계산하기

자이로 센서를 이용하여 회전 각도를 구할 경우엔 다음과 같이 회전 각속도에 주기 시간을 곱해 회전 각도를 구하게 됩니다.

$\Delta\theta = w \times \Delta t$ ($\Delta\theta$: 미세 회전 각도 , w : 회전 각속도 , Δt : 주기)

이 과정에서 시간 간격(Δt)에 대한 정보가 필요합니다.

여기서는 주기 시간을 구해 봅니다.

01 다음과 같이 예제를 수정합니다.

_02_gyro

```
#include <Wire.h >

void setup() {
  Serial.begin(115200);

  Wire.begin();
  Wire.setClock(400000);

  Wire.beginTransmission(0x68);
  Wire.write(0x6b);
  Wire.write(0x0);
  Wire.endTransmission(true);
}

void loop() {
  Wire.beginTransmission(0x68);
  Wire.write(0x45);
  Wire.endTransmission(false);
  Wire.requestFrom(0x68,2,true);
  int16_t GyYH = Wire.read();
  int16_t GyYL = Wire.read();
  int16_t GyY = GyYH <<8 |GyYL;

  static int32_t GyYSum =0;
  static double GyYOff =0.0;
  static int cnt_sample =1000;
  if(cnt_sample >0) {
        GyYSum += GyY;
        cnt_sample --;
        if(cnt_sample ==0) {
          GyYOff = GyYSum /1000.0;
        }
        delay(1);
        return;
  }
  double GyYD = GyY - GyYOff;
  double GyYR = GyYD /131;

  double dt;
  static unsigned long t_prev =0;
  unsigned long t_now = micros();
  double dt = (t_now - t_prev)/1000000.0;
  t_prev = t_now;

  static int cnt_loop;
  cnt_loop ++;
```

```
47        if(cnt_loop%100 !=0) return;
48
49       //  Serial.print("GyY = "); Serial.print(GyY);
50       //  Serial.print("GyYD = "); Serial.print(GyYD);
51       //  Serial.print("GyYR = "); Serial.print(GyYR);
52        Serial.print("dt = "); Serial.print(dt, 6);
53        Serial.println();
54      }
```

39 : 자이로 센서를 읽는 시간 간격을 저장할 변수 dt를 double(실수형)로 선언합니다.

40 : t_prev 변수를 선언하여 바로 전에 자이로를 읽은 시간을 저장합니다.

41 : micros 함수를 호출해 센서 값을 측정한 현재 시간을 t_now 변수에 저장합니다.

42 : t_now에서 t_prev 값을 뺀 후, 1000000.0으로 나누어 초 단위로 변환한 후, dt 값에 저장합니다.

43 : t_prev 변수를 현재 시간으로 수정해 줍니다.

51 : GyYR 값을 출력하는 부분을 주석 처리합니다.

45 : dt 값을 출력하는 부분을 추가합니다.

02 컴파일과 업로드를 수행합니다.

03 업로드가 완료되면, [시리얼 모니터] 버튼을 클릭합니다.

04 시리얼 모니터 창을 이용해 결과를 확인합니다.

다음은 주기 시간에 대한 결과화면입니다.

```
dt = 0.000192
dt = 0.000192
dt = 0.000192
dt = 0.000188
dt = 0.000192
dt = 0.000192
dt = 0.000192
dt = 0.000192
dt = 0.000192
dt = 0.000196
```

현재 상태에서 주기 시간은 약 0.000192초, 즉, 0.192ms가 됩니다.

04 _ 회전 각도 구하기

다음 식은 회전 각속도 값을 이용하여 회전 각도를 구하는 식입니다.

$\Delta\theta = w \times \Delta t$ ($\Delta\theta$: 미세 회전 각도 , w : 회전 각속도 , Δt : 주기)

$\theta_{now} = \theta_{prev} + w \times \Delta t$ (θ_{nou} : 현재 각도, θ_{prev} : 이전 각도)

여기서는 회전 각속도와 바로 전에 구한 주기 값을 이용하여 회전 각도를 구해 봅니다.

01 다음과 같이 예제를 수정합니다.

_02_gyro

```
#include <Wire.h >

void setup() {
  Serial.begin(115200);

  Wire.begin();
  Wire.setClock(400000);

  Wire.beginTransmission(0x68);
  Wire.write(0x6b);
  Wire.write(0x0);
  Wire.endTransmission(true);
}

void loop() {
  Wire.beginTransmission(0x68);
  Wire.write(0x45);
  Wire.endTransmission(false);
  Wire.requestFrom(0x68,2,true);
  int16_t GyYH = Wire.read();
  int16_t GyYL = Wire.read();
  int16_t GyY = GyYH <<8 |GyYL;

  static int32_t GyYSum =0;
  static double GyYOff =0.0;
  static int cnt_sample =1000;
  if(cnt_sample >0) {
        GyYSum += GyY;
        cnt_sample --;
        if(cnt_sample ==0) {
```

```
31                  GyYOff = GyYSum /1000.0;
32                }
33                delay(1);
34                return;
35         }
36         double GyYD = GyY - GyYOff;
37         double GyYR = GyYD /131;
38 
39         double dt;
40         static unsigned long t_prev =0;
41         unsigned long t_now = micros();
42         dt = (t_now - t_prev)/1000000.0;
43         t_prev = t_now;
44 
45         static double AngleY =0.0;
46         AngleY += GyYR *dt;
47 
48         static int cnt_loop;
49         cnt_loop ++;
50         if(cnt_loop%100 !=0) return;
51 
52        //  Serial.print("GyY = "); Serial.print(GyY);
53        //  Serial.print("GyYD = "); Serial.print(GyYD);
54        //  Serial.print("GyYR = "); Serial.print(GyYR);
55        //  Serial.print("dt = "); Serial.print(dt, 6);
56         Serial.print("AngleY = "); Serial.print(AngleY);
57         Serial.println();
58       }
```

45 : 자이로 센서 Y 축에 대한 각도를 저장할 변수 AngleY를 선언한 후, 0.0으로 초기화합니다.

46 : Y 축에 대한 현재 각속도에 주기 시간을 곱해 AngleY 변수에 누적해 주고 있습니다. 다음 식을 구현하고 있습니다.

$\theta_{now} = \theta_{prev} + w \times \Delta t$ (θ_{nou} : 현재 각도, θ_{prev} : 이전 각도)

55 : dt 값을 출력하는 부분을 주석 처리합니다.

56 : AngleY 값을 출력하는 부분을 추가합니다.

02 드론을 다음과 같이 평평한 지면에 놓습니다.

스케치 업로드 시 자이로 센서가 초기화되므로 센서를 수평 상태로 초기화하기 위해 평평한 면에 놓는 것입니다.

03 컴파일과 업로드를 수행합니다.

04 업로드가 완료되면, [시리얼 모니터] 버튼을 클릭합니다. 시리얼 모니터 창이 뜨면, 우측 하단에서 통신 속도를 115200으로 맞춰줍니다.

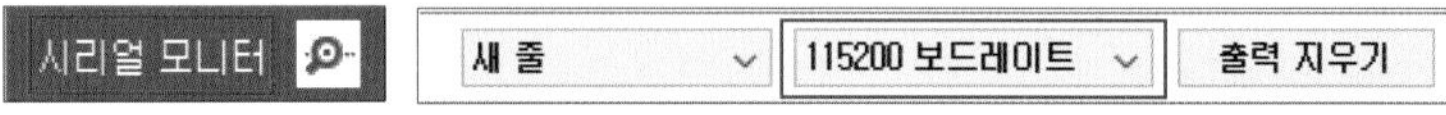

05 드론을 평평한 지면에 놓은 상태로 시리얼 모니터를 확인해 봅니다.

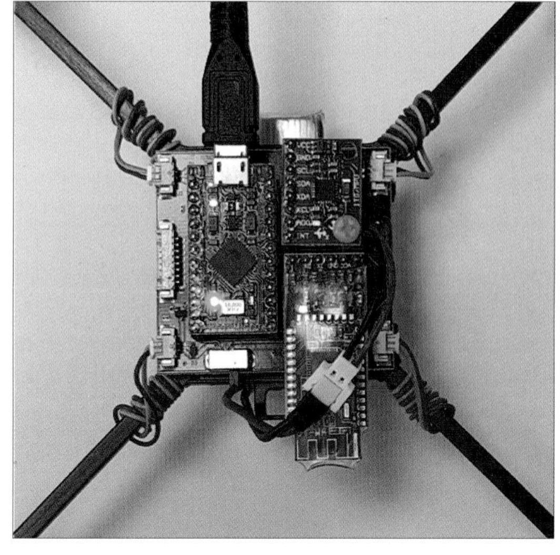

다음 그림을 기준으로 드론을 천천히 회전 시키면서 테스트합니다.

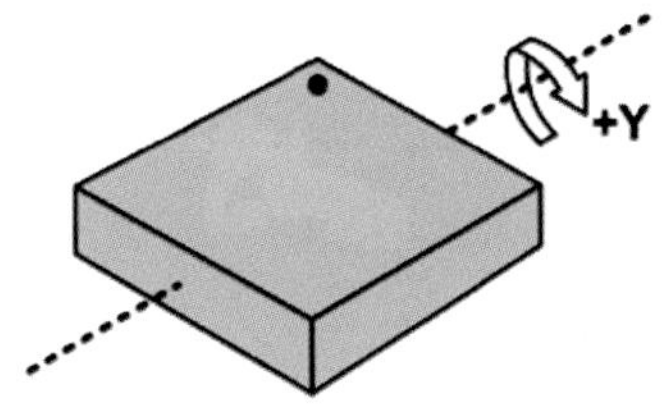

다음은 드론을 평평한 지면에 둔 상태로 출력한 결과화면입니다. Roll의 각도가 0도에 가깝게 출력되고 있습니다.

```
AngleY = -0.04
AngleY = -0.04
AngleY = -0.04
AngleY = -0.04
AngleY = -0.04
AngleY = -0.04
AngleY = -0.04
AngleY = -0.04
AngleY = -0.04
AngleY = -0.04
```

각도 값이 0에 가까운 값으로 출력되지 않으면 3~6 과정을 다시 수행합니다.

다음은 드론을 오른쪽으로 기울인 상태의 출력화면입니다. 30.5도 정도 기울어진 상태입니다.

```
AngleY = 30.47
AngleY = 30.44
AngleY = 30.45
AngleY = 30.47
AngleY = 30.49
AngleY = 30.51
AngleY = 30.51
AngleY = 30.48
AngleY = 30.45
AngleY = 30.43
```

각도가 정확하지 않으면 3~6 과정을 다시 수행합니다.

이상에서 Y축에 대해 드론이 기울어진 각도를 구해 보았습니다.

※ 실제로 자이로 센서로 각도를 측정할 경우엔 미세 각도를 누적하는 과정에서 오차가 누적되어 시간이 어느 정도 흐르면 오차가 커지게 됩니다. 그러나 자이로 센서를 이용하여 드론이 중심을 잡고 비행하는 데는 크게 문제가 되지 않습니다. 정말 그런지에 대해서는 뒤에서 드론을 띄워보며 살펴보도록 합니다.

Arduinodrone

이번 장에서는 드론이 좌우로 기울어진 각도에 따라 좌우 모터의 속도를 조절하여 드론의 균형을 잡는 방법을 살펴본 후, 실제 드론에 적용하여 드론을 날려 봅니다. 거기에 더하여 드론의 회전 속도인 각속도를 적용하여 드론을 좀 더 안정적으로 날려 봅니다.

CHAPTER

03 아두이노 드론 균형 잡기

LESSON

01

드론 균형 잡기 원리 1 : 각도

이전 단원에서 우리는 MPU6050 자이로 센서를 이용하여 Roll에 대한 각도 값을 얻을 수 있었습니다. 또 Roll에 대한 회전 속도 값도 얻을 수 있었습니다.

그러면 드론이 오른쪽으로 기운 상태에서 수평 상태로 돌아가려면 어떻게 해야 할까요? 또 드론이 뒤로 기운 상태에서 수평 상태로 돌아가려면 어떻게 해야 할까요?

드론이 오른쪽으로 기운 상태라면 오른쪽에 있는 B, C 날개의 모터를 강하게, 왼쪽에 있는 A, D 날개의 모터는 약하게 회전시켜야 합니다. 또 드론이 뒤로 기운 상태라면 앞쪽에 있는 A, B 날개의 모터를 약하게, 뒤쪽에 있는 C, D 날개의 모터를 강하게 회전시켜야 합니다.

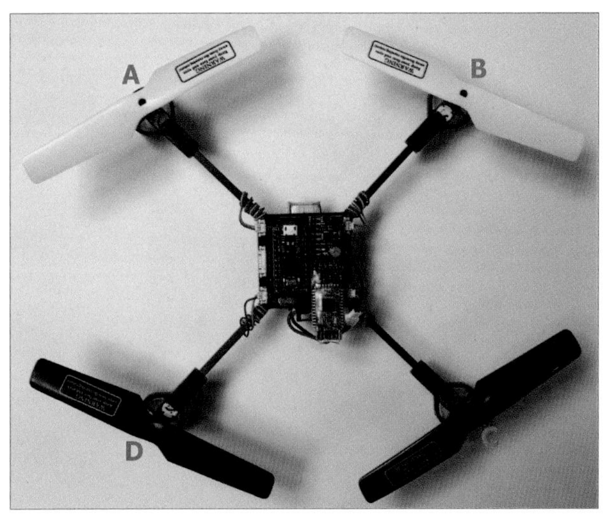

여기서는 드론의 Roll에 대한 각도 값, 각속도 값을 이용하여 드론이 균형을 잡기 위해 필요한 힘을 계산하는 방법을 소개합니다. 또 균형을 위한 힘 값을 A, B, C, D 모터의 속도로 분배하는 방법도 소개합니다.

01 _ 드론 균형 잡기 원리 이해 : 각도

드론이 기운 상태에서 균형을 잡기위해서는 어떻게 해야 할까요?

앞의 그림은 balancing board라고 하는 운동기구입니다. 우리말로는 균형 판이라고 할 수 있습니다. 드론의 균형을 잡는 것은 균형 판 위에서 중심을 잡는 원리와 같습니다.

균형 판 위에서 중심을 잡는 원리를 통해 드론의 균형을 잡는 원리를 살펴보겠습니다.

다음 그림을 살펴봅니다.

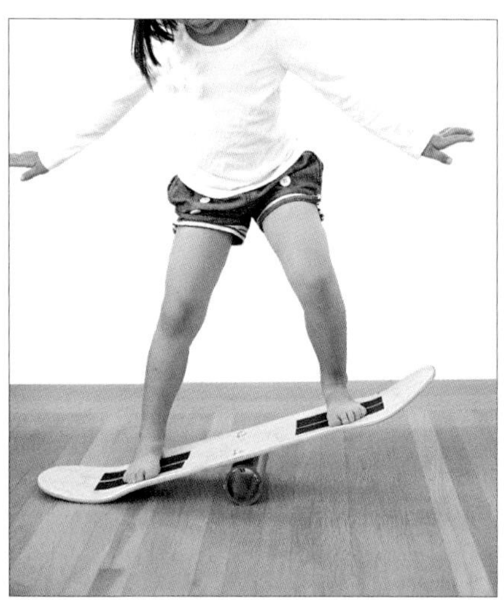

현재 아이는 균형 판 위에서 중심을 잡으려고 합니다. 균형 판은 아이를 기준으로 오른쪽으로 30도 기울어져 있습니다.

균형을 잡기 위해서 아이는 어떻게 해야 할까요? 아이는 왼쪽으로 몸을 기울이면서 30도를 보정하기 위한 힘을 주어야 합니다.

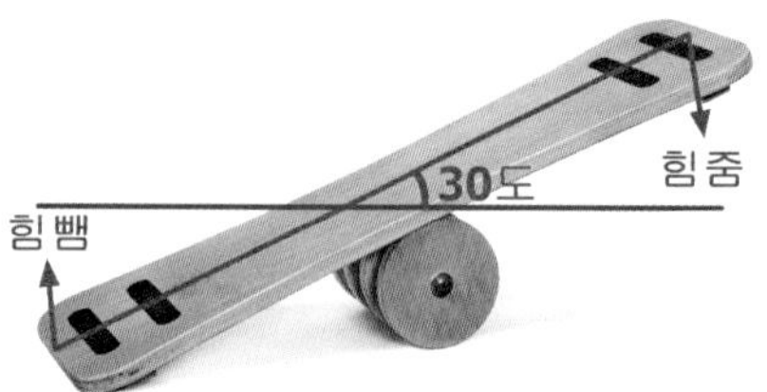

그러면 균형 판은 왼쪽으로 기웁니다. 이번엔 왼쪽으로 30도 기울어지게 됩니다. 오른쪽으로 기운 각도를 +30도라고 하면 왼쪽으로 기운 각도는 -30도가 됩니다.

아이는 다시 오른쪽으로 몸을 기울이면서 -30도 보정 힘을 줍니다. 그러면 균형 판은 오른쪽으로 기웁니다.

이러한 동작을 반복하면 균형 판은 좌우로 기울기를 반복합니다.
이 동작을 수식으로 표현하면 다음과 같습니다.

$$y = a \times (-\theta)$$

- θ : 기운 각도
- − : 각도 보정
- a : 증폭 값
- y : 각도 보정 힘

예를 들어, θ = 30도, a = 1이라면 y = 1 x (-30) = -30이 됩니다. 즉, 30도를 보정하기 위해 -30의 힘을 주어야 합니다. 즉, 기울어진 방향의 반대 방향(-)으로 30의 힘을 주어야 합니다.
여기서 증폭 값 a는 왜 필요할까요?
어른이 균형 판에서 균형을 잡는 경우를 생각해 봅니다.

어른의 경우에는 15의 힘만 주어도 균형 판이 움직일 것입니다. 이 경우 증폭 값 a는 0.5가 됩니다.

또 균형 판이 크고 무겁다면 아이는 힘을 더 주어야 합니다. 이 경우 증폭 값은 더 커져야 합니다.

드론의 경우도 종류에 따라 본체의 크기와 무게, 모터의 성능이 달라질 수 있으며 기울어진 각도가 같더라도 서로 다른 힘으로 기울어진 각도를 보정해야 합니다. 이 때, 증폭 값이 그 역할을 합니다.

기울어진 각도를 이용하여 균형 판의 균형을 잡기 위한 힘 값을 계산하는 알고리즘은 다음과 같습니다.

angle_error = target_angle - current_angle
balancing_force = amplifier_ae * angle_error

- angle_error : 각도 오차
- target_angle : 목표 각도
- current_angle : 현재 각도
- balancing_force : 균형 힘(=각도 보정 힘)
- amplifier_ae : 증폭 값

균형을 잡기 위한 목표 각도는 0도입니다.

목표 각도가 0도, 현재 각도가 30도, 증폭 값이 1인 경우

angle_error = 0 − 30 = −30

balancing_force = 1 * (−30) = −30

이 됩니다.

이 방식이 드론의 균형을 잡기위해 적용해야할 첫 번째 방법입니다. 드론에 이 방법을 적용해서 띄우면 드론은 좌우로 기울기를 반복합니다. 증폭 값에 따라 기울기 횟수가 달라집니다. 즉, 증폭 값 값이 작으면 기울기 횟수가 줄어들고 증폭 값이 크면 기울기 횟수가 늘어납니다. 증폭 값이 아주 작으면 기울기 동작이 발생하지 않으며 증폭 값이 아주 클 경우 드론은 뒤집어지게 됩니다.

02 _ PID 시뮬레이션 : 각도

이 상황을 PID 시뮬레이션을 이용하여 좀 더 구체적으로 살펴보겠습니다. PID 시뮬레이션은 앞에서 얻은 식을 이용하여 균형 판과 드론의 동작을 그래프로 나타내는 방법입니다. 그래프를 통해 균형 판과 드론의 동작을 좀 더 구체적으로 살펴볼 수 있습니다.

01 먼저 다음과 같이 [pid simulation]을 검색합니다.

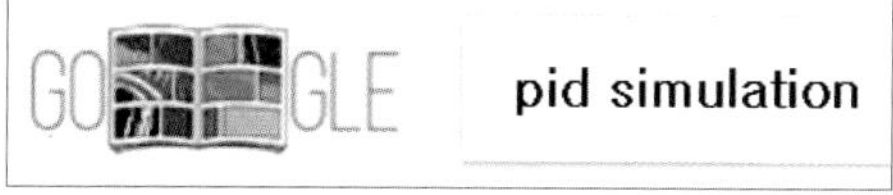

02 다음 링크를 찾아 클릭합니다. 이 사이트는 [미국의 카네기 멜론 대학교의 컴퓨터 과학과]에서 제공하는 파일입니다.

[XLS] PID Control Simulation
https://www.cs.cmu.edu/afs/cs/academic/class/15883.../pid.xls ▾ 이 페이지 번역하기

03 다음과 같이 [pid.xls] 파일을 다운로드 받습니다. 이 파일은 엑셀 파일입니다.

※ [pid.xls] 파일을 인터넷에서 찾을 수 없다면 해당 파일을 본 책의 소스와 함께 첨부해 놓았으니 그 파일을 이용하도록 합니다.

04 파일을 마우스 클릭하여 엽니다. 그러면 다음과 같이 파일이 열립니다.

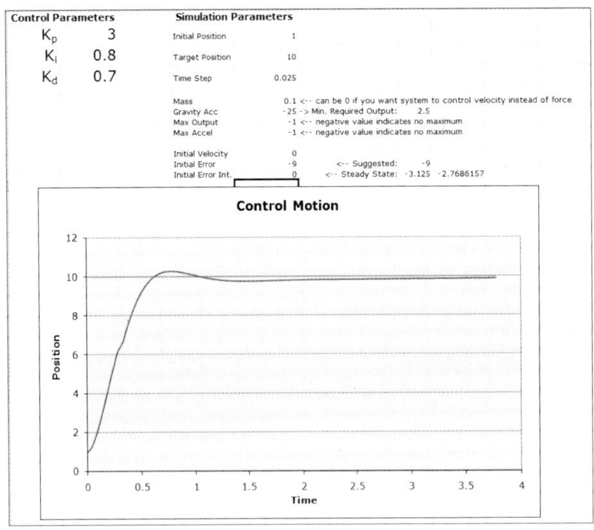

※ 이 파일을 열기 위해서는 액셀 프로그램이 필요합니다.

Kp, Ki, Kd는 제어를 위한 매개변수입니다. Kp는 바로 전에 살펴본 증폭 값 a의 역할을 합니다. Ki, Kd도 증폭 값으로 뒤에서 살펴봅니다. 여기서는 Kp 값을 바꿔가며 드론의 동작을 이해해 봅니다. Initial Position, Target Positon는 그래프의 위치 축(Position)을 나타내며 초기 위치, 목표 위치를 나타냅니다. 여기서는 각각 1과 10으로 설정되어 있습니다. 초기위치와 목표 위치는 균형판의 한쪽 끝의 위치로 생각합니다. 또 드론의 한 쪽 끝의 위치로 생각합니다. Time Step 변수는 그래프의 시간 축(Time)의 단위가 됩니다. 여기서는 0.025로 설정되어 있습니다. Mass는 질량을 고려하기 위한 값이며, Gravity Acc는 중력을 고려하기 위한 값입니다.

05 다음과 같이 Kp 값을 1로 설정합니다. Kp는 바로 전에 살펴본 증폭 값 a의 역할을 합니다.

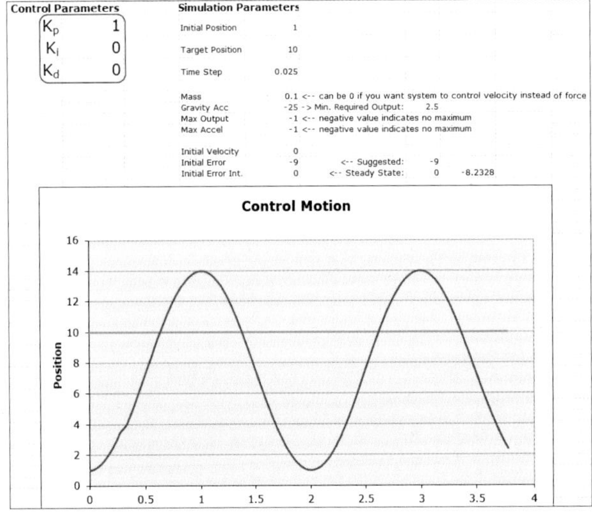

일단 그래프는 진동을 합니다. 그래프의 궤적은 시간에 따른 균형 판의 한쪽 끝의 위치를 나타냅니다. 위치 값이 시간에 따라 1과 14 사이를 왔다 갔다 합니다. 최대 위치 값이 19까지 올라가지 못하는 이유는 질량과 중력의 영향을 고려했기 때문입니다. 예를 들어, Gravity Acc 값을 –1로 설정하면 그래프의 최대 위치 값이 19에 가까워집니다.

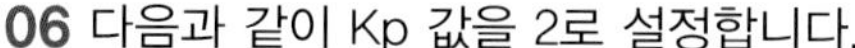

06 다음과 같이 Kp 값을 2로 설정합니다.

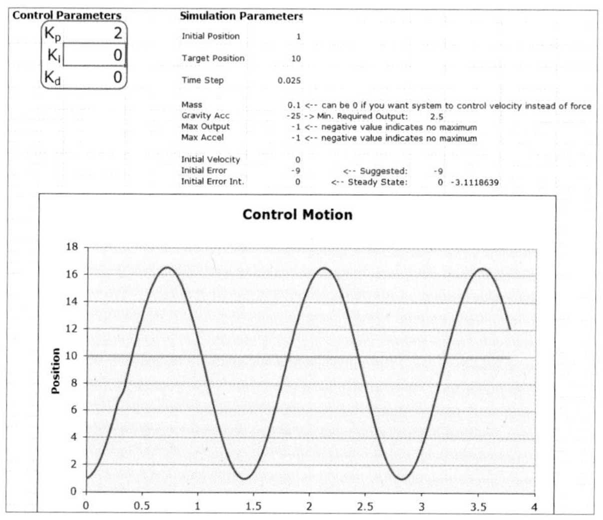

먼저 그래프의 진동 횟수가 늘어난 것을 볼 수 있습니다. 또 그래프의 최대 위치 값이 증가한 것을 볼 수 있습니다. 14에서 17에 가까운 값으로 증가한 것을 볼 수 있습니다.

07 다음과 같이 Kp 값을 4로 설정합니다.

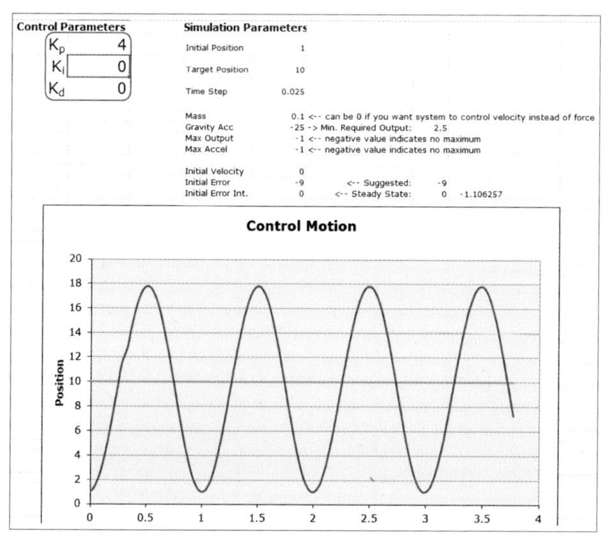

그래프의 진동 횟수가 이전보다 더 늘어난 것을 볼 수 있습니다. 그래프의 최대 위치 값도 18에 가까운 값으로 증가한 것을 볼 수 있습니다.

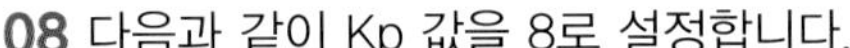

08 다음과 같이 Kp 값을 8로 설정합니다.

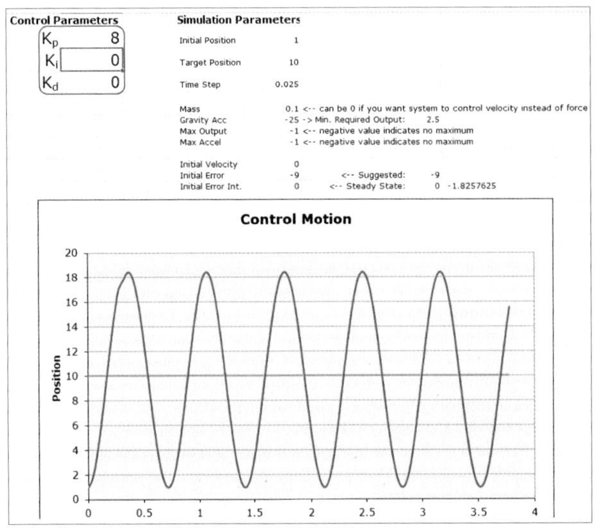

그래프의 진동 횟수가 이전보다 더 늘어난 것을 볼 수 있습니다. 그래프의 최대 위치 값도 19에 가까운 값으로 증가한 것을 볼 수 있습니다.

09 이번엔 Kp 값을 1보다 작은 값으로 줄여보도록 합니다. 먼저 Kp 값을 0.8로 설정합니다.

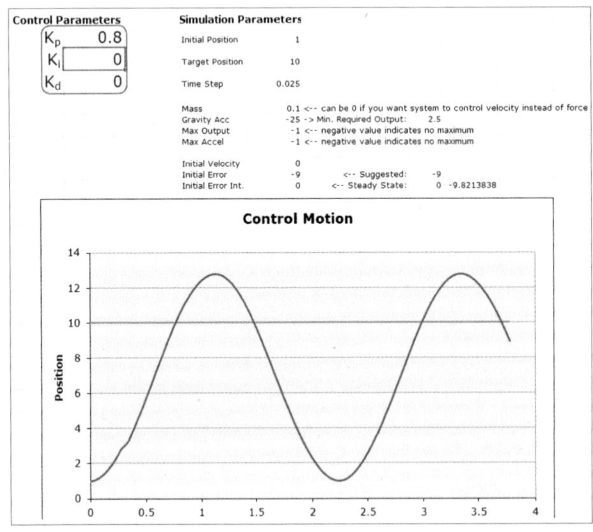

그래프의 진동 횟수가 Kp 값이 1일 때보다 줄어든 것을 볼 수 있습니다. 그래프의 최대 위치 값도 13에 가까운 값으로 감소한 것을 볼 수 있습니다.

10 Kp 값을 더 줄여보도록 합니다. Kp 값을 0.6으로 설정합니다.

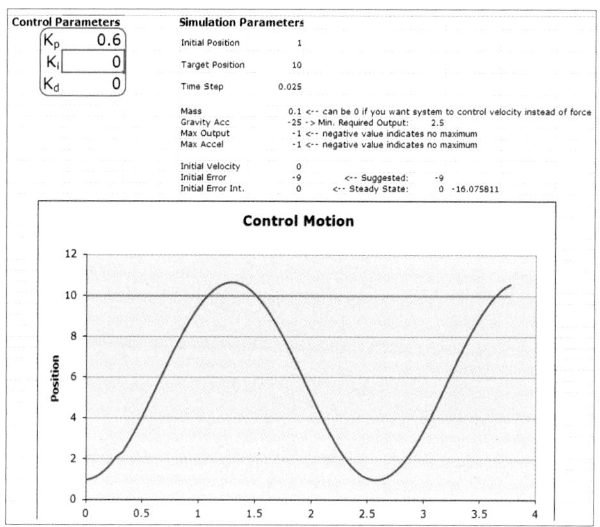

그래프의 진동 횟수가 이전보다 더 줄어든 것을 볼 수 있습니다. 그래프의 최대 위치 값도 10에 가까운 값으로 감소한 것을 볼 수 있습니다. 균형판과 드론의 한쪽 끝이 겨우 목표 위치에 도달하는 것을 나타냅니다.

11 Kp 값을 더 줄여보도록 합니다. Kp 값을 0.4로 설정합니다.

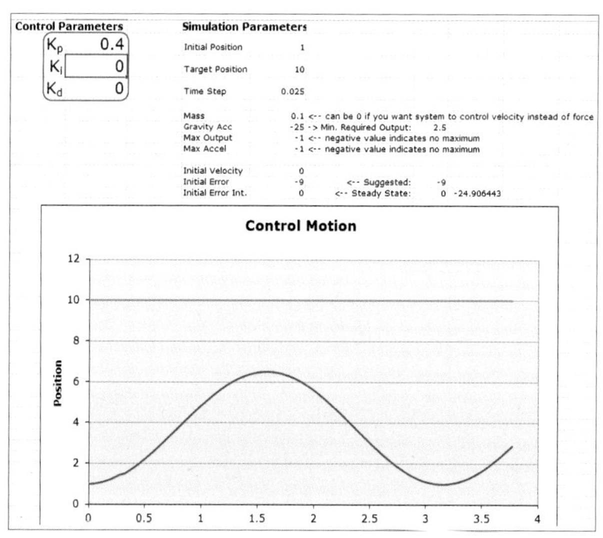

그래프의 진동 횟수가 이전보다 더 줄어든 것을 볼 수 있습니다. 그래프의 최대 위치 값도 7에 가까운 값으로 목표 위치에 도달하지 못합니다. 이것은 균형판과 드론의 한 쪽 끝이 균형점에 도달하지 못하는 상황을 나타냅니다.

PID 시뮬레이션을 통해 증폭 값 a에 의한 균형판과 드론의 동작을 살펴보았습니다.

03 _ 좌우 균형 값 찾기 : Roll

여기서는 다음 식을 이용하여 드론의 좌우 균형을 잡기 위한 힘 값을 계산하는 루틴을 추가해 봅니다.

angle_error = target_angle - current_angle
balancing_force = amplifier_ae * angle_error

드론의 경우 pitch, roll, yaw 3 방향에 대해 이 알고리즘을 적용해야 합니다. 여기서는 roll에 대해 적용해 보고 뒤에서 pitch, yaw에 대해서도 적용해 봅니다.

01 다음과 같이 예제를 수정합니다.

_02_gyro

```
#include <Wire.h >

void setup() {
  Serial.begin(115200);

  Wire.begin();
  Wire.setClock(400000);

  Wire.beginTransmission(0x68);
  Wire.write(0x6b);
  Wire.write(0x0);
  Wire.endTransmission(true);
}

void loop() {
  Wire.beginTransmission(0x68);
  Wire.write(0x45);
  Wire.endTransmission(false);
  Wire.requestFrom(0x68,2,true);
  int16_t GyYH = Wire.read();
  int16_t GyYL = Wire.read();
  int16_t GyY = GyYH <<8 |GyYL;

```

```
24        static int32_t GyYSum =0;
25        static double GyYOff =0.0;
26        static int cnt_sample =1000;
27        if(cnt_sample >0) {
28              GyYSum += GyY;
29              cnt_sample --;
30              if(cnt_sample ==0) {
31                GyYOff = GyYSum /1000.0;
32              }
33              delay(1);
34              return;
35        }
36        double GyYD = GyY - GyYOff;
37        double GyYR = GyYD /131;
38
39        static unsigned long t_prev =0;
40        unsigned long t_now = micros();
41        double dt = (t_now - t_prev)/1000000.0;
42        t_prev = t_now;
43
44        static double AngleY =0.0;
45        AngleY += GyYR *dt;
46
47        static double tAngleY =0.0;
48        double eAngleY = tAngleY - AngleY;
49        double Kp =1.0;
50        double BalY = Kp *eAngleY;
50
52        static int cnt_loop;
53        cnt_loop ++;
54        if(cnt_loop%100 !=0) return;
55
56       //  Serial.print("GyY = "); Serial.print(GyY);
57       //  Serial.print("GyYD = "); Serial.print(GyYD);
58       //  Serial.print("GyYR = "); Serial.print(GyYR);
59       //  Serial.print("dt = "); Serial.print(dt, 6);
60        Serial.print("AngleY = "); Serial.print(AngleY);
61        Serial.print(" | BalY = "); Serial.print(BalY);
62        Serial.println();
63     }
```

47 : 자이로 센서 Y 축에 대한 목표 각도를 저장할 변수 tAngleY를 선언한 후, 0.0으로 초기화합니다.

48 : 목표 각도(tAngleY)에서 현재 각도(AngleY)를 빼 현재 각도 오차를 구해 eAngleY에 저장합니다.

49 : 증폭 값을 저장할 Kp 변수를 선언한 후, 1.0으로 초기화합니다.

50 : roll의 각도 오차에(eAngleY) 증폭 값 Kp를 곱해 좌우 균형을 잡기 위한 힘을 구합니다. 힘이 더 필요한 경우엔 Kp 값을 1보다 크게 해 주면 됩니다. 힘이 너무 센 경우에는 Kp 값을 1보다 작게 해 주면 됩니다. 여기서는 일단 1 값으로 테스트를 수행합니다.

60 : 각도 값을 출력하는 부분은 그대로 둡니다.

61 : BalY 값을 출력하는 부분을 추가합니다.

02 드론을 다음과 같이 평평한 지면에 놓습니다.

스케치 업로드 시 자이로 센서가 초기화되므로 센서를 수평 상태로 초기화하기 위해 평평한 면에 놓는 것입니다.

03 컴파일과 업로드를 수행합니다.

04 업로드가 완료되면, [시리얼 모니터] 버튼을 클릭합니다. 시리얼 모니터 창이 뜨면, 우측 하단에서 통신 속도를 115200으로 맞춰줍니다.

05 드론을 평평한 지면에 놓은 상태로 시리얼 모니터를 확인해 봅니다.

다음 그림을 기준으로 드론을 천천히 회전 시키면서 테스트합니다.

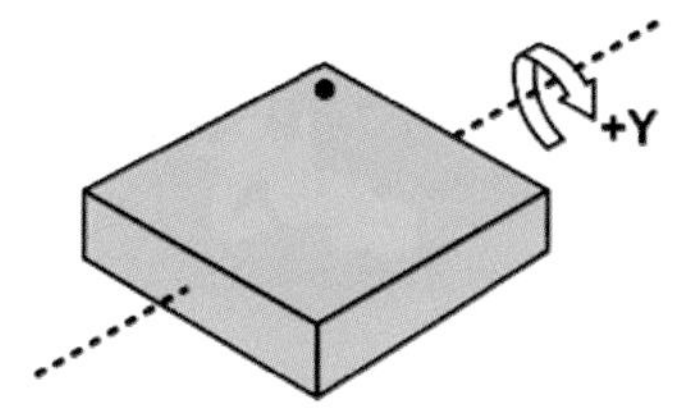

BalY의 값이 AngleY 값과 크기는 같고 부호는 반대인 것을 확인합니다. 즉, 현재는 기울어진 각도에 따라 같은 크기의 값이 부호가 바뀌어 출력됩니다. 이 출력이 모터로 연결됩니다.

```
AngleY = 20.82 | BalY = -20.82
AngleY = 20.84 | BalY = -20.84
AngleY = 20.83 | BalY = -20.83
AngleY = 20.78 | BalY = -20.78
AngleY = 20.72 | BalY = -20.72
AngleY = 20.75 | BalY = -20.75
AngleY = 20.81 | BalY = -20.81
AngleY = 20.83 | BalY = -20.83
AngleY = 20.83 | BalY = -20.83
AngleY = 20.79 | BalY = -20.79
```

※ roll에 대해 표류가 발생하는 것을 볼 수 있습니다. pitch, yaw에 대해서도 마찬가지로 표류가 발생합니다. 표류의 경우 뒤에서 드론을 날릴 때 보정해주게 됩니다. 실제 드론의 중심을 잡는 데는 크게 문제가 되지는 않습니다.

04 _ 모터 속도 계산하기 : Roll

여기서는 앞에서 얻은 Roll의 균형 값을 이용하여 드론이 기울어진 방향에 따라 모터 A, B, C, D의 속도를 계산하는 방법을 알아봅니다. Pitch, Yaw에 대해서는 뒤에서 살펴봅니다.
먼저 다음 그림을 살펴봅니다.

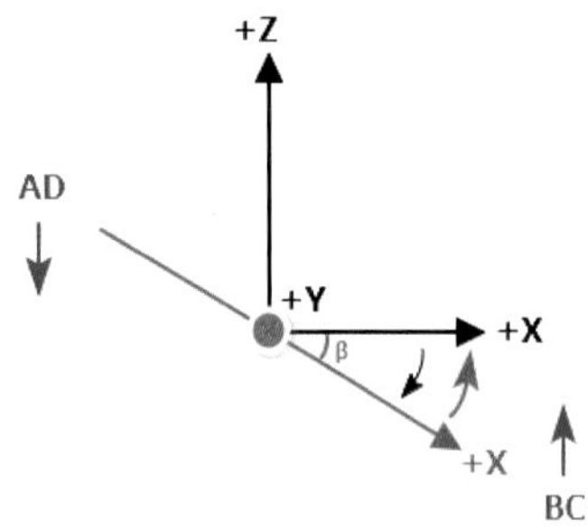

그림에서 +Y 축은 지면 방향으로 들어가는 방향입니다. 현재 우리는 드론을 뒤에서 보고 있습니다. 그러면 +Y 축을 중심으로 반시계 방향으로 각도 β 만큼 회전한 후, 원래 위치로 돌아오려고 할 경우에 모터 A, B, C, D의 속도를 생각해 보겠습니다.

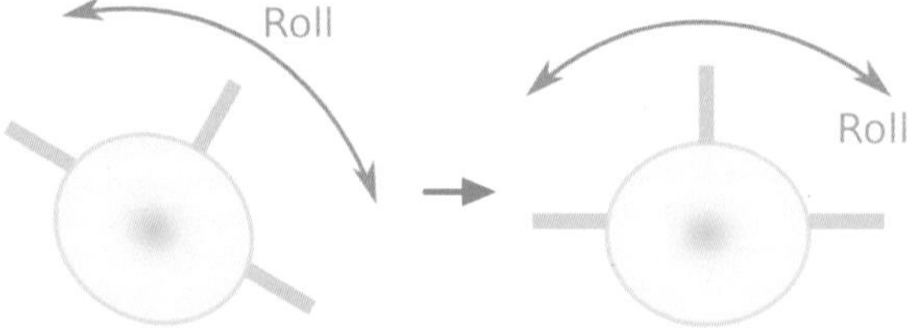

이 경우 각도 β와 모터 속도 A, B, C, D의 관계는 다음과 같습니다.

$\beta > 0$ 이면 $AD\downarrow\ BC\uparrow$

각도 β가 양수가 되면 모터 A, D의 속도는 감소해야 하고, 모터 B, C의 속도는 증가해야 합니다.
그리고 각도 β가 양수가 되면 Roll의 균형 힘 값은 음수가 됩니다.

$\beta > 0$ 이면 $ROLL_{balancing} < 0$

이에 대한 내용은 [Roll 각도 읽어보기]에서 살펴보았습니다.
따라서 Roll의 균형 힘 값과 모터의 속도와의 관계는 다음과 같습니다.

$ROLL_{balancing} < 0$ 이면 $AD\downarrow\ BC\uparrow$

즉, Roll의 균형 힘 값이 음수가 되면, 모터 A, D의 속도는 감소해야 하고, 모터 B, C의 속도는 증가해야 합니다. 이는 반대로 다음과 같이 생각할 수 있습니다.

$ROLL_{balancing} > 0$ 이면 $AD\uparrow\ BC\downarrow$

모터 A, B, C, D의 속도와 Roll의 균형 힘 값과의 관계는 다음과 같습니다.

$A\uparrow\ ROLL_{balancing} > 0$
$B\uparrow\ ROLL_{balancing} < 0$
$C\uparrow\ ROLL_{balancing} < 0$
$D\uparrow\ ROLL_{balancing} > 0$

쓰로틀의 경우 모터 A, B, C, D에 공통으로 적용됩니다.
다음은 아두이노 드론에서 roll의 균형 힘 값에 따른 A, B, C, D 모터 속도 알고리즘을 나타냅니다.

```
motorA_speed = throttle + roll_balancing
motorB_speed = throttle - roll_balancing
motorC_speed = throttle - roll_balancing
motorD_speed = throttle + roll_balancing
```

이상에서 Roll의 균형 힘 값과 모터 A, B, C, D의 속도와의 관계를 살펴보았습니다.

05 _ 모터 속도 계산 구현하기 : Roll

여기서는 앞에서 얻은 Roll의 출력 값을 이용하여 드론이 기울어진 방향에 따라 4 모터에 대해 속도를 분배하는 루틴을 추가하도록 합니다. 아직 드론을 날리지는 않습니다.

01 다음과 같이 예제를 수정합니다.

_02_gyro

```
#include <Wire.h >

void setup() {
  Serial.begin(115200);

  Wire.begin();
  Wire.setClock(400000);

  Wire.beginTransmission(0x68);
  Wire.write(0x6b);
  Wire.write(0x0);
  Wire.endTransmission(true);
}

int throttle =100;
void loop() {
  Wire.beginTransmission(0x68);
  Wire.write(0x45);
  Wire.endTransmission(false);
  Wire.requestFrom(0x68,2,true);
  int16_t GyYH = Wire.read();
  int16_t GyYL = Wire.read();
  int16_t GyY = GyYH <<8 |GyYL;

  static int32_t GyYSum =0;
  static double GyYOff =0.0;
  static int cnt_sample =1000;
  if(cnt_sample >0) {
        GyYSum += GyY;
        cnt_sample --;
        if(cnt_sample ==0) {
          GyYOff = GyYSum /1000.0;
        }
        delay(1);
        return;
  }
  double GyYD = GyY - GyYOff;
  double GyYR = GyYD /131;

  static unsigned long t_prev =0;
  unsigned long t_now = micros();
  double dt = (t_now - t_prev)/1000000.0;
  t_prev = t_now;

```

```
45          static double AngleY =0.0;
46          AngleY += GyYR *dt;
47
48          static double tAngleY =0.0;
49          double eAngleY = tAngleY - AngleY;
50          double Kp =1.0;
51          double BalY = Kp *eAngleY;
52
53          double speedA = throttle + BalY;
54          double speedB = throttle - BalY;
55          double speedC = throttle - BalY;
56          double speedD = throttle + BalY;
57
58          static int cnt_loop;
59          cnt_loop ++;
60          if(cnt_loop%100 !=0) return;
61
62         //  Serial.print("GyY = "); Serial.print(GyY);
63         //  Serial.print("GyYD = "); Serial.print(GyYD);
64         //  Serial.print("GyYR = "); Serial.print(GyYR);
65         //  Serial.print("dt = "); Serial.print(dt, 6);
66         //  Serial.print("AngleY = "); Serial.print(AngleY);
67         //  Serial.print(" | BalY = "); Serial.print(BalY);
68          Serial.print("A = ");Serial.print(speedA);
69          Serial.print(" | B = ");Serial.print(speedB);
70          Serial.print(" | C = ");Serial.print(speedC);
71          Serial.print(" | D = ");Serial.print(speedD);
72          Serial.println();
73      }
```

15 : 모터 A, B, C, D에 공통적으로 적용될 throttle 변수를 선언한 후, 값을 100으로 초기화합니다. 여기서는 실습을 위해 일단 100으로 잡았습니다. 뒤에서 throttle 변수는 46번째 줄에서 사용합니다. 그래서 전역 변수로 선언했습니다.

53~56 : 앞에서 구한 모터 속도 계산 알고리즘을 이용하여 모터 A, B, C, D에 대한 속도 값을 계산합니다. 다음을 참고합니다.

```
motorA_speed = throttle + roll_balancing
motorB_speed = throttle - roll_balancing
motorC_speed = throttle - roll_balancing
motorD_speed = throttle + roll_balancing
```

66, 67 : AngleY, BalY 값을 출력하는 부분을 주석 처리합니다.

68~71 : 모터 A, B, C, D에 적용될 속도 값을 출력하는 부분을 추가합니다.

02 드론을 다음과 같이 평평한 지면에 놓습니다.

스케치 업로드 시 자이로 센서가 초기화되므로 센서를 수평 상태로 초기화하기 위해 평평한 면에 놓는 것입니다.

03 컴파일과 업로드를 수행합니다.

04 업로드가 완료되면, [시리얼 모니터] 버튼을 클릭합니다. 시리얼 모니터 창이 뜨면, 우측 하단에서 통신 속도를 115200으로 맞춰줍니다.

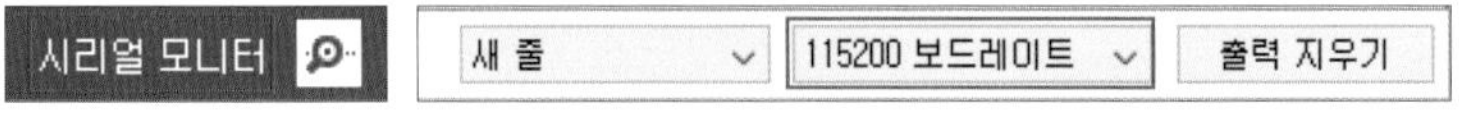

05 드론을 평평한 지면에 놓은 상태로 시리얼 모니터를 확인해 봅니다.

다음 그림을 기준으로 드론을 천천히 회전 시키면서 테스트합니다.

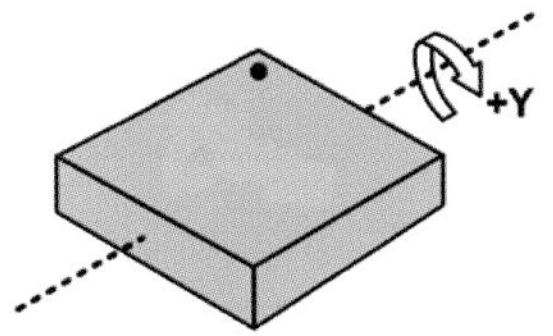

다음은 드론을 오른쪽 아래로 기운 상태에서 얻은 결과 값입니다.

```
A = 84.79 | B = 115.21 | C = 115.21 | D = 84.79
A = 84.77 | B = 115.23 | C = 115.23 | D = 84.77
A = 84.77 | B = 115.23 | C = 115.23 | D = 84.77
A = 84.81 | B = 115.19 | C = 115.19 | D = 84.81
A = 84.94 | B = 115.06 | C = 115.06 | D = 84.94
A = 85.08 | B = 114.92 | C = 114.92 | D = 85.08
A = 85.10 | B = 114.90 | C = 114.90 | D = 85.10
A = 85.13 | B = 114.87 | C = 114.87 | D = 85.13
A = 85.20 | B = 114.80 | C = 114.80 | D = 85.20
A = 85.29 | B = 114.71 | C = 114.71 | D = 85.29
```

드론을 오른쪽으로 기울인 후, 모터 A, B, C, D의 속도를 확인합니다. 모터 B, C의 속도는 증가하고 모터 A, D의 속도는 감소하는 것을 확인합니다.
드론을 왼쪽으로 기울인 후, 모터 A, B, C, D의 속도를 확인합니다. 모터 B, C의 속도는 감소하고 모터 A, D의 속도는 증가하는 것을 확인합니다.

06 _ 사용자 입력 받기 : 시리얼

여기서는 시리얼을 통해 사용자로부터 throttle 값을 받아 모터 속도 값을 조절해 봅니다. 아직 드론을 날리지는 않습니다.

01 다음과 같이 예제를 작성합니다.

_03throttle

```
#include <Wire.h >

void setup() {
```

```
  Serial.begin(115200);

  Wire.begin();
  Wire.setClock(400000);

  Wire.beginTransmission(0x68);
  Wire.write(0x6b);
  Wire.write(0x0);
  Wire.endTransmission(true);
}

int throttle =0;
void loop() {
  Wire.beginTransmission(0x68);
  Wire.write(0x45);
  Wire.endTransmission(false);
  Wire.requestFrom(0x68,2,true);
  int16_t GyYH = Wire.read();
  int16_t GyYL = Wire.read();
  int16_t GyY = GyYH <<8 |GyYL;

  static int32_t GyYSum =0;
  static double GyYOff =0.0;
  static int cnt_sample =1000;
  if(cnt_sample >0) {
        GyYSum += GyY;
        cnt_sample --;
        if(cnt_sample ==0) {
          GyYOff = GyYSum /1000.0;
        }
        delay(1);
        return;
  }
  double GyYD = GyY - GyYOff;
  double GyYR = GyYD /131;

  static unsigned long t_prev =0;
  unsigned long t_now = micros();
  double dt = (t_now - t_prev)/1000000.0;
  t_prev = t_now;

  static double AngleY =0.0;
  AngleY += GyYR *dt;

  static double tAngleY =0.0;
  double eAngleY = tAngleY - AngleY;
  double Kp =1.0;
  double BalY = Kp *eAngleY;
```

```
        if(Serial.available()>0) {
                while(Serial.available()>0) {
                 char userInput = Serial.read();
                 if(userInput >='0'&& userInput <='9') {
                        throttle = (userInput -'0')*25;
                 }
               }
        }

        double speedA = throttle + BalY;
        double speedB = throttle - BalY;
        double speedC = throttle - BalY;
        double speedD = throttle + BalY;

        static int cnt_loop;
        cnt_loop ++;
        if(cnt_loop%100 !=0) return;

       //  Serial.print("GyY = "); Serial.print(GyY);
       //  Serial.print("GyYD = "); Serial.print(GyYD);
       //  Serial.print("GyYR = "); Serial.print(GyYR);
       //  Serial.print("dt = "); Serial.print(dt, 6);
       //  Serial.print("AngleY = "); Serial.print(AngleY);
       //  Serial.print(" | BalY = "); Serial.print(BalY);
        Serial.print("A = ");Serial.print(speedA);
        Serial.print(" | B = ");Serial.print(speedB);
        Serial.print(" | C = ");Serial.print(speedC);
        Serial.print(" | D = ");Serial.print(speedD);
        Serial.println();
      }

        int iSpeedA = constrain((int)speedA, 0, 250);
        int iSpeedB = constrain((int)speedB, 0, 250);
        int iSpeedC = constrain((int)speedC, 0, 250);
        int iSpeedD = constrain((int)speedD, 0, 250);

        analogWrite(6, iSpeedA);
        analogWrite(10,iSpeedB);
        analogWrite(9, iSpeedC);
        analogWrite(5, iSpeedD);

        static int cnt_loop;
        cnt_loop ++;
        if(cnt_loop%100 !=0) return;

       //  Serial.print("GyY = "); Serial.print(GyY);
       //  Serial.print("GyYD = "); Serial.print(GyYD);
```

```
100      //  Serial.print("GyYR = "); Serial.print(GyYR);
101      //  Serial.print("dt = "); Serial.print(dt, 6);
102      //  Serial.print("AngleY = "); Serial.print(AngleY);
103      //  Serial.print(" | BalY = "); Serial.print(BalY);
104       Serial.print("A = ");Serial.print(speedA);
105       Serial.print(" | B = ");Serial.print(speedB);
106       Serial.print(" | C = ");Serial.print(speedC);
107       Serial.print(" | D = ");Serial.print(speedD);
108       Serial.println();
109     }
```

15 : throttle 값을 0으로 설정합니다.

53 : Serial에 도착한 데이터가 있으면

54 : Serial에 도착한 데이터가 있는 동안에

55 : Serial.read 함수를 이용하여 1 바이트를 읽어 냅니다.

56 : 사용자 입력 값이 '0'(0 문자)보다 크거나 같고 '9'(9 문자) 값보다 작으면

57 : 사용자 입력 값에서 '0' 문자 값을 빼서 숫자 값을 만든 후, 25을 곱해서 throttle 변수 값에 할당합니다. throttle 변수는 각 모터에 적용되는 속도 값을 저장하는 변수입니다.

※ '0'~'9' 문자에 대응되는 아스키 숫자 값은 48~57입니다. 그래서 사용자가 '3'문자를 입력할 경우 '3'-'0'=51-48=3이 됩니다. 이 3의 값에 25를 곱하면 75가 되며 이 값을 analogWrite 함수의 두 번째 인자로 넣게 됩니다. 이 예제에서는 모터의 최대 속도로 225까지 줄 수 있습니다. 최대 속도는 255를 주었을 때입니다.

02 드론을 다음과 같이 평평한 지면에 놓습니다.

스케치 업로드 시 자이로 센서가 초기화되므로 센서를 수평 상태로 초기화하기 위해 평평한 면에 놓는 것입니다.

03 컴파일과 업로드를 수행합니다.

04 [시리얼 모니터] 버튼을 클릭합니다. 시리얼 모니터 창이 뜨면, 우측 하단에서 통신 속도를 115200으로 맞춰줍니다.

05드론을 평평한 지면에 놓은 상태로 시리얼 모니터를 확인해 봅니다.

06 시리얼 모니터 창의 빨간 박스 입력 창에 1, 2, 3, 4를 입력해 봅니다. 9까지 입력할 수 있습니다. 다음은 수평 상태에서 3을 입력했을 때의 화면입니다. A, B, C, D 모터의 속도가 75에 가깝습니다.

```
A = 74.96 | B = 75.04 | C = 75.04 | D = 74.96
A = 74.98 | B = 75.02 | C = 75.02 | D = 74.98
A = 74.98 | B = 75.02 | C = 75.02 | D = 74.98
A = 74.98 | B = 75.02 | C = 75.02 | D = 74.98
A = 74.97 | B = 75.03 | C = 75.03 | D = 74.97
A = 74.96 | B = 75.04 | C = 75.04 | D = 74.96
A = 74.97 | B = 75.03 | C = 75.03 | D = 74.97
A = 74.98 | B = 75.02 | C = 75.02 | D = 74.98
A = 74.98 | B = 75.02 | C = 75.02 | D = 74.98
A = 74.97 | B = 75.03 | C = 75.03 | D = 74.97
```

07 _ 모터 속도 적용하기 : Roll

여기서는 이전 단원에서 계산한 모터 속도를 이용하여 모터를 회전시켜 보도록 하겠습니다.

01 다음과 같이 예제를 작성합니다.

```
 #include <Wire.h >

 void setup() {
  Serial.begin(115200);

  Wire.begin();
  Wire.setClock(400000);

  Wire.beginTransmission(0x68);
  Wire.write(0x6b);
  Wire.write(0x0);
  Wire.endTransmission(true);
}

int throttle =0;
void loop() {
  Wire.beginTransmission(0x68);
  Wire.write(0x45);
  Wire.endTransmission(false);
  Wire.requestFrom(0x68,2,true);
  int16_t GyYH = Wire.read();
  int16_t GyYL = Wire.read();
  int16_t GyY = GyYH <<8 |GyYL;

  static int32_t GyYSum =0;
  static double GyYOff =0.0;
  static int cnt_sample =1000;
  if(cnt_sample >0) {
        GyYSum += GyY;
        cnt_sample --;
        if(cnt_sample ==0) {
          GyYOff = GyYSum /1000.0;
        }
        delay(1);
        return;
  }
  double GyYD = GyY - GyYOff;
```

```
        double GyYR = GyYD /131;

        static unsigned long t_prev =0;
        unsigned long t_now = micros();
        double dt = (t_now - t_prev)/1000000.0;
        t_prev = t_now;

        static double AngleY =0.0;
        AngleY += GyYR *dt;

        static double tAngleY =0.0;
        double eAngleY = tAngleY - AngleY;
        double Kp =1.0;
        double BalY = Kp *eAngleY;

        if(Serial.available()>0) {
                while(Serial.available()>0) {
                 char userInput = Serial.read();
                 if(userInput >='0'&& userInput <='9') {
                        throttle = (userInput -'0')*25;
                 }
                }
        }

        double speedA = throttle + BalY;
        double speedB = throttle - BalY;
        double speedC = throttle - BalY;
        double speedD = throttle + BalY;

        int iSpeedA = constrain((int)speedA, 0, 250);
        int iSpeedB = constrain((int)speedB, 0, 250);
        int iSpeedC = constrain((int)speedC, 0, 250);
        int iSpeedD = constrain((int)speedD, 0, 250);

        analogWrite(6, iSpeedA);
        analogWrite(10,iSpeedB);
        analogWrite(9, iSpeedC);
        analogWrite(5, iSpeedD);

       //  static int cnt_loop;
       //  cnt_loop ++;
       //  if(cnt_loop%100 !=0) return;

       //  Serial.print("GyY = "); Serial.print(GyY);
       //  Serial.print("GyYD = "); Serial.print(GyYD);
```

```
83        //  Serial.print("GyYR = "); Serial.print(GyYR);
84        //  Serial.print("dt = "); Serial.print(dt, 6);
85        //  Serial.print("AngleY = "); Serial.print(AngleY);
86        //  Serial.print(" | BalY = "); Serial.print(BalY);
87        //  Serial.print("A = ");Serial.print(speedA);
88        //  Serial.print(" | B = ");Serial.print(speedB);
89        //  Serial.print(" | C = ");Serial.print(speedC);
90        //  Serial.print(" | D = ");Serial.print(speedD);
91        //  Serial.println();
92      }
```

67~70 : 모터 A, B, C, D에 대한 속도를 0과 250 사이로 보정하고 있습니다.

72~75 : analogWrite 함수를 호출하여 4개의 모터에 속도 값을 적용합니다. 실제 모터에 줄 수 있는 값은 0~255 입니다.

77~79 : 주석 처리합니다.

87~91 : 주석 처리합니다.

02 드론을 다음과 같이 평평한 지면에 놓습니다.

스케치 업로드 시 자이로 센서가 초기화되므로 센서를 수평 상태로 초기화하기 위해 평평한 면에 놓는 것입니다.

03 컴파일과 업로드를 수행합니다.

04 업로드가 완료되면, [시리얼 모니터] 버튼을 클릭합니다. 시리얼 모니터 창이 뜨면, 우측 하단에서 통신 속도를 115200으로 맞춰줍니다.

05 USB에 연결된 상태로 배터리 전원을 켭니다. 드론 모터는 배터리 전원으로 동작하도록 회로 구성이 되어 있습니다.

06 시리얼 모니터 창의 빨간 박스 입력 창에 1, 2, 3, 4를 입력해 봅니다. 9까지 입력할 수 있습니다.

07 드론의 프로펠러가 회전하는 것을 확인합니다.

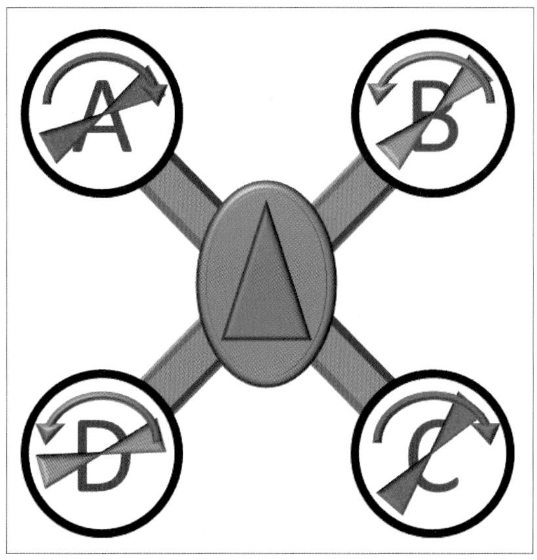

08 드론을 좌우로 기울여 봅니다. 기운 쪽의 모터가 반대쪽의 모터보다 더 빨리 회전하는 것을 확인합니다.

09 테스트가 끝났으면 모터 전원을 끕니다.

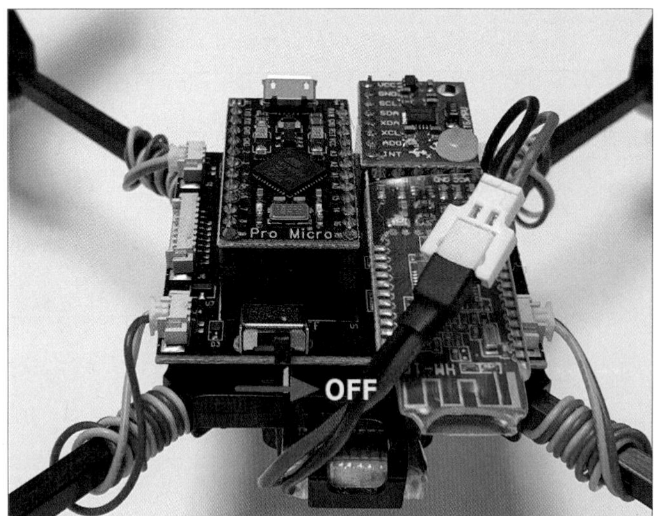

※ 이 예제의 경우 0 값을 입력해도 드론의 모터가 멈추지 않는 현상이 있습니다. 이것은 드론이 움직이지 않아도 미세하게 발생하는 회전 각도가 누적되어 드론이 비정상적으로 동작하게 되는 것입니다. 이 부분은 다음 예제에서 보정하도록 합니다.

08 _ 드론 균형 잡기 테스트 : Roll

여기서는 다음 스마트폰 앱(Serial Bluetooth Terminal)을 이용하여 모터의 속도를 조절해 봅니다. 또 모터의 속도를 높여 드론이 좌우로 안정적으로 뜰 수 있는지도 확인해 봅니다.

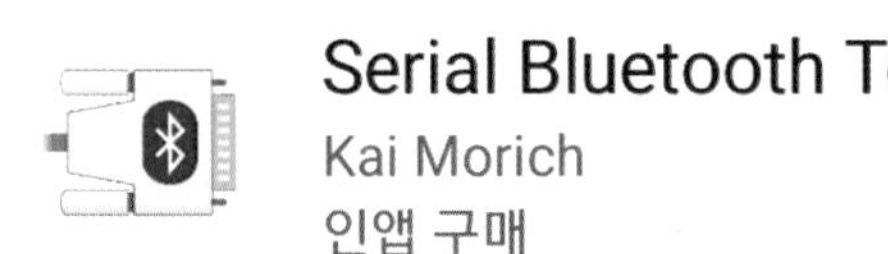

01 다음과 같이 예제를 수정합니다.

_03throttle

```
#include <Wire.h >

void setup() {
 Serial1.begin(115200);
```

```

  Wire.begin();
  Wire.setClock(400000);

  Wire.beginTransmission(0x68);
  Wire.write(0x6b);
  Wire.write(0x0);
  Wire.endTransmission(true);
}

int throttle =0;
void loop() {
  Wire.beginTransmission(0x68);
  Wire.write(0x45);
  Wire.endTransmission(false);
  Wire.requestFrom(0x68,2,true);
  int16_t GyYH = Wire.read();
  int16_t GyYL = Wire.read();
  int16_t GyY = GyYH <<8 |GyYL;

  static int32_t GyYSum =0;
  static double GyYOff =0.0;
  static int cnt_sample =1000;
  if(cnt_sample >0) {
        GyYSum += GyY;
        cnt_sample --;
        if(cnt_sample ==0) {
          GyYOff = GyYSum /1000.0;
        }
        delay(1);
        return;
  }
  double GyYD = GyY - GyYOff;
  double GyYR = GyYD /131;

  static unsigned long t_prev =0;
  unsigned long t_now = micros();
  double dt = (t_now - t_prev)/1000000.0;
  t_prev = t_now;

  static double AngleY =0.0;
  AngleY += GyYR *dt;
  if(throttle ==0) AngleY =0.0;

  static double tAngleY =0.0;
  double eAngleY = tAngleY - AngleY;
  double Kp =1.0;
  double BalY = Kp *eAngleY;
```

```
53
54         if(Serial1.available()>0) {
55                 while(Serial1.available()>0) {
56                  char userInput = Serial1.read();
57                  if(userInput >='0'&& userInput <='9') {
58                         throttle = (userInput -'0')*25;
59                  }
60                 }
61         }
62
63         double speedA = throttle + BalY;
64         double speedB = throttle - BalY;
65         double speedC = throttle - BalY;
66         double speedD = throttle + BalY;
67
68         int iSpeedA = constrain((int)speedA, 0, 250);
69         int iSpeedB = constrain((int)speedB, 0, 250);
70         int iSpeedC = constrain((int)speedC, 0, 250);
71         int iSpeedD = constrain((int)speedD, 0, 250);
72
73         analogWrite(6, iSpeedA);
74         analogWrite(10,iSpeedB);
75         analogWrite(9, iSpeedC);
76         analogWrite(5, iSpeedD);
77
78        //  static int cnt_loop;
79        //  cnt_loop ++;
80        //  if(cnt_loop%100 !=0) return;
81
82        //  Serial.print("GyY = "); Serial.print(GyY);
83        //  Serial.print("GyYD = "); Serial.print(GyYD);
84        //  Serial.print("GyYR = "); Serial.print(GyYR);
85        //  Serial.print("dt = "); Serial.print(dt, 6);
86        //  Serial.print("AngleY = "); Serial.print(AngleY);
87        //  Serial.print(" | BalY = "); Serial.print(BalY);
88        //  Serial.print("A = ");Serial.print(speedA);
89        //  Serial.print(" | B = ");Serial.print(speedB);
90        //  Serial.print(" | C = ");Serial.print(speedC);
91        //  Serial.print(" | D = ");Serial.print(speedD);
92        //  Serial.println();
93      }
```

04, 54, 55, 56 : 이전 예제에서 Serial을 Serial1으로 바꿔줍니다.

47 : throttle 값이 0.0일 경우 회전 각도를 누적하여 구한 각도 값을 0.0으로 맞추어줍니다. 그렇지 않을 경우 드론이 움직이지 않아도 미세하게 발생하는 회전 각도가 누적되어 드론이 비정상적으로 동작하게 됩니다.

02 [툴] 메뉴를 이용하여 보드, 포트를 다음과 같이 선택합니다.

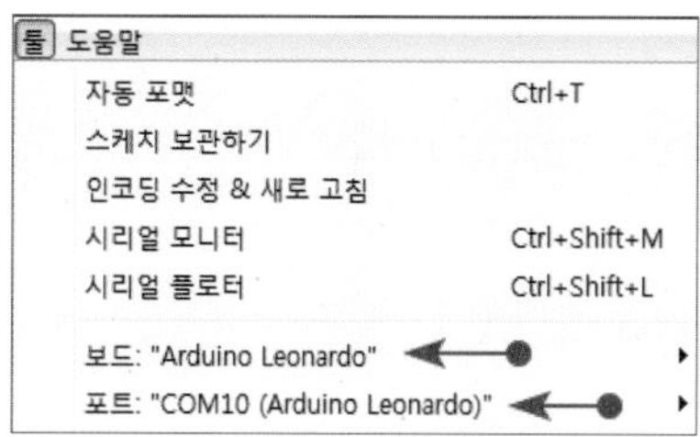

03 컴파일과 업로드를 수행합니다.

04 드론을 USB에서 분리한 후 평평한 바닥에 내려놓습니다.

05 전원을 켭니다.

06 이전에 설치한 [Serial Bluetooth Terminal] 앱을 실행시킨 후, 드론과 연결합니다.

07 드론의 속도를 조절해 가며 드론이 좌우로 흔들리면서 불안정하게 뜨는 것을 확인합니다.

09 _ 각도 보정 증폭 값 살펴보기 : Roll

여기서는 각도 보정을 위한 증폭 값의 역할에 대해 다시 한 번 살펴보겠습니다.

01 예제의 다음 부분을 살펴봅니다.

```
        double Kp =1.0;
```

roll에 대한 각도 보정 힘에 대한 증폭 값이 1입니다.

증폭 값이 작다면 기울어진 각도에 대해 힘을 적게 주는 것과 같습니다. 그러면 드론은 전후좌우로 흔드는 힘이 모자라게 되며 한쪽으로 기울게 됩니다.

증폭 값을 적당히 주면 각도 보정에 대한 힘을 적당히 주는 것과 같습니다. 드론은 규칙적으로 전후좌우로 흔들리게 됩니다.

증폭 값이 지나치게 크다면 각도 보정에 대한 힘을 과하게 주는 것과 같습니다. 드론은 전후 좌우로 심하게 흔들리다 뒤집어지게 됩니다.

02 증폭 값을 다음과 같이 준 후, 드론의 throttle 값을 올려봅니다.

```
double Kp =0.0;
```

컴파일과 드론에 업로드하여 테스트를 수행합니다.

증폭 값을 0으로 주게 되면 4 개의 모터에 throttle 값이 똑같이 분배됩니다. 이렇게 하면 드론이 공중에 뜨면서 어느 한쪽으로 기울게 됩니다.

03 증폭 값을 다음과 같이 준 후, 드론의 throttle 값을 올려봅니다.

```
double Kp =0.2;
```

컴파일과 드론에 업로드하여 테스트를 수행합니다.

아두이노 드론의 경우 증폭 값을 0.2로 주게 되면 기울어진 각도에 대해 힘을 적게 주는 것과 같습니다. 이렇게 하면 드론이 공중에 뜨면서 어느 한쪽으로 기울게 됩니다.

04 증폭 값을 다음과 같이 준 후, 드론의 throttle 값을 올려봅니다.

```
        double Kp =0.5;
```

컴파일과 드론에 업로드하여 테스트를 수행합니다.

아두이노 드론의 경우 증폭 값을 0.5로 주게 되면 기울어진 각도에 대해 힘을 조금 적게 주는 것과 같습니다. 이렇게 하면 드론이 넓은 범위로 흘러 다니면서 좌우로 완만하게 흔들리는 것을 볼 수 있습니다. 예를 들어, 다음과 같은 궤적을 그리며 드론이 흔들리며 날게 됩니다.

throttle 값을 높게 올리면 드론이 뒤집어지기도 합니다.

05 증폭 값을 다음과 같이 준 후, 드론의 throttle 값을 올려봅니다.

```
        double Kp =2.0;
```

컴파일과 드론에 업로드하여 테스트를 수행합니다.

아두이노 드론의 경우 증폭 값을 2로 주게 되면 기울어진 각도에 대해 힘을 세게 주는 것과 같습니다. 이렇게 하면 드론이 좌우로 흔들리는 것을 분명하게 볼 수 있습니다.

06 증폭 값을 다음과 같이 준 후, 드론의 throttle 값을 올려봅니다.

```
        double Kp =4.0;
```

컴파일과 드론에 업로드하여 테스트를 수행합니다.

아두이노 드론의 경우 증폭 값을 4로 주게 되면 기울어진 각도에 대해 힘을 과하게 주는 것과 같습니다. 이렇게 하면 드론이 좌우로 흔들리는 횟수가 이전 보다 더 많아지고 진폭이 순식간에 커지며 뒤집어지게 됩니다.

이상 각도 보정 증폭 값의 특징을 살펴보았습니다.

LESSON

02

드론 균형 잡기 원리 2 : 회전속도

첫 번째 방법만 적용할 경우 드론은 좌우로 흔들리면서 날다가 뒤집어지게 됩니다. 그러면 드론이 안정적으로 뜨기 위해 무엇이 더 필요할까요? 여기서는 드론 균형 잡기 원리로 회전 속도를 고려해 드론을 띄워 봅니다.

01 _ 드론 균형 잡기 원리 이해 : 회전 속도

다음 그림을 살펴봅니다.

아이는 균형을 잡기 위해 왼쪽으로 30의 힘을 주었습니다. 순간 균형 판이 너무 빨리 올라갑니다. 예를 들어, 1초당 60도의 속도로 올라갑니다. 이대로 올라가면 반대편으로 기울어지게 됩니다.

이 때 아이는 어떻게 할까요? 아이는 너무 빨리 올라가는 속도를 상쇄하기 위해 순간적으로 힘을 오른쪽으로 실어줍니다. 즉, 초당 60초로 올라가는 속도를 상쇄하기 위해 아주 짧은 순간 힘을 오른쪽으로 실어줍니다.

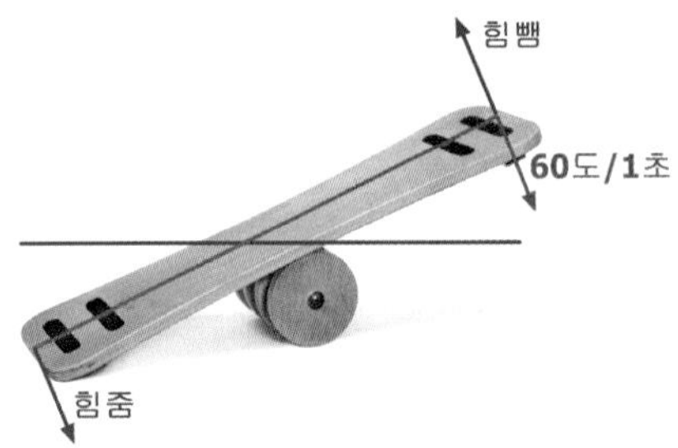

균형 판이 균형점을 지나 다시 오른쪽으로 빠른 속도로 기울려고 하면 아이는 그 속도를 상쇄하기 위한 힘을 왼쪽으로 줍니다. 예를 들어, 1초에 10도 올라가는 게 적당한데, 1초에 60도 올라갑니다. 즉, 10도/1초의 속도가 적당한데, 60도/1초의 속도로 올라갑니다. 아이는 중심을 잡기 위해 지나치게 빠른 회전 속도를 상쇄시키는 힘을 주어야 균형 판의 중심을 잡을 수 있습니다. 예를 들어, 회전 속도가 10도/1초이면 이 속도를 상쇄시키기 위해 −10의 힘의 값을 주고, 회전 속도가 60도/1초이면 이 속도를 상쇄시키기 위해 −60의 힘의 값을 줍니다.
이 동작을 수식으로 표현하면 다음과 같습니다.

$$y = b \times (-w)$$

- θ : 기운 각도
- − : 각도 보정
- a : 증폭 값
- y : 각도 보정 힘

증폭 값 b의 경우도 아이냐 어른이냐에 따라 달라질 수 있습니다. 또 균형 판의 크기나 무게에 따라 달라질 수도 있습니다.

균형 판의 회전 속도가 너무 빠를 경우 그 속도를 상쇄하기 위한 힘 값을 계산하는 알고리즘은 다음과 같습니다.

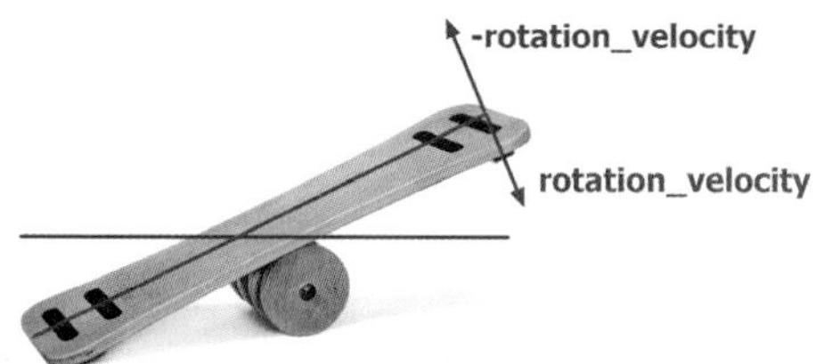

inertia_force = amplifier_rv * (-rotation_velocity)
balancing_force += inertia_force

- inertia_force : 회전 속도 상쇄 힘
- amplifier_rv : 증폭 값
- rotation_velocity : 회전 속도(=각속도)

inertia_force의 경우 일정한 속도를 유지하려고 하는 힘으로 관성 힘으로 생각할 수 있습니다. 회전 속도가 1초에 60도이고(즉, 60도/1초), 증폭 값이 1인 경우

```
inertia_force = 1 * (-60) = -60
balancing_force += -60
```

회전 속도가 60도/1초이면 그 속도를 상쇄해 주기 위해 -60만큼 힘을 주게 됩니다.
이 방식이 드론을 띄우기 위해 적용해야할 두 번째 방법입니다. 첫 번째 방법에 추가해 이 방법을 적용하면 드론은 중심을 잡게 됩니다. 증폭 값에 따라 회전 속도에 대한 민감도가 달라집니다. 예를 들어 증폭 값이 너무 작으면 빠른 회전 속도를 상쇄하지 못하며, 증폭 값이 너무 크면 느린 회전 속도에도 지나치게 반응합니다. 증폭 값이 클 경우 드론은 딱지 치듯이 아주 빠른 속도로 반대로 뒤집어지게 됩니다.

02 _ PID 시뮬레이션 : 회전 속도 추가하기

이 상황을 PID 시뮬레이션을 이용하여 좀 더 구체적으로 살펴보겠습니다. 이번엔 증폭 값 b의 역할에 대해 그래프를 통해 자세히 살펴봅니다.

01 먼저 Kp 값을 1로 설정합니다. 그리고 Kd 값을 1로 설정합니다. Kd는 바로 전에 살펴본 증폭 값 b의 역할을 합니다.

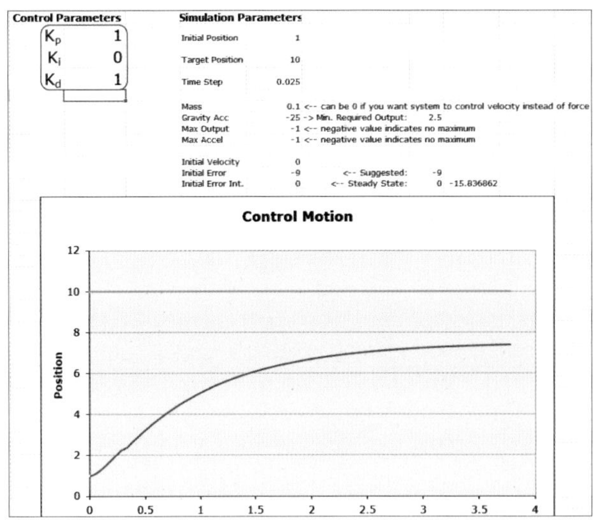

Kd 값에 의해 진동이 없어진 것을 볼 수 있습니다. 그리고 목표위치에 부드럽고 완만하게 다가가는 것을 볼 수 있습니다.

02 Time Step 값을 0.05로 설정하여 시간 축의 범위를 2배로 늘려봅니다.

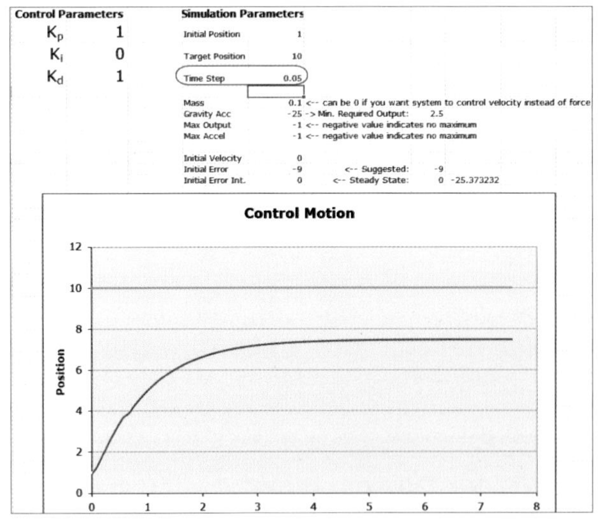

최대 위치 값이 8에 가까워지는 것을 볼 수 있습니다. 시간 값 5 근처에서 수평 상태 값을 가지기 시작합니다. 목표 위치에 도달하지 못하는 이유는 질량과 중력 가속도를 고려했기 때문입니다.

03 이번엔 Kd 값을 0.5로 설정합니다. Time Step 값은 그대로 둡니다.

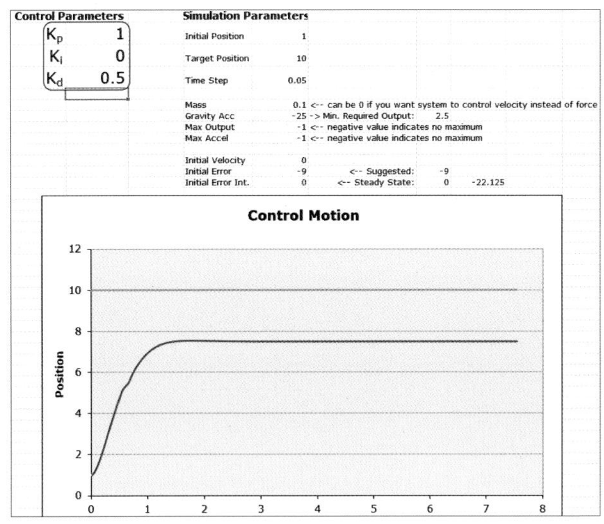

목표 위치에 가까운 8 값에 좀 더 빨리 접근하는 것을 볼 수 있습니다. 시간 값 1 근처에서 수평 상태 값을 가지기 시작합니다.

04 이번엔 Kd 값을 0.1로 설정합니다. Time Step 값은 그대로 둡니다.

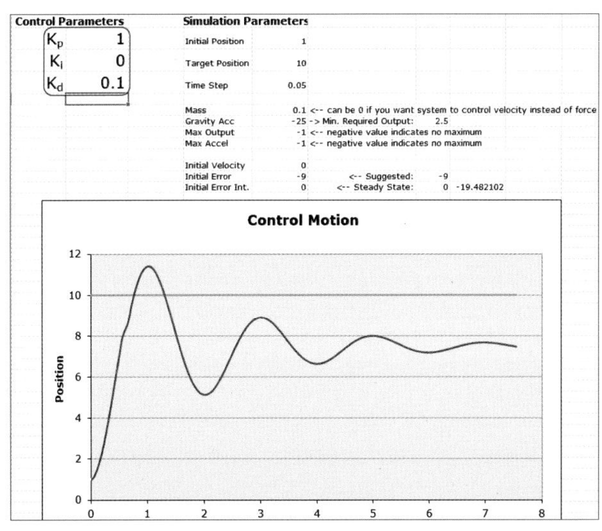

이번엔 어느 정도 진동이 발생하며 목표위치에 가까운 8 값에 접근하게 됩니다. Kp 증폭 값이 Kd 증폭 값보다 상대적으로 영향력이 더 큰 상태입니다.

05 이번엔 Kd 값을 1보다 큰 값으로 늘여보도록 합니다. 먼저 Kd 값을 2로 설정합니다.

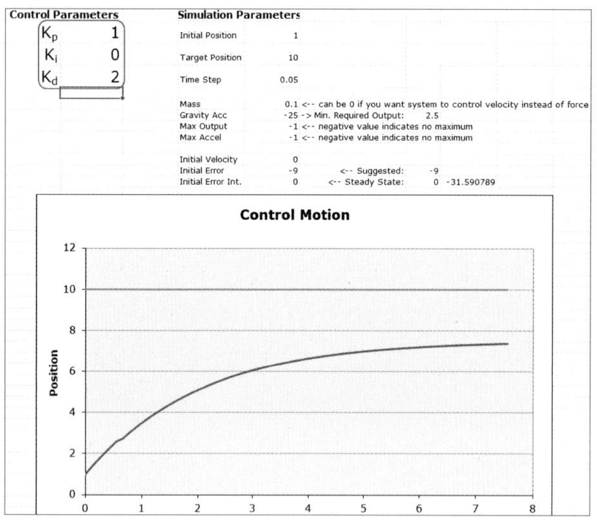

Kd 값이 1일 때보다 그래프가 더 완만해집니다. Kd 값이 그래프의 진동이 발생하는 것을 더욱 억제하고 있습니다.

06 Kd 값을 더 늘여보도록 합니다. Kd 값을 4로 설정합니다.

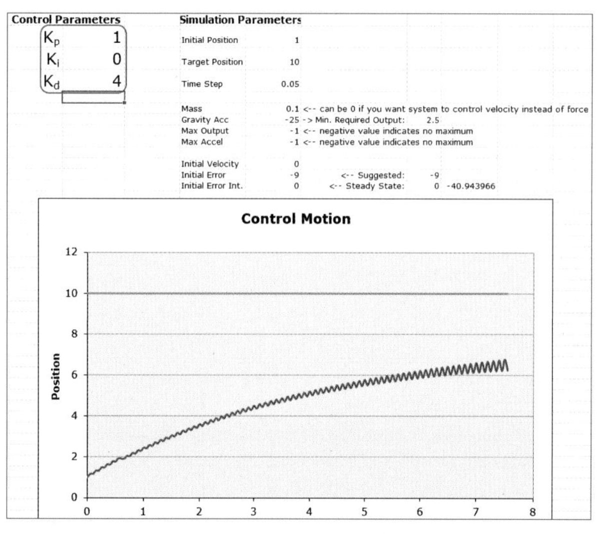

이번엔 Kd 값에 의한 진동이 생기는 것을 볼 수 있습니다. 또 진동의 폭이 미세하지만 거칠게 커지는 것을 볼 수 있습니다.

07 Time Step 값을 0.0505로 설정하여 시간 축의 범위를 조금 더 늘려 봅니다.

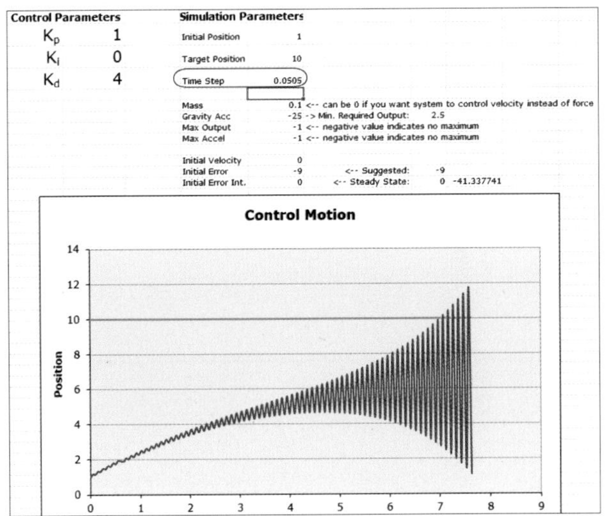

Kd 값에 의한 진동의 폭이 순식간에 커지는 것을 볼 수 있습니다. Kp 값에 의해 발생하는 속도 변화에 Kd 값이 너무 민감하게 반응하기 때문에 생기는 현상입니다. Kd 값이 Kp 값에 의해 상대적으로 너무 클 경우 균형판과 드론은 아주 빠르게 불안한 상태가 되며, 드론의 경우 순식간에 뒤집어지게 됩니다.

이상에서 PID 시뮬레이션을 통해 증폭 값 b에 의한 균형판과 드론의 동작을 살펴보았습니다.

03 _ 좌우 균형 값 찾기 : 회전 속도 추가하기

기울어진 각도에 대한 보정만으로는 드론의 균형을 잡을 수 없습니다. 드론이 균형을 잡기 위해서는 드론의 회전 속도도 고려해야 합니다.

여기서는 다음 식을 통해서 드론의 회전 속도가 너무 빠를 경우 그 속도를 상쇄하기 위한 힘 값을 계산하는 루틴을 추가해 봅니다.

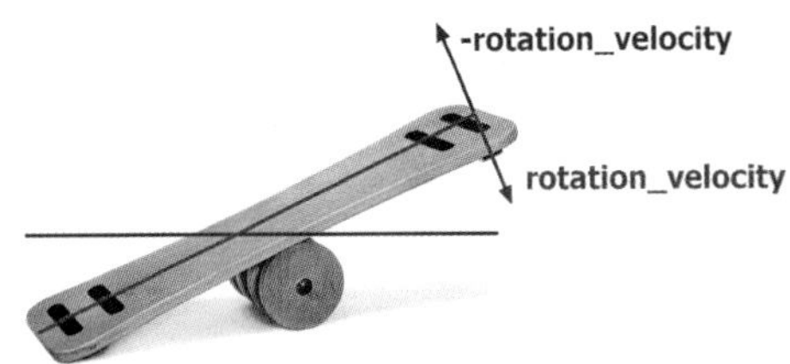

inertia_force = amplifier_rv * (-rotation_velocity)
balancing_force += inertia_force

드론의 경우 pitch, roll, yaw 3 방향에 대해 이 알고리즘을 적용해야 합니다. 여기서는 roll에 대해 적용해 보고 뒤에서 pitch, yaw에 대해서도 적용해 봅니다.

01 다음과 같이 예제를 수정합니다.

_02_gyro

```
#include <Wire.h >

void setup() {
 Serial1.begin(115200);

 Wire.begin();
 Wire.setClock(400000);

 Wire.beginTransmission(0x68);
 Wire.write(0x6b);
 Wire.write(0x0);
 Wire.endTransmission(true);
}

int throttle =0;
void loop() {
 Wire.beginTransmission(0x68);
 Wire.write(0x45);
 Wire.endTransmission(false);
 Wire.requestFrom(0x68,2,true);
 int16_t GyYH = Wire.read();
 int16_t GyYL = Wire.read();
 int16_t GyY = GyYH <<8 |GyYL;

 static int32_t GyYSum =0;
 static double GyYOff =0.0;
 static int cnt_sample =1000;
 if(cnt_sample >0) {
        GyYSum += GyY;
        cnt_sample --;
         if(cnt_sample ==0) {
          GyYOff = GyYSum /1000.0;
        }
        delay(1);
         return;
 }
 double GyYD = GyY - GyYOff;
 double GyYR = GyYD /131;

 static unsigned long t_prev =0;
 unsigned long t_now = micros();
```

```
	double dt = (t_now - t_prev)/1000000.0;
	t_prev = t_now;

	static double AngleY =0.0;
	AngleY += GyYR *dt;
	if(throttle ==0) AngleY =0.0;

	static double tAngleY =0.0;
	double eAngleY = tAngleY - AngleY;
	double Kp =1.0;
	double BalY = Kp *eAngleY;

	double Kd =1.0;
	BalY += Kd *-GyYR;
	if(throttle ==0) BalY =0.0;

	if(Serial1.available()>0) {
	 while(Serial1.available()>0) {
		char userInput = Serial1.read();
		 if(userInput >='0'&& userInput <='9') {
			throttle = (userInput -'0')*25;
		 }
		}
	}

	double speedA = throttle + BalY;
	double speedB = throttle - BalY;
	double speedC = throttle - BalY;
	double speedD = throttle + BalY;

	int iSpeedA = constrain((int)speedA, 0, 250);
	int iSpeedB = constrain((int)speedB, 0, 250);
	int iSpeedC = constrain((int)speedC, 0, 250);
	int iSpeedD = constrain((int)speedD, 0, 250);

	analogWrite(6, iSpeedA);
	analogWrite(10,iSpeedB);
	analogWrite(9, iSpeedC);
	analogWrite(5, iSpeedD);

	//  static int cnt_loop;
	//  cnt_loop ++;
	//  if(cnt_loop%100 !=0) return;

	//  Serial.print("GyY = "); Serial.print(GyY);
	//  Serial.print("GyYD = "); Serial.print(GyYD);
	//  Serial.print("GyYR = "); Serial.print(GyYR);
	//  Serial.print("dt = "); Serial.print(dt, 6);
```

```
90        //  Serial.print("AngleY = "); Serial.print(AngleY);
91        //  Serial.print(" ¦ BalY = "); Serial.print(BalY);
92        //  Serial.print("A = ");Serial.print(speedA);
93        //  Serial.print(" ¦ B = ");Serial.print(speedB);
94        //  Serial.print(" ¦ C = ");Serial.print(speedC);
95        //  Serial.print(" ¦ D = ");Serial.print(speedD);
96        //  Serial.println();
97       }
```

54 : 증폭 값을 저장할 Kd 변수를 선언한 후, 1.0으로 초기화합니다.

55 : roll의 회전 각속도 값을 상쇄할 수 있는 힘 값에 증폭 값 Kd를 곱해 좌우 균형 힘 값에 더해 줍니다. 드론이 회전 속도를 너무 완곡하게 상쇄하는 경우엔 힘이 더 필요한 경우로 증폭 값을 1보다 크게 해 줍니다. 드론이 회전 속도를 너무 민감하게 상쇄하는 경우엔 힘이 너무 센 경우로 증폭 값을 1보다 작게 해 줍니다.

56 : throttle 값이 0일 경우, BalY 값을 0.0으로 설정해 줍니다. 그렇지 않으면, 드론에 회전이 발생할 경우, 회전 방향으로 모터가 회전하게 됩니다.

02 [툴] 메뉴를 이용하여 보드, 포트를 다음과 같이 선택합니다.

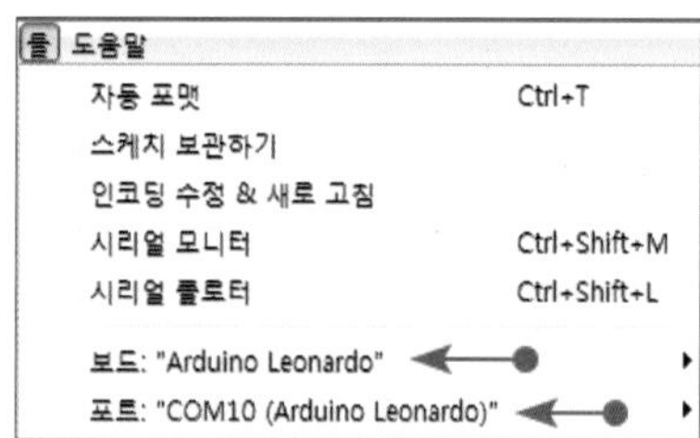

03 컴파일과 업로드를 수행합니다.

04 드론을 USB에서 분리한 후 평평한 바닥에 내려놓습니다.

05 전원을 켭니다.

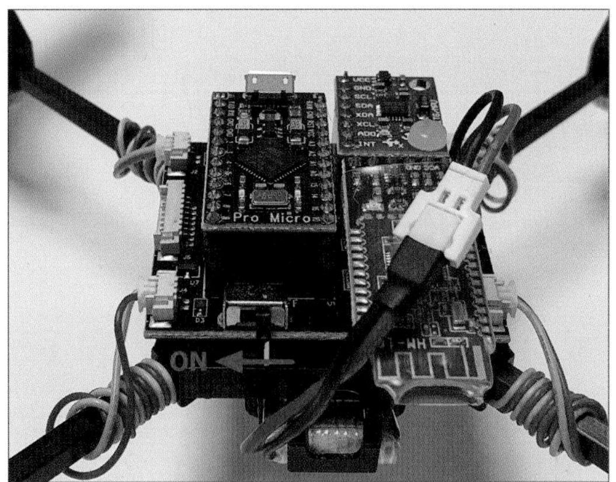

06 이전에 설치한 [Serial Bluetooth Terminal] 앱을 실행시킨 후, 드론과 연결합니다.

드론의 속도를 조절해 가며 드론이 좀 더 안정적으로 뜨는 것을 확인합니다.

04 _ 회전 속도 상쇄 증폭 값 살펴보기 : Roll

여기서는 각속도 상쇄를 위한 증폭 값의 역할에 대해 다시 한 번 살펴보겠습니다.

01 예제의 다음 부분을 살펴봅니다.

```
        double Kd =1.0;
```

roll에 대한 회전속도 상쇄 힘에 대한 증폭 값이 1입니다.

증폭 값이 작다면 회전속도 상쇄 힘을 적게 주는 것과 같습니다. 그러면 드론이 전후좌우로 흔들리는 회전이 발생해도 그 흔들림을 잡기가 쉽지 않습니다.

증폭 값을 적당히 주면 회전속도 상쇄 힘을 적당히 주는 것과 같습니다. 그러면 드론의 좌우 회전을 안정되게 잡아주어 드론은 균형을 잡으며 뜨게 됩니다.

증폭 값이 지나치게 크다면 회전속도 상쇄 힘을 과하게 주는 것과 같습니다. 드론이 전후좌우 회전에 지나치게 민감하게 반응하여 드론이 딱치 치듯이 뒤집어지게 됩니다.

02 증폭 값을 다음과 같이 준 후, 드론의 throttle 값을 올려봅니다.

```
double Kd =0.2;
```

컴파일과 업로드하여 테스트를 수행합니다.

아두이노 드론의 경우 증폭 값을 0.2로 주게 되면 회전속도 상쇄 힘을 아주 적게 주는 것과 같습니다. 드론의 전후좌우로 흔들리는 회전을 어느 정도는 잡아주지만 그 흔들림을 완전히 잡지 못합니다.

03 증폭 값을 다음과 같이 준 후, 드론의 throttle 값을 올려봅니다.

```
double Kd =0.5;
```

컴파일과 업로드하여 테스트를 수행합니다.

아두이노 드론의 경우 증폭 값을 0.5로 주게 되면 회전속도 상쇄 힘을 적게 주는 것과 같습니다. 드론의 전후좌우로 흔들리는 회전을 어느 정도는 잡아주지만 그 흔들림을 완전히 잡지 못합니다.

04 증폭 값을 다음과 같이 준 후, 드론의 throttle 값을 올려봅니다.

```
double Kd =2.0;
```

컴파일과 업로드하여 테스트를 수행합니다.

아두이노 드론의 경우 증폭 값을 2로 주게 되면 회전속도 상쇄 힘을 조금 과하게 주는 것과 같습니다. 드론의 전후좌우로 흔들리는 회전을 잘 잡아주지만 드론이 날개 회전에 진동이 발생합니다. 벽에 부닥치거나 할 경우 순식간에 뒤집어지기도 합니다.

05 증폭 값을 다음과 같이 준 후, 드론의 throttle 값을 올려봅니다.

```
double Kd =4.0;
```

컴파일과 업로드하여 테스트를 수행합니다.

아두이노 드론의 경우 증폭 값을 4로 주게 되면 회전속도 상쇄 힘을 과하게 주는 것과 같습니다. 드론의 전후좌우로 흔들리는 회전을 잘 잡아주지만 드론이 날개 회전에 거친 진동이 발생합니다. 벽에 부닥치거나 할 경우 순식간에 뒤집어지기도 합니다.

이상 회전속도 상쇄 증폭 값의 특징을 살펴보았습니다.

※ 회전속도 상쇄 힘의 경우 외부에서 드론을 날릴 경우 급하게 변하는 바람에 저항하는 역할도 합니다.

ArduinodronE

여기서는 각도, 회전 속도를 이용하여 드론의 균형을 잡는 원리를 Picth, Yaw에 적용한 후, 드론을 날려 봅니다. 또 드론 조종시 반응을 빨리 하도록 더딘 각도에 대한 보정을 수행해 봅니다.

CHAPTER

04

아두이노 드론 날리기

LESSON

01

Pitch, Yaw 추가하기

지금까지 우리는 자이로 센서 Y 값을 이용하여 Roll에 대한 회전 속도를 구한 후, 회전 각도를 구했습니다. 이렇게 구한 회전 각도와 회전 속도를 이용하여 드론의 좌우 균형 값을 찾아 드론에 적용해 보았습니다. 이 방식은 자이로 센서 X, Z 값에도 마찬가지로 적용할 수 있습니다. 여기서는 자이로 센서 X, Z 값을 이용하여 Pitch, Yaw에 대해 적용해 봅니다.

01 _ 회전 속도, 각도, 균형 값 추가하기 : Pitch, Yaw

먼저 지금까지 작성한 예제에 Pitch, Yaw에 대한 회전 속도, 각도, 균형 값을 적용해 봅니다. 이 예제에서는 드론을 날리지는 않습니다.

01 다음과 같이 예제를 수정합니다.

_02_gyro

```
#include <Wire.h >

void setup() {
  Serial1.begin(115200);

  Wire.begin();
  Wire.setClock(400000);
```

```
  Wire.beginTransmission(0x68);
  Wire.write(0x6b);
  Wire.write(0x0);
  Wire.endTransmission(true);
}

int throttle =0;
void loop() {
  Wire.beginTransmission(0x68);
  Wire.write(0x43);
  Wire.endTransmission(false);
  Wire.requestFrom(0x68,6,true);
  int16_t GyXH = Wire.read();
  int16_t GyXL = Wire.read();
  int16_t GyYH = Wire.read();
  int16_t GyYL = Wire.read();
  int16_t GyZH = Wire.read();
  int16_t GyZL = Wire.read();
  int16_t GyX = GyXH <<8 |GyXL;
  int16_t GyY = GyYH <<8 |GyYL;
  int16_t GyZ = GyZH <<8 |GyZL;

  static int32_t GyXSum =0, GyYSum =0, GyZSum =0;
  static double GyXOff =0.0, GyYOff =0.0, GyZOff =0.0;
  static int cnt_sample =1000;
  if(cnt_sample >0) {
        GyXSum += GyX, GyYSum += GyY, GyZSum += GyZ;
        cnt_sample --;
        if(cnt_sample ==0) {
          GyXOff = GyXSum /1000.0;
          GyYOff = GyYSum /1000.0;
          GyZOff = GyZSum /1000.0;
        }
        delay(1);
        return;
  }
  double GyXD = GyX - GyXOff;
  double GyYD = GyY - GyYOff;
  double GyZD = GyZ - GyZOff;
  double GyXR = GyXD /131;
  double GyYR = GyYD /131;
  double GyZR = GyZD /131;

  static unsigned long t_prev =0;
```

```
	unsigned long t_now = micros();
	double dt = (t_now - t_prev)/1000000.0;
	t_prev = t_now;

	static double AngleX =0.0, AngleY =0.0, AngleZ =0.0;
	AngleX += GyXR *dt;
	AngleY += GyYR *dt;
	AngleZ += GyZR *dt;
	if(throttle ==0) AngleX =AngleY =AngleZ =0.0;

	static double tAngleX =0.0, tAngleY =0.0, tAngleZ =0.0;
	double eAngleX = tAngleX - AngleX;
	double eAngleY = tAngleY - AngleY;
	double eAngleZ = tAngleZ - AngleZ;
	double Kp =1.0;
	double BalX = Kp *eAngleX;
	double BalY = Kp *eAngleY;
	double BalZ = Kp *eAngleZ;

	double Kd =1.0;
	BalX += Kd *-GyXR;
	BalY += Kd *-GyYR;
	BalZ += Kd *-GyZR;
	if(throttle ==0) BalX =BalY =BalZ =0.0;

	if(Serial1.available()>0) {
		while(Serial1.available()>0) {
		  char userInput = Serial1.read();
		  if(userInput >='0'&& userInput <='9') {
			throttle = (userInput -'0')*25;
		  }
		}
	}

	double speedA = throttle + BalY;
	double speedB = throttle - BalY;
	double speedC = throttle - BalY;
	double speedD = throttle + BalY;

	int iSpeedA = constrain((int)speedA, 0, 250);
	int iSpeedB = constrain((int)speedB, 0, 250);
	int iSpeedC = constrain((int)speedC, 0, 250);
	int iSpeedD = constrain((int)speedD, 0, 250);

	analogWrite(6, iSpeedA);
```

```
98          analogWrite(10,iSpeedB);
99          analogWrite(9, iSpeedC);
100         analogWrite(5, iSpeedD);
101
102      //  static int cnt_loop;
103      //  cnt_loop ++;
104      //  if(cnt_loop%100 !=0) return;
105
106      //  Serial.print("GyY = "); Serial.print(GyY);
107      //  Serial.print("GyYD = "); Serial.print(GyYD);
108      //  Serial.print("GyYR = "); Serial.print(GyYR);
109      //  Serial.print("dt = "); Serial.print(dt, 6);
110      //  Serial.print("AngleY = "); Serial.print(AngleY);
111      //  Serial.print(" | BalY = "); Serial.print(BalY);
112      //  Serial.print("A = ");Serial.print(speedA);
113      //  Serial.print(" | B = ");Serial.print(speedB);
114      //  Serial.print(" | C = ");Serial.print(speedC);
115      //  Serial.print(" | D = ");Serial.print(speedD);
116      //  Serial.println();
117     }
```

18, 20 : 0x43번지에서 6바이트를 요청합니다.

주소 (16진수)	주소 (10진수)	레지스터
43	67	GYRO_XOUT_H
44	68	GYRO_XOUT_L
45	69	GYRO_YOUT_H
46	70	GYRO_YOUT_L
47	71	GYRO_ZOUT_H
48	72	GYRO_ZOUT_L

21, 22 : Wire.read() 함수를 이용해 자이로 센서 X 축 값을 읽습니다. I2C 통신을 통해서 1 바이트씩 데이터를 받게 되며, 총 2 바이트의 데이터를 받게 됩니다. 먼저 온 1 바이트를 GyYH, 나중에 온 1 바이트를 GyYL 변수에 저장합니다.

25, 26 : Wire.read() 함수를 이용해 자이로 센서 Z 축 값을 읽습니다. I2C 통신을 통해서 1 바이트씩 데이터를 받게 되며, 총 2 바이트의 데이터를 받게 됩니다. 먼저 온 1 바이트를 GyZH, 나중에 온 1 바이트를 GyZL 변수에 저장합니다.

27 : GyXH의 값을 8비트 왼쪽으로 밀어 상위 8비트의 위치로 놓고, 하위 8비트를 GyXL 값으로 채워 GyX 변수에 저장합니다.

29 : GyZH의 값을 8비트 왼쪽으로 밀어 상위 8비트의 위치로 놓고, 하위 8비트를 GyZL 값으로 채워 GyZ 변수에 저장합니다.

31 : GyX, GyZ의 값을 1000번 더해 저장할 변수 GyXSum, GyZSum을 추가한 후, 0으로 초기화합니다.

32 : GyX, GyZ의 평균값을 저장할 변수 GyXOff, GyZOff을 추가한 후, 0.0으로 초기화합니다.

35 : GyXSum, GyZSum 값에 각각 GyX, GyZ 값을 더해주는 부분을 추가합니다.

38, 40 : GyXOff, GyZOff 값을 각각 GyXSum/1000.0, GyZSum/1000.0 값으로 설정합니다.

45 : GyXD 실수 변수를 선언한 후, GyX에서 GyXOff값을 뺀 값을 넣어줍니다. 이렇게 하면 GyXD 변수는 0에 가까운 값을 갖게 됩니다.

47 : GyZD 실수 변수를 선언한 후, GyZ에서 GyZOff값을 뺀 값을 넣어줍니다. 이렇게 하면 GyZD 변수는 0에 가까운 값을 갖게 됩니다.

48 : 보정 자이로 X 값을 131로 나누어 X에 대한 각속도를 구해 GyXR 변수에 넣습니다. 131은 자이로 센서가 1도/s로 회전 시에 읽히는 값입니다.

50 : 보정 자이로 Z 값을 131로 나누어 Z에 대한 각속도를 구해 GyZR 변수에 넣습니다. 131은 자이로 센서가 1도/s로 회전 시에 읽히는 값입니다.

57 : 자이로 센서 X, Z 축에 대한 각도를 저장할 변수 AngleX, AngleZ를 추가한 후, 0.0으로 초기화합니다.

58, 60 : X, Z 축에 대한 현재 각속도에 주기 시간을 곱해 AngleX, AngleZ 변수에 누적해 주는 부분을 추가합니다. 다음 식을 구현합니다.

$\theta_{now} = \theta_{prev} + w \times \Delta t$ (θ_{nou} : 현재 각도, θ_{prev} : 이전 각도)

61 : throttle 값이 0일 경우 회전 각도를 누적하여 구한 각도 값을 0으로 맞추어줍니다. 그렇지 않을 경우 드론이 움직이지 않아도 미세하게 발생하는 회전 각도가 누적되어 드론이 비정상적으로 동작하게 됩니다.

63 : 자이로 센서 X, Z 축에 대한 목표 각도를 저장할 변수 tAngleX, tAngleZ를 추가한 후, 0.0으로 초기화합니다.

64 : 목표 각도(tAngleX)에서 현재 각도(AngleX)를 빼 현재 각도 오차를 구해 eAngleX에 저장합니다.

66 : 목표 각도(tAngleZ)에서 현재 각도(AngleZ)를 빼 현재 각도 오차를 구해 eAngleZ에 저장합니다.

68 : pitch의 각도 오차에(eAngleX) 증폭 값 Kp를 곱해 전후 균형을 잡기 위한 힘을 구합니다.

70 : yaw의 각도 오차에(eAngleZ) 증폭 값 Kp를 곱해 수평 회전 균형을 잡기 위한 힘을 구합니다.

73 : pitch의 회전 각속도 값을 상쇄할 수 있는 힘 값에 증폭 값 Kd를 곱해 전후 균형 힘 값에 더해 줍니다.

75 : yaw의 회전 각속도 값을 상쇄할 수 있는 힘 값에 증폭 값 Kd를 곱해 수평 회전 균형 힘 값에 더해 줍니다.

76 : throttle 값이 0일 경우, BalX, BalZ 값을 0.0으로 설정하는 부분을 추가해 줍니다. 그렇지 않으면, 드론에 회전이 발생할 경우, 회전 방향으로 모터가 회전하게 됩니다.

02 컴파일과 업로드를 수행합니다.

이 예제에서는 드론을 날리지는 않습니다.

02 _ 모터 속도 계산하기 : Pitch, Yaw

우리는 앞에서 Roll의 균형 값을 이용하여 드론이 기울어진 방향에 따라 모터 A, B, C, D의 속도를 계산하는 방법을 알아보았습니다. 여기서는 Pitch, Yaw의 균형 값을 이용하여 드론이 기울어진 방향에 따라 모터 A, B, C, D의 속도를 계산하는 방법을 알아봅니다.

Pitch의 균형 값과 모터 속도

먼저 Pitch의 균형 값에 따라 A, B, C, D 모터의 속도에 대한 증가 감소에 대해 살펴보겠습니다. 다음 그림을 살펴봅니다.

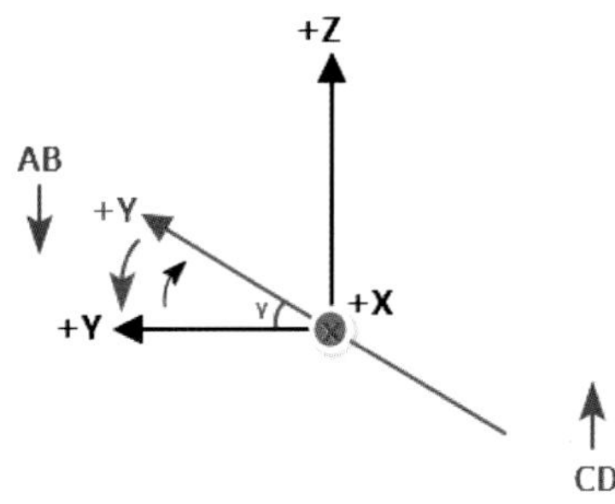

그림에서 +X 축은 지면 방향으로 들어가는 방향입니다. 현재 우리는 드론의 왼쪽에서 보고 있습니다. 그러면 +X 축을 중심으로 반시계 방향으로 각도 γ 만큼 회전한 후, 원래 위치로 돌아오려고 할 경우에 모터 A, B, C, D의 속도를 생각해 보겠습니다.

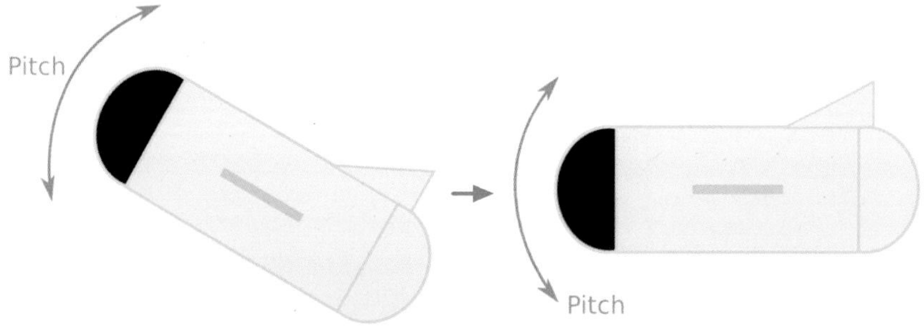

이 경우 각도 γ와 모터 속도 A, B, C, D의 관계는 다음과 같습니다.

$\gamma > 0$ 이면 $AB\downarrow\ CD\uparrow$

각도 γ가 양수가 되면 모터 A, B의 속도는 감소해야 하고, 모터 C, D의 속도는 증가해야 합니다.

그리고 각도 γ가 양수가 되면 Pitch의 균형 힘 값은 음수가 됩니다.

$\gamma > 0$ 이면 $Pitch_{balancing} < 0$

이에 대한 내용은 [Roll 각도 읽어보기]의 원리와 같습니다.
따라서 Pitch의 균형 힘 값과 모터의 속도와의 관계는 다음과 같습니다.

$Pitch_{balancing} < 0$ 이면 $AB\downarrow CD\uparrow$

즉, Pitch의 균형 힘 값이 음수가 되면, 모터 A, B의 속도는 감소해야 하고, 모터 C, D의 속도는 증가해야 합니다. 이는 반대로 다음과 같이 생각할 수 있습니다.

$Pitch_{balancing} > 0$ 이면 $AB\uparrow CD\downarrow$

Yaw의 균형 값과 모터 속도

다음은 Yaw의 균형 힘 값에 따라 A, B, C, D 모터의 속도에 대한 증가 감소에 대해 살펴보겠습니다.
다음 그림을 살펴봅니다.

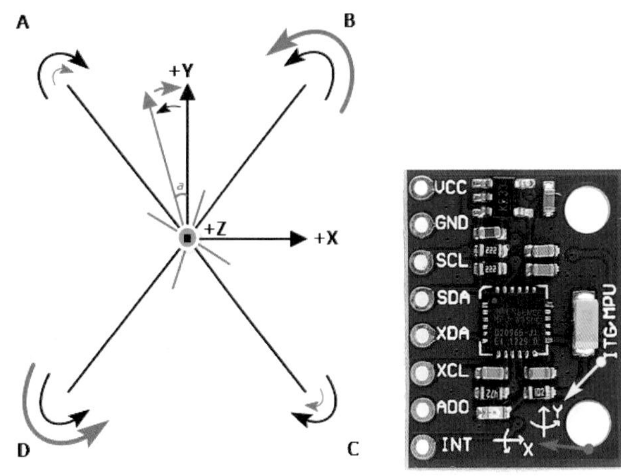

이 그림은 드론을 위에서 본 모양입니다. 아두이노 드론에 있는 MPU6050을 기준으로 그린 그림입니다.

그림에서 반시계 방향으로 각도 α 만큼 회전한 후, 원래 위치로 돌아오려고 할 경우에 모터 A, B, C, D의 속도를 생각해 보겠습니다.

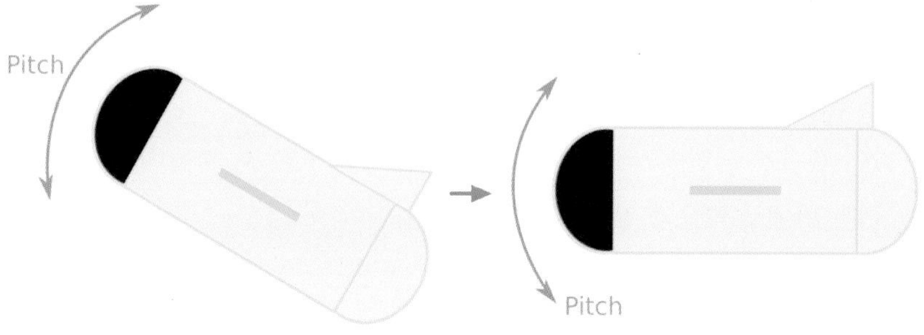

이 경우 각도 α와 모터 속도 A, B, C, D의 관계는 다음과 같습니다.

$\alpha > 0$ 이면 $AC\downarrow BD\uparrow$

각도 α가 양수가 되면 모터 A, C의 속도는 감소해야 하고, 모터 B, D의 속도는 증가해야 합니다. 이에 대한 내용은 [드론 수평 회전 테스트]에서 살펴보았습니다. 다음 그림을 다시 살펴보도록 합니다.

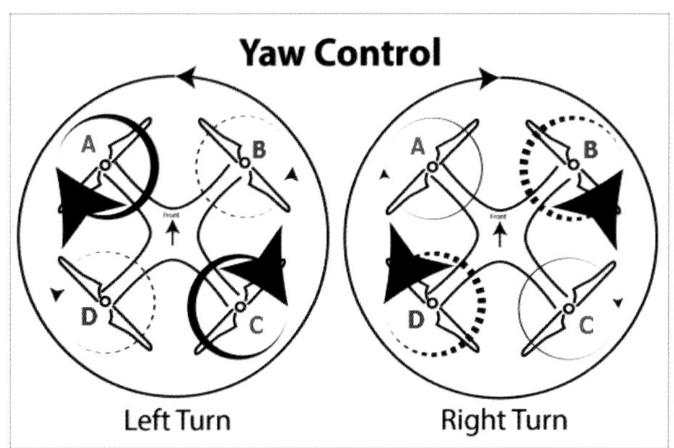

오른쪽 그림에서 드론이 오른쪽으로 회전하기 위해서는 모터 B, D의 속도는 증가해야 하고, 모터 A, C의 속도는 감소해야 합니다.
그리고 각도 α가 양수가 되면 Yaw의 균형 힘 값은 음수가 됩니다.

$\alpha > 0$ 이면 $YAW_{balancing} < 0$

이에 대한 내용은 [Roll 각도 읽어보기]의 원리와 같습니다.
따라서 Yaw의 균형 힘 값과 모터의 속도와의 관계는 다음과 같습니다.

$YAW_{balancing} < 0$ 이면 $AC\downarrow BD\uparrow$

즉, Yaw의 균형 힘 값이 음수가 되면, 모터 A, C의 속도는 감소해야 하고, 모터 B, D의 속도는 증가해야 합니다. 이는 반대로 다음과 같이 생각할 수 있습니다.

$YAW_{balancing} > 0$ 이면 $AC\uparrow BD\downarrow$

Pitch, Yaw의 균형 값과 모터 속도

이상에서 Pitch, Yaw의 균형 힘 값과 모터 A, B, C, D의 속도와의 관계는 다음과 같습니다.

$Pitch_{balancing} > 0$ 이면 $AB\uparrow CD\downarrow$

$YAW_{balancing} > 0$ 이면 $AC\uparrow BD\downarrow$

모터 중심으로 Yaw, Pitch의 균형 힘 값을 정리하면 다음과 같습니다.
모터 A의 속도 값은 Pitch 균형 힘 값의 방향과 같고, Yaw균형 힘 값의 방향과 같습니다.
모터 B의 속도 값은 Pitch 균형 힘 값의 방향과 같고, Yaw 균형 힘 값의 방향과 반대입니다.
모터 C의 속도 값은 Pitch 균형 힘 값의 방향과 반대, Yaw 균형 힘 값의 방향과 같습니다.

모터 D의 속도 값은 Pitch 균형 힘 값의 방향과 반대, Yaw 균형 힘 값의 방향과 반대입니다. 즉, 모터 A, B, C, D의 속도와 Yaw, Pitch의 균형 힘 값과의 관계는 다음과 같습니다.

$$A \uparrow PITCH_{balancing} > 0, YAW_{balancing} > 0$$
$$B \uparrow PITCH_{balancing} > 0, YAW_{balancing} < 0$$
$$C \uparrow PITCH_{balancing} < 0, YAW_{balancing} < 0$$
$$D \uparrow PITCH_{balancing} < 0, YAW_{balancing} < 0$$

쓰로틀의 경우 모터 A, B, C, D에 공통으로 적용됩니다.

다음은 아두이노 드론에서 roll, pitch, yaw의 균형 힘 값에 따른 A, B, C, D 모터 속도 알고리즘을 나타냅니다. roll에 대한 알고리즘은 앞에서 구했습니다.

```
motorA_speed = throttle + roll_balancing + pitch_balancing + yaw_balancing;
motorB_speed = throttle - roll_balancing + pitch_balancing - yaw_balancing;
motorC_speed = throttle - roll_balancing - pitch_balancing + yaw_balancing;
motorD_speed = throttle + roll_balancing - pitch_balancing - yaw_balancing;
```

이상에서 Roll, Pitch, Yaw의 균형 힘 값과 모터 A, B, C, D의 속도와의 관계를 살펴보았습니다.

03 _ 모터 속도 계산 구현하기 : Pitch, Yaw 추가하기

여기서는 앞에서 얻은 Pitch, Yaw의 출력 값을 Roll의 출력 값에 더하여 드론이 기울어진 방향에 따라 4 모터에 대해 속도를 분배하는 루틴을 추가하도록 합니다.

01 다음과 같이 예제를 수정합니다.

```
#include <Wire.h >

void setup() {
  Serial1.begin(115200);

  Wire.begin();
```

```
  Wire.setClock(400000);

  Wire.beginTransmission(0x68);
  Wire.write(0x6b);
  Wire.write(0x0);
  Wire.endTransmission(true);
}

int throttle =0;
void loop() {
  Wire.beginTransmission(0x68);
  Wire.write(0x43);
  Wire.endTransmission(false);
  Wire.requestFrom(0x68,6,true);
  int16_t GyXH = Wire.read();
  int16_t GyXL = Wire.read();
  int16_t GyYH = Wire.read();
  int16_t GyYL = Wire.read();
  int16_t GyZH = Wire.read();
  int16_t GyZL = Wire.read();
  int16_t GyX = GyXH <<8 |GyXL;
  int16_t GyY = GyYH <<8 |GyYL;
  int16_t GyZ = GyZH <<8 |GyZL;

  static int32_t GyXSum =0, GyYSum =0, GyZSum =0;
  static double GyXOff =0.0, GyYOff =0.0, GyZOff =0.0;
  static int cnt_sample =1000;
  if(cnt_sample >0) {
         GyXSum += GyX, GyYSum += GyY, GyZSum += GyZ;
         cnt_sample --;
         if(cnt_sample ==0) {
           GyXOff = GyXSum /1000.0;
           GyYOff = GyYSum /1000.0;
           GyZOff = GyZSum /1000.0;
         }
         delay(1);
         return;
  }
  double GyXD = GyX - GyXOff;
  double GyYD = GyY - GyYOff;
  double GyZD = GyZ - GyZOff;
  double GyXR = GyXD /131;
  double GyYR = GyYD /131;
```

```
        double GyZR = GyZD /131;

        static unsigned long t_prev =0;
        unsigned long t_now = micros();
        double dt = (t_now - t_prev)/1000000.0;
        t_prev = t_now;

        static double AngleX =0.0, AngleY =0.0, AngleZ =0.0;
        AngleX += GyXR *dt;
        AngleY += GyYR *dt;
        AngleZ += GyZR *dt;
        if(throttle ==0) AngleX =AngleY =AngleZ =0.0;

        static double tAngleX =0.0, tAngleY =0.0, tAngleZ =0.0;
        double eAngleX = tAngleX - AngleX;
        double eAngleY = tAngleY - AngleY;
        double eAngleZ = tAngleZ - AngleZ;
        double Kp =1.0;
        double BalX = Kp *eAngleX;
        double BalY = Kp *eAngleY;
        double BalZ = Kp *eAngleZ;

        double Kd =1.0;
        BalX += Kd *-GyXR;
        BalY += Kd *-GyYR;
        BalZ += Kd *-GyZR;
        if(throttle ==0) BalX =BalY =BalZ =0.0;

        if(Serial1.available()>0) {
              while(Serial1.available()>0) {
                char userInput = Serial1.read();
                if(userInput >='0'&& userInput <='9') {
                      throttle = (userInput -'0')*25;
                }
              }
        }

        double speedA = throttle + BalY + BalX + BalZ;
        double speedB = throttle - BalY + BalX - BalZ;
        double speedC = throttle - BalY - BalX + BalZ;
        double speedD = throttle + BalY - BalX - BalZ;

        int iSpeedA = constrain((int)speedA, 0, 250);
        int iSpeedB = constrain((int)speedB, 0, 250);
```

```
94          int iSpeedC = constrain((int)speedC, 0, 250);
95          int iSpeedD = constrain((int)speedD, 0, 250);
96
97          analogWrite(6, iSpeedA);
98          analogWrite(10,iSpeedB);
99          analogWrite(9, iSpeedC);
100         analogWrite(5, iSpeedD);
101
102     //  static int cnt_loop;
103     //  cnt_loop ++;
104     //  if(cnt_loop%100 !=0) return;
105
106     //  Serial.print("GyY = "); Serial.print(GyY);
107     //  Serial.print("GyYD = "); Serial.print(GyYD);
108     //  Serial.print("GyYR = "); Serial.print(GyYR);
109     //  Serial.print("dt = "); Serial.print(dt, 6);
110     //  Serial.print("AngleY = "); Serial.print(AngleY);
111     //  Serial.print(" | BalY = "); Serial.print(BalY);
112     //  Serial.print("A = ");Serial.print(speedA);
113     //  Serial.print(" | B = ");Serial.print(speedB);
114     //  Serial.print(" | C = ");Serial.print(speedC);
115     //  Serial.print(" | D = ");Serial.print(speedD);
116     //  Serial.println();
117     }
```

87~90 : 앞에서 구한 Pitch, Yaw에 대한 모터 속도 계산 알고리즘을 이용하여 모터 A, B, C, D에 대한 속도 값에 Pitch, Yaw의 출력 값을 더해줍니다.

```
motorB_speed = throttle - roll_balancing + pitch_balancing - yaw_balancing;
motorC_speed = throttle - roll_balancing - pitch_balancing + yaw_balancing;
motorD_speed = throttle + roll_balancing - pitch_balancing - yaw_balancing;
```

02 [툴] 메뉴를 이용하여 보드, 포트를 다음과 같이 선택합니다.

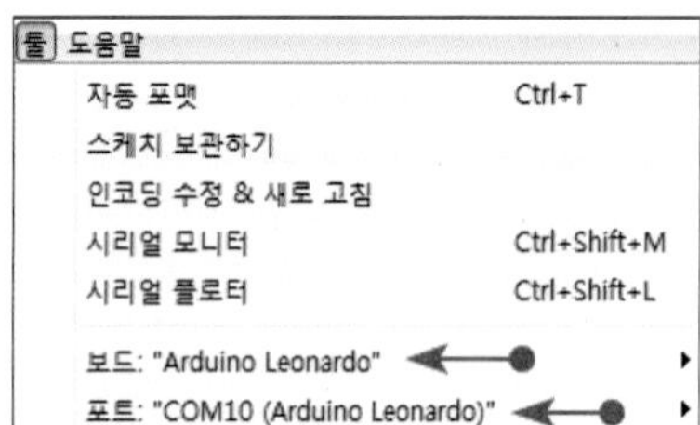

03 컴파일과 업로드를 수행합니다.

04 드론을 USB에서 분리한 후 평평한 바닥에 내려놓습니다.

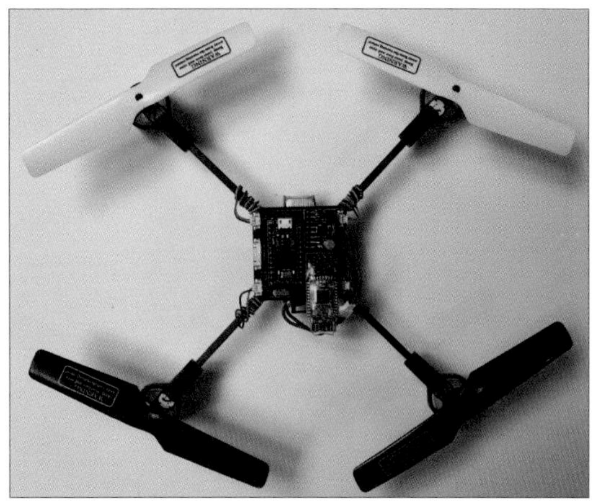

05 전원을 켭니다.

06 이전에 설치한 [Serial Bluetooth Terminal] 앱을 실행시킨 후, 드론과 연결합니다.

07 드론의 속도를 조절해 가며 드론이 좀 안정적으로 뜨는 것을 확인합니다.

04 _ 드론 조종 기능 추가하기

드론이 수평 상태에서 오른쪽으로 이동하려면 어떻게 해야 할까요? 또 수평 상태에서 앞쪽으로 이동하려면 어떻게 해야 할까요? 수평 상태에서 오른쪽으로 이동하려면 왼쪽의 A, D 날개의 모터를 강하게 회전시키고 오른쪽의 B, C 날개의 모터를 약하게 회전시켜야 합니다. 수평 상태에서 앞쪽으로 이동하려면 앞쪽의 A, B 날개의 모터를 약하게 회전시키고 뒤쪽의 C, D 날개의 모터를 강하게 회전시켜야 합니다.

여기서는 사용자로부터 전달된 roll, pitch, yaw 각도 값으로 목표 roll, pitch, yaw의 각도 값을 변경하여 드론의 방향을 변경하는 기능을 추가해 보도록 합니다.

01 다음과 같이 예제를 수정합니다.

_04_remote

```
78        if(Serial1.available()>0) {
79              while(Serial1.available()>0) {
80                char userInput = Serial1.read();
81                if(userInput >='0'&& userInput <='9') {
82                      throttle = (userInput -'0')*25;
83                } else if(userInput =='a') { //go left
84                      tAngleY =-10.0;
85                } else if(userInput =='d') { //go right
86                      tAngleY =+10.0;
87                } else if(userInput =='s') { //balance
88                      tAngleY =0.0;
89                }
90              }
91        }
```

83 : 사용자 입력 값이 'a' 문자이면
84 : tAngleY 값을 –10.0도로 설정합니다. 이렇게 하면 드론이 왼쪽으로 이동합니다.
85 : 사용자 입력 값이 'd' 문자이면
86 : tAngleY 값을 +10.0도로 설정합니다. 이렇게 하면 드론이 오른쪽으로 이동합니다.
87 : 사용자 입력 값이 's' 문자이면
88 : tAngleY 값을 0.0도로 설정합니다. 이렇게 하면 드론이 수평 상태가 됩니다.

02 [툴] 메뉴를 이용하여 보드, 포트를 다음과 같이 선택합니다.

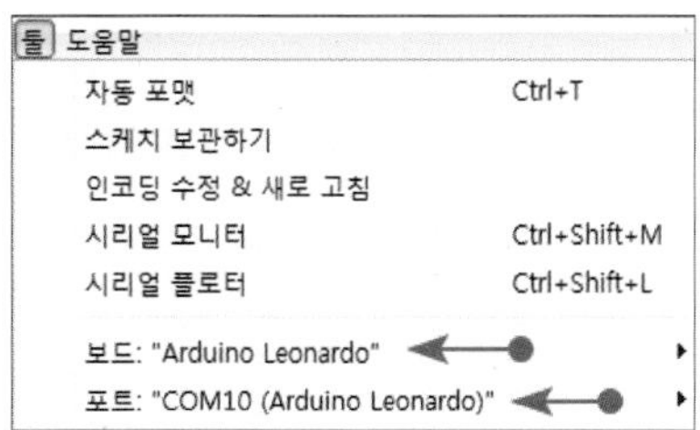

03 컴파일과 업로드를 수행합니다.

04 드론을 USB에서 분리한 후 평평한 바닥에 내려놓습니다.

05 전원을 켭니다.

06 이전에 설치한 [Serial Bluetooth Terminal] 앱을 실행시킨 후, 드론과 연결합니다.

07 모터의 속도를 조절해 가며 드론을 조종해 봅니다. 좌우로 이동해 봅니다.

01 w 값을 누르면 전진, x 값을 누르면 후진이 되도록 사용자 입력 부분을 수정합니다.

02 q 값을 누르면 수평 좌회전, e 값을 누르면 수평 우회전이 되도록 사용자 입력 부분을 수정합니다.

LESSON

02

드론 균형 잡기 원리 3 : 더딘 각도

각도와 회전 속도를 이용해 드론의 균형을 잡을 경우, 드론은 안정적으로 뜨게 됩니다. 그런데 드론을 조종할 경우 목표 각도에 완전히 도달하지 못하는 현상이 발생하게 됩니다. 드론을 이동하기 위해서는 목표 각도를 기운 상태로 맞추어 주어야 하는데 현재 상태로는 목표 각도에 신속하게 도달하지 못합니다. 또, 드론을 이동 시키다 다시 균형 상태로 올 경우에도 목표 각도에 신속히 도달하지 못해 드론이 흘러가버리는 현상이 발생합니다. 여기서는 더딘 각도를 보정할 수 있는 방법을 알아보고 드론에 적용해 봅니다.

01 _ 드론 균형 잡기 원리 이해 : 더딘 각도

먼저 더딘 각도를 보정할 수 있는 방법에 대해 균형 판을 예로 생각해 봅니다.
아이는 이번엔 균형 판을 수평 상태에서 오른쪽으로 10도 기울인 상태를 유지하려고 합니다.

아이는 오른쪽으로 힘을 줍니다.

1초 동안 기울이려고 힘을 주었는데 잘 안 기울어집니다. 5의 힘을 1초 동안 더 줍니다. 그랬더니 5도 기울어집니다. 5도가 남았습니다. 3의 힘을 1초 동안 더 줍니다. 그랬더니 3도 더 기울어집니다. 2도가 남았습니다. 2의 힘을 1초 동안 더 줍니다. 그제야 2도 더 기울어집니다. 즉, (5힘*1초 + 3힘*1초 + 2힘*1초)을 주었더니 원하는 각도로 움직입니다.
이 동작을 수식으로 표현하면 다음과 같습니다.

$$y = c(\theta_1 dt + \theta_2 dt + \theta_3 dt + \ldots + \theta_n dt)$$

- θ1, θ2, θ3, θn : 각도 오차
- dt : 주기
- c : 증폭 값
- y : 각도 오차 상쇄 힘

증폭 값 c의 경우도 아이냐 어른이냐에 따라 달라질 수 있습니다. 또 균형 판의 크기나 무게에 따라 달라질 수도 있습니다.
균형 판이 목표 각도에 도달하지 못할 경우 목표 각도에 도달하기 위한 힘 값을 계산하는 알고리즘은 다음과 같습니다.

```
angle_error = target_angle - current_angle
steady_angle_error = angle_error * dt
responsive_force += amplifier_sae * steady_angle_error
balancing_force += responsive_force
```

- angle_error : 각도 오차
- target_angle : 목표 각도
- current_angle : 현재 각도
- steday_angle_error : 일정 시간 유지되는 각도
- responsive_force : 즉각 반응 힘
- amplifier_sae : 증폭 값

이 방식을 적용하면 드론을 조종할 경우에 목표 각도에 정확히 도달하여 조종하기가 쉬워집니다.

02 _ PID 시뮬레이션 : 더딘 각도 추가하기

이 상황을 PID 시뮬레이션을 이용하여 좀 더 구체적으로 살펴보겠습니다. 이번엔 증폭 값 c의 역할에 대해 그래프를 통해 자세히 살펴봅니다.

01 먼저 Kp, Kd 값을 각각 1, 0.5로 설정합니다. Time Step 값은 바로 전과 같이 0.0505 값 상태로 둡니다.

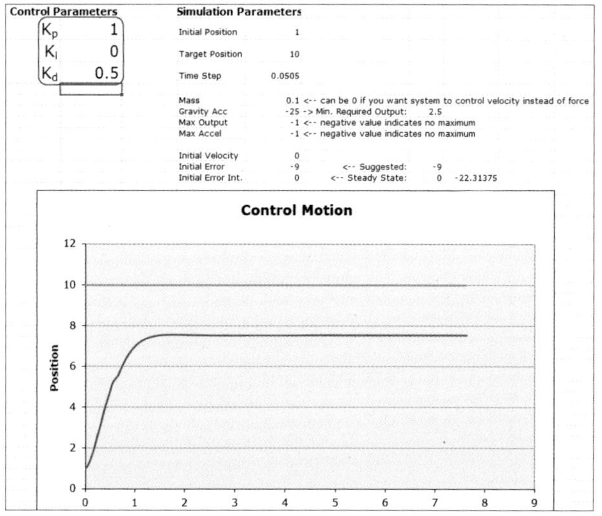

현재 상태에서는 최대 위치 값이 8에 가까워지는 것을 볼 수 있습니다. 그러나 목표 위치에는 도달하지 못합니다. 목표 위치에 도달하지 못하는 이유는 질량과 중력 가속도가 영향을 미치기 때문입니다.

02 이제 Ki 값을 1로 설정합니다. Ki는 바로 전에 살펴본 증폭 값 c의 역할을 합니다.

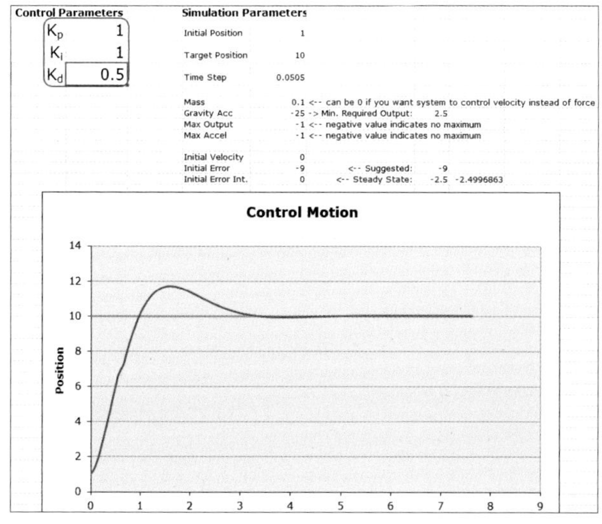

그래프가 목표 위치를 한 번 지난 후, 목표 위치에 도달하여 유지하는 것을 볼 수 있습니다. 이것은 균평 판이나 드론이 목표 각도를 살짝 지난 후, 다시 목표 각도에 도달해 안정된 상태를 유지하는 것과 같습니다. 즉, 한 번 흔들린 후, 목표 각도에 도달하는 것과 같습니다. 이것은 Ki의 값이 조금 크기 때문에 발생하는 현상입니다.

03 이번엔 Ki 값을 0.5로 설정합니다.

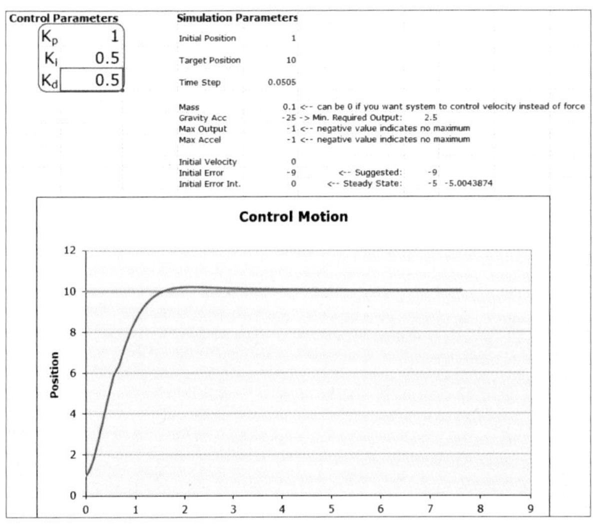

그래프의 흔들림이 거의 없습니다. 살짝 흔들린 후, 목표 위치에 도달하게 됩니다. 현재의 Kp, Ki 값에 대해 적당한 Ki 값에 가깝습니다.

04 이번엔 Ki 값을 0.1로 설정합니다.

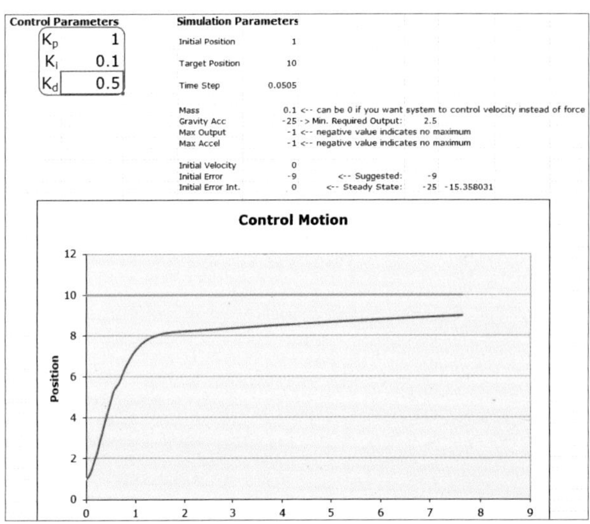

목표 위치에 가까워지기는 하지만 아주 더딥니다. 현재의 Kp, Ki 값에 대해 Ki 값의 영향력이 작기 때문입니다.

05 이번엔 Ki 값을 0.4로 설정합니다.

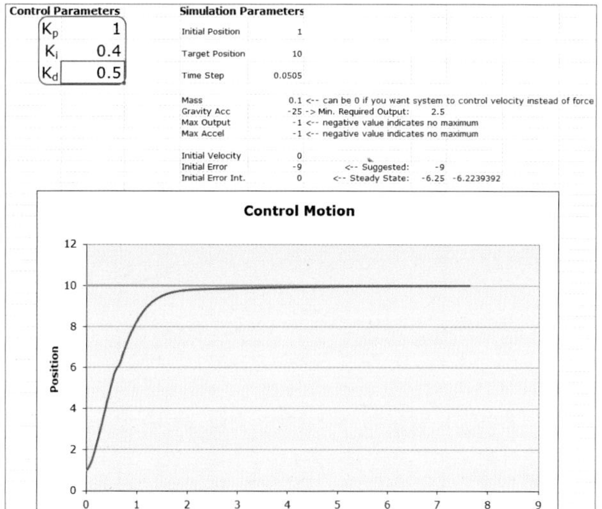

흔들림 없이 목표 위치에 도달합니다. 그러나 완전히 목표위치에 도달하는 시간은 5 정도가 됩니다.

06 이번엔 Ki 값을 0.45로 설정합니다.

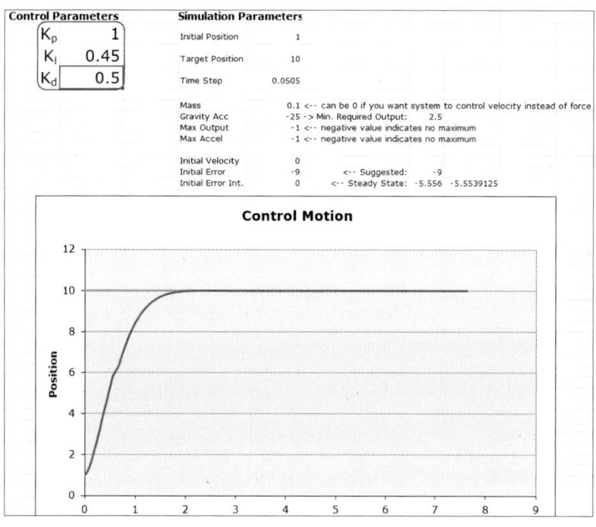

빠르고 부드럽게 목표 위치에 도달합니다. 현재의 Kp, Ki 값에 대해 적당한 Ki 값입니다.

07 이번엔 Ki 값을 1보다 큰 값으로 늘여보도록 합니다. 먼저 Ki 값을 2로 설정합니다.

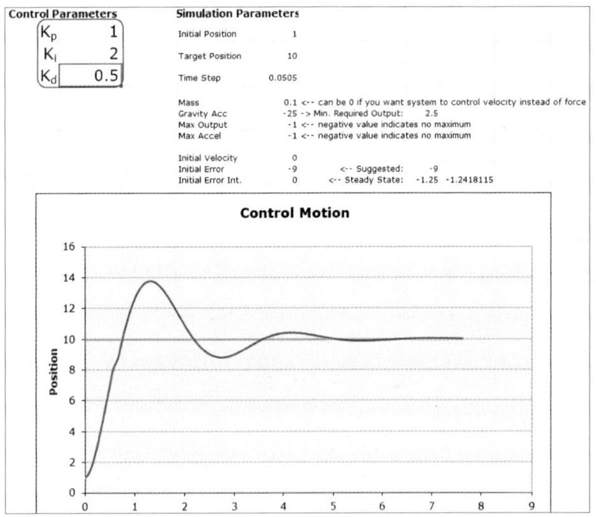

그래프가 목표 위치를 수차례 지난 후, 목표 위치에 도달하여 유지하는 것을 볼 수 있습니다. 이것은 Ki의 값이 현재 상태의 Kp, Kd 값에 비해 상대적으로 크기 때문에 발생하는 현상입니다.

08 Ki 값을 더 늘여보도록 합니다. Ki 값을 4로 설정합니다.

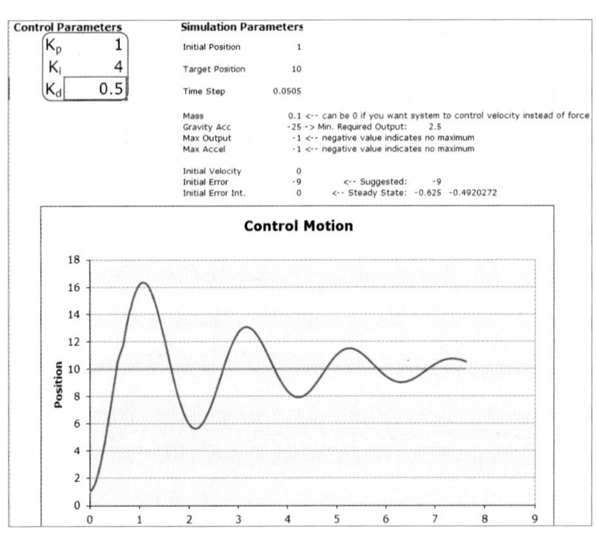

진동의 횟수도 늘어나고 진폭도 더 큽니다. 그렇지만 목표 위치에 수렴하는 것을 볼 수 있습니다.

09 Ki 값을 더 늘여보도록 합니다. Ki 값을 8로 설정합니다.

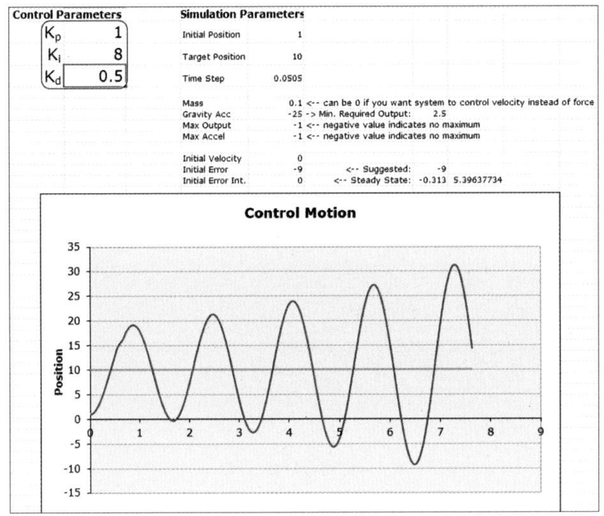

이번엔 파형이 수렴하지 않고 발산하는 것을 볼 수 있습니다. Ki 값이 지나치게 크면 목표 위치로부터 점점 멀어지게 되며 드론의 경우 심하게 불안정해지며 뒤집어지게 됩니다.

10 다음은 시뮬레이션 상에서 가장 적당한 Kp, Ki, Kd 값입니다.

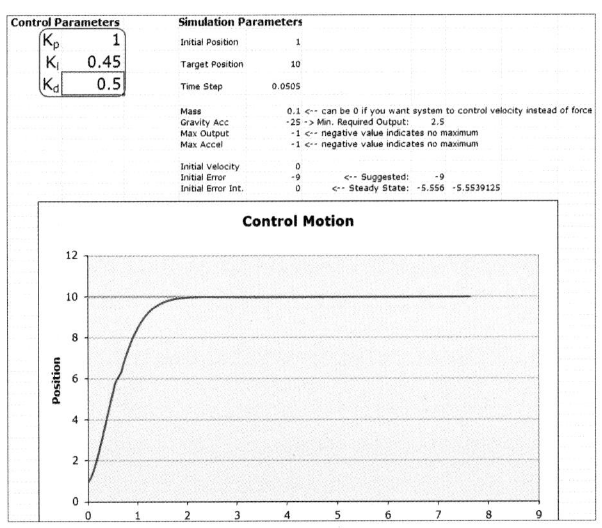

이상에서 PID 시뮬레이션을 통해 증폭 값 c에 의한 균형판과 드론의 동작을 살펴보았습니다.

03 _ 드론 조종 시 목표 각도 도달하기

우리는 앞에서 드론 조종 기능을 추가해 보았습니다. 그런데 드론 조종 시 반응이 조금 늦습니다. 이것은 목표 각도에 신속하게 도달하지 못하여 발생하는 현상입니다.

여기서는 다음 식을 이용하여 드론 조종 시 목표 각도에 빠르고 부드럽게 도달하기 위한 힘 값을 계산하는 루틴을 추가해 봅니다.

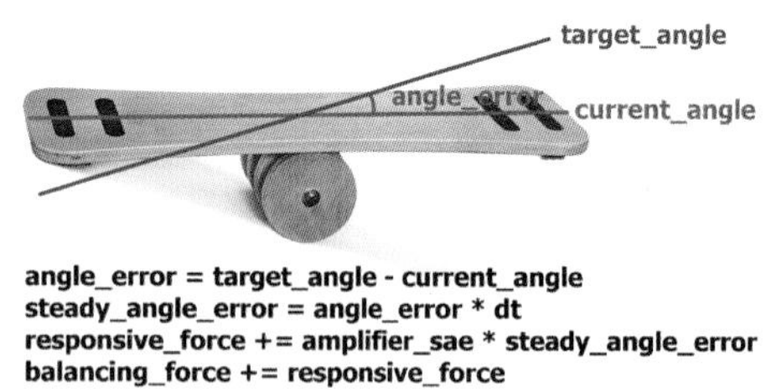

angle_error = target_angle - current_angle
steady_angle_error = angle_error * dt
responsive_force += amplifier_sae * steady_angle_error
balancing_force += responsive_force

드론의 경우 roll, pitch, yaw 3 방향에 대해 이 알고리즘을 적용해야 합니다.

01 다음과 같이 _03_balancing 파일에 있는 add 함수를 정의합니다.

```
#include <Wire.h >

void setup() {
  Serial1.begin(115200);

  Wire.begin();
  Wire.setClock(400000);

  Wire.beginTransmission(0x68);
  Wire.write(0x6b);
  Wire.write(0x0);
  Wire.endTransmission(true);
}

int throttle =0;
void loop() {
  Wire.beginTransmission(0x68);
  Wire.write(0x43);
  Wire.endTransmission(false);
  Wire.requestFrom(0x68,6,true);
  int16_t GyXH = Wire.read();
  int16_t GyXL = Wire.read();
```

```
    int16_t GyYH = Wire.read();
    int16_t GyYL = Wire.read();
    int16_t GyZH = Wire.read();
    int16_t GyZL = Wire.read();
    int16_t GyX = GyXH <<8 |GyXL;
    int16_t GyY = GyYH <<8 |GyYL;
    int16_t GyZ = GyZH <<8 |GyZL;

    static int32_t GyXSum =0, GyYSum =0, GyZSum =0;
    static double GyXOff =0.0, GyYOff =0.0, GyZOff =0.0;
    static int cnt_sample =1000;
    if(cnt_sample >0) {
        GyXSum += GyX, GyYSum += GyY, GyZSum += GyZ;
        cnt_sample --;
        if(cnt_sample ==0) {
          GyXOff = GyXSum /1000.0;
          GyYOff = GyYSum /1000.0;
          GyZOff = GyZSum /1000.0;
        }
        delay(1);
        return;
    }
    double GyXD = GyX - GyXOff;
    double GyYD = GyY - GyYOff;
    double GyZD = GyZ - GyZOff;
    double GyXR = GyXD /131;
    double GyYR = GyYD /131;
    double GyZR = GyZD /131;

    static unsigned long t_prev =0;
    unsigned long t_now = micros();
    double dt = (t_now - t_prev)/1000000.0;
    t_prev = t_now;

    static double AngleX =0.0, AngleY =0.0, AngleZ =0.0;
    AngleX += GyXR *dt;
    AngleY += GyYR *dt;
    AngleZ += GyZR *dt;
    if(throttle ==0) AngleX =AngleY =AngleZ =0.0;

    static double tAngleX =0.0, tAngleY =0.0, tAngleZ =0.0;
    double eAngleX = tAngleX - AngleX;
    double eAngleY = tAngleY - AngleY;
    double eAngleZ = tAngleZ - AngleZ;
    double Kp =1.0;
```

```
    double BalX = Kp *eAngleX;
    double BalY = Kp *eAngleY;
    double BalZ = Kp *eAngleZ;

    double Kd =1.0;
    BalX += Kd *-GyXR;
    BalY += Kd *-GyYR;
    BalZ += Kd *-GyZR;
    if(throttle ==0) BalX =BalY =BalZ =0.0;

    double Ki =1.0;
    static double ResX =0.0, ResY =0.0, ResZ =0.0;
    ResX += Ki *eAngleX *dt;
    ResY += Ki *eAngleY *dt;
    ResZ += Ki *eAngleZ *dt;
    if(throttle ==0) ResX =ResY =ResZ =0.0;
    BalX += ResX;
    BalY += ResY;
    BalZ += ResX;

    if(Serial1.available()>0) {
        while(Serial1.available()>0) {
          char userInput = Serial1.read();
          if(userInput >='0'&& userInput <='9') {
                throttle = (userInput -'0')*25;
          } else if(userInput =='a') { //go left
                tAngleY =-10.0;
          } else if(userInput =='d') { //go right
                tAngleY =+10.0;
          } else if(userInput =='s') { //balance
                tAngleY =0.0;
          }
        }
    }

    double speedA = throttle + BalY + BalX + BalZ;
    double speedB = throttle - BalY + BalX - BalZ;
    double speedC = throttle - BalY - BalX + BalZ;
    double speedD = throttle + BalY - BalX - BalZ;

    int iSpeedA = constrain((int)speedA, 0, 250);
    int iSpeedB = constrain((int)speedB, 0, 250);
    int iSpeedC = constrain((int)speedC, 0, 250);
    int iSpeedD = constrain((int)speedD, 0, 250);

```

```
113        analogWrite(6, iSpeedA);
114        analogWrite(10,iSpeedB);
115        analogWrite(9, iSpeedC);
116        analogWrite(5, iSpeedD);
117
118     //  static int cnt_loop;
119     //  cnt_loop ++;
120     //  if(cnt_loop%100 !=0) return;
121
122     //  Serial.print("GyY = "); Serial.print(GyY);
123     //  Serial.print("GyYD = "); Serial.print(GyYD);
124     //  Serial.print("GyYR = "); Serial.print(GyYR);
125     //  Serial.print("dt = "); Serial.print(dt, 6);
126     //  Serial.print("AngleY = "); Serial.print(AngleY);
127     //  Serial.print(" | BalY = "); Serial.print(BalY);
128     //  Serial.print("A = ");Serial.print(speedA);
129     //  Serial.print(" | B = ");Serial.print(speedB);
130     //  Serial.print(" | C = ");Serial.print(speedC);
131     //  Serial.print(" | D = ");Serial.print(speedD);
132     //  Serial.println();
133     }
```

78 : 증폭 값을 저장할 Ki 변수를 선언한 후, 1.0으로 초기화합니다.

79 : 드론이 목표 각도에 빨리 도달하는데 필요한 힘 값을 저장할 변수를 ResX, ResY, ResZ 변수를 선언합니다. static 변수로 선언하여 함수를 빠져 나간 이후에도 값이 유지되게 합니다. Res는 responsive의 약자이며 빠른 응답을 의미합니다.

80~82 : 현재 시간을 기준으로 각도 오차에 주기 시간을 곱한 후 증폭 값 Ki를 곱해서 목표 각도 응답성을 위한 힘 값에 더해 줍니다. 드론 조종 시 목표 각도에 바로바로 도달하지 않으면 힘이 더 필요한 경우로 증폭 값을 1보다 크게 해 줍니다. 목표 각도에 너무 빨리 도달해 오히려 드론이 흔들리는 현상이 있으면 힘이 너무 센 경우로 증폭 값을 1보다 작게 해 줍니다.

83 : throttle 값이 0이면 ResX, ResY, ResZ 값을 0.0으로 초기화합니다.

84~86 : 목표 각도 응답성 힘 값을 균형 힘 값에 더해 줍니다.

02 [툴] 메뉴를 이용하여 보드, 포트를 다음과 같이 선택합니다.

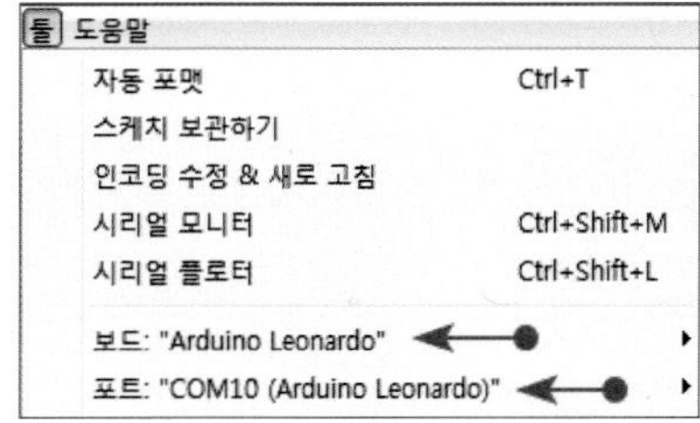

03 컴파일과 업로드하여 테스트를 수행합니다.

04 드론을 USB에서 분리한 후 평평한 바닥에 내려놓습니다.

05 전원을 켭니다.

06 이전에 설치한 [Serial Bluetooth Terminal] 앱을 실행시킨 후, 드론과 연결합니다.

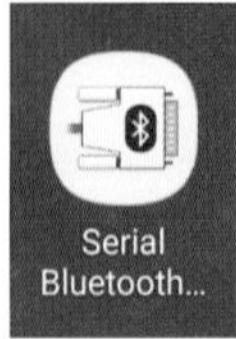

드론 조종에 대한 반응 속도를 살펴봅니다. 전진 했을 때 바로 반응해서 전진을 하는지 살펴봅니다. 또 오른쪽 이동 했을 때 바로 반응하는지 살펴봅니다.

04 _ 목표 각도 도달 증폭 값 살펴보기

여기서는 드론 조종 시 목표 각도에 빠르게 도달할 수 있는 목표 각도 도달 증폭 값의 역할에 대해 다시 한 번 살펴보겠습니다.

01 예제의 다음 부분을 살펴봅니다.

```
double Ki =1.0;
```

roll, pitch, yaw에 대한 목표 각도 도달 힘에 대한 증폭 값이 1입니다.
증폭 값이 작다면 목표 각도 도달 힘을 적게 주는 것과 같습니다. 그러면 드론 조종 시 목표 각도에 완전히 도달하지 못합니다.

증폭 값을 적당히 주면 목표 각도 도달 힘을 적당히 주는 것과 같습니다. 그러면 드론 조종 시 목표 각도에 완전히 도달합니다.

증폭 값이 지나치게 크다면 목표 각도 도달 힘을 과하게 주는 것과 같습니다. 그러면 드론 조종 시 목표 각도에 지나치게 빠르게 도달하며 오히려 흔들림이 발생할 수 있습니다. 흔들림이 클 경우 드론이 뒤집어질 수도 있습니다.

02 증폭 값을 다음과 같이 준 후, 드론의 throttle 값을 올려봅니다.

```
        double Ki =0.2;
```

컴파일과 업로드하여 테스트를 수행합니다.

아두이노 드론의 경우 증폭 값을 0.2로 주게 되면 목표 각도 도달 힘을 적게 주는 것과 같습니다. 드론 조종 시 목표 각도에 빨리 도달하지 못합니다.

03 증폭 값을 다음과 같이 준 후, 드론의 throttle 값을 올려봅니다.

```
        double Ki =0.5;
```

컴파일과 업로드하여 테스트를 수행합니다.

아두이노 드론의 경우 증폭 값을 0.5로 주게 되면 목표 각도 도달 힘을 조금 적게 주는 것과 같습니다. 드론 조종 시 목표 각도에 더디게 도달합니다.

04 증폭 값을 다음과 같이 준 후, 드론의 throttle 값을 올려봅니다.

```
        double Ki =2.0;
```

컴파일과 업로드하여 테스트를 수행합니다.

아두이노 드론의 경우 증폭 값을 2.0으로 주게 되면 목표 각도 도달 힘을 조금 많이 주는 것과 같습니다. 드론 조종 시 목표 각도를 지나치며 진동이 살짝 발생합니다.

05 증폭 값을 다음과 같이 준 후, 드론의 throttle 값을 올려봅니다.

```
        double Ki =4.0;
```

컴파일과 업로드하여 테스트를 수행합니다.

아두이노 드론의 경우 증폭 값을 4.0로 주게 되면 목표 각도 도달 힘을 많이 주는 것과 같습니다. 드론 조종 시 목표 각도를 빠르게 지나쳐 큰 진동이 발생합니다. 큰 진동에 의해 드론이 뒤집어질 수도 있습니다.

이상 목표 각도 도달 증폭 값의 특징을 살펴보았습니다.

※ 목표 각도 도달 힘의 경우 외부에서 드론을 날릴 경우 완만하고 힘 있게 부는 바람에 저항하는 역할도 합니다. 드론에 목표 각도 도달 힘을 적용한 후, 드론의 한 쪽 다리에 열쇠고리 등을 단채 날려보면 드론이 열쇠고리의 무게를 어느 정도 버티며 중심을 잡고 나는 것을 볼 수 있습니다. 열쇠고리의 무게에 의해 한쪽으로 힘을 받는 것은 완만하고 힘 있는 바람으로부터 힘을 받는 것과 같습니다.

함께 보면 도움되는 추천 도서

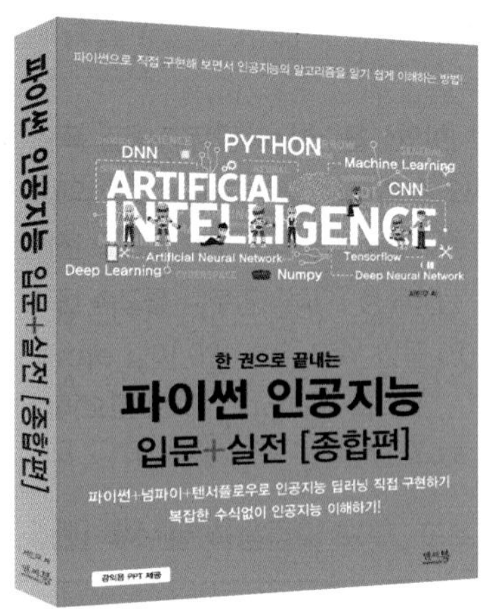

한 권으로 끝내는

파이썬 인공지능 입문+실전(종합편)

파이썬+넘파이+텐서플로우로 인공지능 딥러닝 직접 구현하기

서민우 저 | 23,000원

아두이노로 코딩하며 배우는 딥러닝

머신러닝과 딥러닝 원리와 모델을 78개 아두이노 예제로 직접 구현

서민우 저 | 20,800원

한 권으로 끝내는

아두이노 입문+실전(종합편)

기초부터 수준 높은 프로젝트까지

서민우, 박준원 공저 | 20,000원

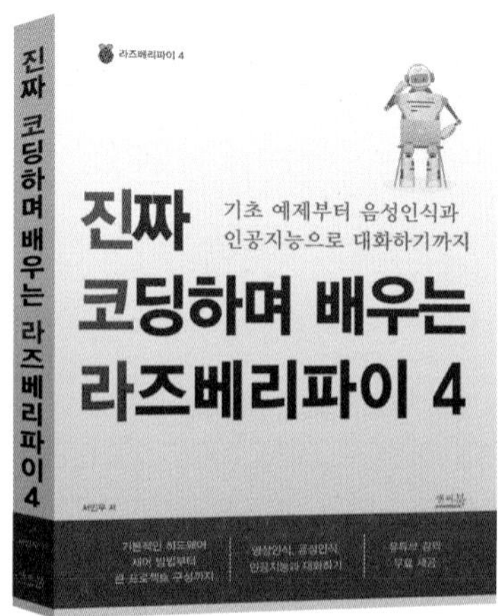

진짜 코딩하며 배우는 라즈베리파이 4

기초 예제부터 음성인식과 인공지능으로 대화하기까지

서민우 저 | 21,000원